UN TOURISTE

DANS

L'EXTRÊME ORIENT

OUVRAGES DU MÊME AUTEUR :

De Paris au Japon, à travers la Sibérie. (Hachette, éditeur, 1883). . . . . 4 fr. »
Promenades dans les deux Amériques. (Charpentier, éditeur, 1880). . . . . 3 fr. 50
Promenade dans l'Inde et à Ceylan. (Plon, éditeur, 1880) . . . . 4 fr. »

COULOMMIERS. — Typog. PAUL BRODARD et Cie.

EDMOND COTTEAU
D'après une photographie de M. Usui, à Yokohama.

UN TOURISTE

DANS

L'EXTRÊME ORIENT

JAPON

CHINE, INDO-CHINE ET TONKIN

(4 AOUT 1881 — 24 JANVIER 1882)

PAR

EDMOND COTTEAU

Chargé par le Ministre de l'Instruction publique d'une mission scientifique
en Sibérie et au Japon.

Contenant 38 gravures et 3 cartes.

PARIS

LIBRAIRIE HACHETTE ET Cie

79, BOULEVARD SAINT-GERMAIN, 79

1884

A MON FRÈRE

Paris, 1ᵉʳ janvier 1884.

UN TOURISTE
DANS
L'EXTRÊME ORIENT

CHAPITRE PREMIER

DE VLADIVOSTOK A NAGASAKI
4-10 août 1881.

Traversée de Vladivostok à Nagasaki. — Premières impressions japonaises. — Nagasaki. — La fête des lanternes.

Pour se rendre de France au Japon, on a le choix entre deux routes : celle de l'Est et celle de l'Ouest.

La première est la plus généralement suivie. Deux fois par mois, un des magnifiques paquebots de la Compagnie des Messageries maritimes part de Marseille à destination des pays de l'extrême Orient. On fait escale successivement à Naples, Port-Saïd, Suez, Aden, Ceylan, Singapour, Saïgon et Hong-kong, où les passagers pour Yokohama sont transbordés sur un steamer plus petit, mais encore de taille fort raisonnable, tandis que ceux qui se rendent dans le nord de la Chine continuent leur route jusqu'à Shang-haï, point extrême de la grande ligne. Par cette voie, le trajet de Paris au Japon est d'environ 19 000 kilomètres et s'accomplit réglementairement en quarante-cinq jours.

La seconde route, bien que plus longue de 2 000 kilomètres, offre, aux voyageurs pressés, l'avantage d'une économie de temps d'une dizaine de jours. Yokohama est située par 137° 30' de longitude est ; pour s'y rendre par l'ouest, il faut donc franchir plus des trois cinquièmes de la circonférence terrestre. On s'embarque au Havre pour l'Amérique ; puis, après avoir traversé en chemin de fer le nouveau continent, de New-York à San-Francisco, on prend passage sur l'un des grands vapeurs de la Compagnie du Pacifique, qui, deux fois par mois, vont directement au Japon en seize ou dix-huit jours. De la sorte, et si l'on a combiné son itinéraire de manière à ne pas manquer la correspondance en Californie, on peut être transporté, de Paris à Yokohama, en trente-cinq et quelquefois même trente-deux jours.

Je n'ai suivi, pour me rendre au Japon, ni l'une ni l'autre de ces deux routes. Chargé par le ministre de l'instruction publique d'une mission scientifique ayant pour objet l'étude, aux points de vue géographique et ethnographique, de la Sibérie et particulièrement du bassin du fleuve Amour, j'ai pris la voie de terre, et, après avoir traversé l'immense empire du Nord dans toute son étendue, je suis venu aboutir à Vladivostok, principal port de la Russie dans ces lointaines contrées, à deux ou trois jours seulement, par bateau à vapeur, des côtes japonaises [1]. Cette route terrestre, bien que de 3 000 kilomètres plus courte que l'itinéraire des Messageries, demande cependant, dans l'état actuel des communications, et demandera longtemps encore, je le crains, deux fois plus de temps que la route maritime. Je passe sous silence les fatigues et les privations de toute sorte, qui sont la conséquence inévitable d'un voyage de plusieurs mois, au milieu de pays encore presque

---

1. E. Cotteau, *De Paris au Japon à travers la Sibérie.* Hachette, 1883.

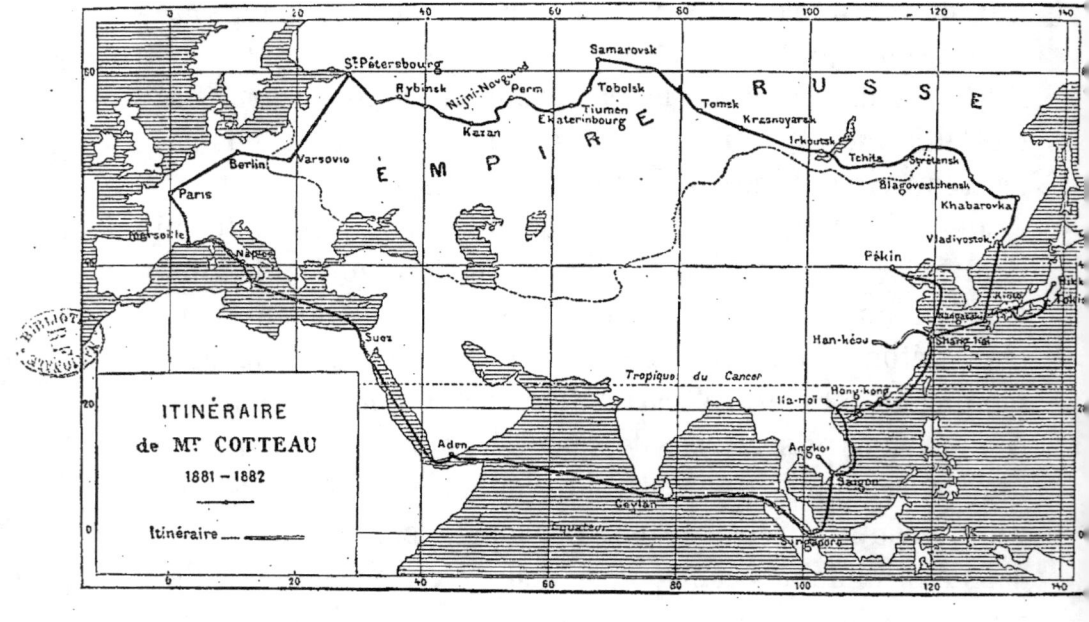

inhabités : il faut être Russe ou Sibérien pour les affronter de gaieté de cœur.

Vladivostok n'étant encore relié au reste du monde par aucun service régulier de bateaux à vapeur, je courais grand risque d'y rester bloqué pendant de longues semaines, lorsque, par un heureux hasard, dès le lendemain de mon arrivée, un steamer appartenant à la Compagnie danoise des Télégraphes du Nord vint mouiller sur rade. Il revenait d'une campagne au fond du golfe de Tartarie, où il avait été poser un câble entre la baie de Castries et l'île de Sakhalin, et retournait à Nagasaki. J'accueillis, comme une véritable délivrance, la perspective d'un prochain départ ; j'avais hâte de quitter la Sibérie, ses éternelles forêts de sapins, ses solitudes infinies, et de voir enfin ce prestigieux Japon, que depuis si longtemps j'appelais de tous mes vœux.

J'obtins la faveur d'un passage à bord, et, le 4 août 1881, je disais un adieu définitif à la terre sibérienne. Je la quittais avec la satisfaction intime d'avoir atteint le but que je m'étais proposé et accompli la partie la plus ardue de ma tâche.

Les officiers, tous Danois, marins consommés et hommes bien élevés, m'accueillent avec un sympathique empressement ; le capitaine met à ma disposition sa propre cabine, vaste, bien aérée et située sur le pont.

Le *Store nordiske* est un joli vapeur à hélice, de 120 chevaux, jaugeant 600 tonneaux et spécialement aménagé pour la pose des câbles télégraphiques. Tout est parfaitement tenu ; le service est fait par des Chinois, silencieux, actifs et prévenants. Comme il n'y a ni passagers ni marchandises, on est très bien à bord ; jamais je n'ai navigué dans de pareilles conditions.

M. Sonne, ingénieur de la Compagnie, parlait parfaitement le français. Durant les loisirs de la traversée, il voulut bien me faire visiter le navire en détail et m'expliquer le mécanisme des divers appareils servant à manipuler les câbles. J'assistai plusieurs fois, dans son cabinet, à de curieuses expériences électriques, destinées à mesurer les forces de résistance.

Le 6 août, nous apercevons à tribord la côte de Corée, sous la forme de hautes collines bleues, trop éloignées pour qu'on puisse en distinguer les détails. Nous passons beaucoup plus près, à bâbord, de la petite île Dagelet. Il y a quelques années, un bateau danois y fit naufrage; son équipage put se réfugier sur l'île et constata qu'elle était inhabitée; au bout de deux semaines, il fut recueilli par un bâtiment de la marine russe. L'île Argonaute, indiquée dans ces parages par les anciennes cartes anglaises, n'existe pas.

A mesure que nous avançons vers le sud, la température s'élève; mon thermomètre marque, dans la journée, 29° à l'ombre et dans un courant d'air. Après midi, nous nous rapprochons de la côte de Corée, que nous longeons jusqu'à la nuit, à une vingtaine de milles au large. Derrière une première rangée de collines apparaît une seconde chaîne, bien plus haute, avec quelques pics aigus, mystérieuse contrée où, à l'exception de quelques missionnaires, aucun Européen n'a encore pénétré.

Dans la soirée, je vais avec M. Sonne fumer un cigare sur l'étroite plate-forme qui surmonte à l'avant la pointe extrême de la machine à dérouler le câble. De ce poste élevé on domine tout le navire, qui frémit et s'incline sous l'impulsion d'une forte brise. De minces planchettes à claire-voie nous séparent seules des vagues écumantes, au-dessus desquelles nous sommes comme suspendus. L'ensemble de ce tableau, éclairé par les rayons de la lune, est d'un effet saisissant.

Le 7 août, trois mois, jour pour jour, après mon départ

de Paris, la terre promise du Japon m'apparaît enfin, noyée dans la brume matinale : c'est la grande île de Tsou-sima, séparée en deux parties, à marée haute, par un étroit canal. Placée entre la Corée et l'archipel japonais, elle divise le détroit en deux passes, et commande l'entrée méridionale de la mer du Japon [1]. Tsou-sima a été un instant menacée par les Russes, qui auraient bien voulu se procurer, sous un ciel plus clément que celui de Vladivostok, un port de ravitaillement pour leur flotte; aujourd'hui, elle appartient sans contestation à l'empire du Soleil levant, et je salue en elle la première terre japonaise qui se présente à mes regards.

Dans la journée, nous passons à une faible distance d'Iki et des îles Hirado. Je reconnais les paysages fantastiques vulgarisés chez nous par les écrans et les porcelaines du Japon. D'épaisses forêts couronnent le sommet des montagnes; de petits édifices, à demi cachés sous la verdure, semblent accrochés aux parois abruptes des rochers; des îlots aux escarpements bizarres, crevassés, percés à jour, surmontés de deux ou trois arbres gigantesques étendant au loin leurs branches horizontales, surgissent çà et là, au-dessus d'une mer d'un bleu foncé, calme comme un lac. Les jonques, avec leur grande voile carrée, se montrent de plus en plus nombreuses. Au sud, la silhouette hardie des îles Goto se détache nettement sur un ciel lumineux. C'est bien là le Japon tel que je l'avais rêvé. Trois jours de navigation ont suffi pour me transporter dans un monde nouveau.

Vers quatre heures, nous passons devant l'îlot que les

---

1. Cette vaste mer intérieure, dont la surface égale 1 043 800 kilomètres carrés, soit environ les deux cinquièmes de notre Méditerranée, est limitée à l'ouest par la Mandchourie russe et la Corée, et à l'est par les grandes îles de Sakhalin, Yéso, Nippon (ou mieux Hondo) et Kiusiu. On y accède par cinq détroits, dont le plus large est celui de Corée; ce dernier se subdivise en deux passes, celle de Broughton à l'ouest et celle de Krusenstern à l'est.

Hollandais ont appelé Papenberg « Mont des Prêtres », en mémoire de plusieurs centaines de chrétiens indigènes qui furent précipités à la mer du haut d'un rocher à pic, en 1622. Aujourd'hui, c'est un but de promenade pour les résidants européens, qui y viennent le dimanche en partie de plaisir.

Nous sommes à l'entrée de la baie de Nagasaki, véritable fiord qui s'enfonce profondément dans l'intérieur des terres. Le panorama est ravissant : une ceinture de vertes collines, cultivées en terrasses, s'élève en amphithéâtre au-dessus de la ville, qui occupe le fond du golfe. Partout l'œil se repose sur des massifs de verdure éclatante, de jolis villages, et des maisonnettes éparpillées sous les grands arbres. Des milliers de barques, montées par des hommes au corps bronzé, presque nus, sillonnent les eaux paisibles de la baie. A cinq heures, nous jetons l'ancre au milieu d'une douzaine de navires mouillés à quelques centaines de mètres du rivage, en face du *bund* [1].

Au moment de quitter le *Store nordiske*, je remercie le capitaine Sueson et ses officiers de leur bienveillant accueil. Je leur assure (ce qui est l'exacte vérité) que les trois jours que je viens de passer sous le pavillon danois resteront, dans mes souvenirs, comme un des plus agréables épisodes de mon voyage. M. Julius Petersen, directeur de l'agence du télégraphe à Nagasaki, est venu à bord. Il m'apprend que le prochain départ pour Yokohama aura lieu dans quatre jours, et, d'ici là, il m'offre gracieusement l'hospitalité chez lui; ses compatriotes m'engagent à accepter, et je me laisse faire.

Nous descendons à terre dans le canot de la Compagnie, et, après une visite sommaire de mes bagages à la douane

---

[1] C'est le nom qui, dans tout l'extrême Orient, sert à désigner la concession européenne.

Entrée de la baie de Nagasaki. — Le Papenberg.

japonaise, représentée par de tout jeunes gens vêtus de blanc à l'européenne, coiffés de casquettes d'uniforme et chaussés de bottines vernies, nous nous rendons à la station du télégraphe, à deux pas de là.

C'est une habitation spacieuse et bien aérée. Au rez-de-chaussée se trouvent les bureaux, la salle de réception et d'expédition des dépêches; au premier étage entouré d'une large véranda, les appartements privés de M. Petersen et de son second, M. Muller; devant la maison et faisant face au quai, un petit jardin aux arbres bizarrement contournés à la mode japonaise. Les communs sont adossés à la riante colline d'Oura, couverte d'une puissante végétation au milieu de laquelle sont disséminées des maisons de plaisance. Je suis très confortablement installé dans deux grandes pièces; un lit immense, avec moustiquaire, occupe le centre de ma chambre à coucher.

M. Petersen a réuni autour de sa table le capitaine, M. Sonne et un autre officier. Un accident est arrivé, près de Hong-kong, au télégraphe sous-marin. Le *Store nordiske*, dès que son chargement de charbon sera terminé, devra repartir en toute hâte pour repêcher le câble et le réparer. Ces messieurs, qui venaient de faire une longue et pénible station sous les hautes latitudes, espéraient aller prendre quelque repos au mouillage de Wousong, près de Shang-haï, où sont installées leurs familles : les voilà obligés de recommencer une nouvelle campagne. Ils n'ont eu guère de distractions sur les côtes désertes de Sakhalin; demain, ils reprendront la mer. Pour se consoler de ce contre-temps, ils ont organisé, ce soir même, une petite fête dans une *maison de thé* située dans un quartier excentrique, et m'invitent à les accompagner. Je n'ai garde de refuser l'occasion qui s'offre à moi de voir, en bonne compagnie, un spectacle qui tient une si grande place dans les récits des voyageurs au Japon.

A huit heures, nous partons, chacun dans une petite voiture traînée par un homme : c'est le *djinriksha* [1], sorte de cabriolet minuscule, monté sur deux roues très fines et dont la caisse, à une seule place, est fixée sur deux petits ressorts, reposant sur un léger essieu. Un coolie, ou *djinriki*, se place entre les deux brancards effilés, qu'il peut tenir facilement dans les mains.

Nos hommes s'élancent au pas de course et, sans cesser de s'interpeller par des cris joyeux, nous entraînent rapidement, à la file les uns des autres, à travers des rues étroites, bordées de maisons basses et de boutiques toutes grandes ouvertes, éclairées par des milliers de lanternes en papier de couleur. Rien de tout cela ne ressemble à ce que j'ai vu dans mes précédents voyages. Cette course fantastique, qui me révèle une civilisation absolument différente de la nôtre, a pour moi un charme étrange; c'est comme une féerie, un rêve : je me demande si je suis bien éveillé.

Vingt minutes se passent ainsi. Nous arrivons dans une rue plus large, aux maisons plus grandes, plus hautes, mieux construites et fermées par des grilles massives en bois. Nos voitures s'arrêtent devant l'une d'elles; on nous introduit au premier étage, dans une pièce spacieuse, dépourvue de toute espèce de mobilier et assez mal éclairée par quelques bougies de cire végétale, fichées dans des candélabres en fer. Avant d'y entrer, on nous prie de quitter nos chaussures, car le plancher est entièrement garni de fines nattes de bambou, et tout est d'une exquise propreté.

Après quelques pourparlers avec une femme d'un certain âge à laquelle un de mes compagnons, qui s'exprime couramment en japonais, explique que nous voulons voir des chanteuses et des danseuses, nous nous asseyons par

---

1. *Djin-rik-sha*, littéralement : homme-force-roue.

terre, à la mode des indigènes. Deux fillettes d'une douzaine d'années viennent apporter devant nous de petites tables, hautes de vingt centimètres, en bois noir et verni, sur lesquelles elles disposent symétriquement des bouteilles de porcelaine, des soucoupes et des tasses de laque. C'est un véritable souper, composé de menues tranches de homard et de poisson, d'œufs durs, de fruits et de sucreries. En fait de boisson, nous avons du thé sans sucre et du *saki*, espèce d'eau-de-vie de riz, que l'on sert toujours chaude.

Pendant ces préparatifs, une vingtaine de personnes, femmes, jeunes filles et enfants de huit à dix ans, ont pénétré dans la chambre où nous nous trouvons. Leur attitude est convenable; tout ce monde se tient assis, à distance respectueuse, le long de la cloison : ce sont simplement des curieux qui s'invitent sans façon à jouir du spectacle que nous avons commandé.

Peu après, neuf jeunes filles font leur entrée ; elles viennent se prosterner devant nous, puis se relèvent modestement pour aller s'accroupir en demi-cercle à quelques pas de distance. Ce sont des *guécha* et des *djoro*, trois musiciennes et six danseuses. Elles paraissent toutes d'une extrême jeunesse ; leur visage est fardé ; leurs épais cheveux noirs, lissés et relevés avec le plus grand soin, forment un édifice assez compliqué, traversé par de longues épingles d'écaille, ornées de brimborions et de fleurs artificielles. Elles ne portent ni bijoux, ni bagues, ni colliers. Une longue robe en crêpe de soie est croisée sur leur poitrine : c'est le *kimono*, vêtement dépourvu de toute espèce de boutons ou d'agrafes, et fermé seulement par une large écharpe, en soie plus forte, roulée autour de la taille. Cette ceinture forme, par derrière, un énorme nœud que l'on appelle *obi* et qui est d'autant plus grand que celle qui le porte a de prétentions à l'élégance. Les manches de la robe sont d'une ampleur démesurée, très longues et disposées de manière à remplacer les poches, qui n'existent pas dans les autres parties du vêtement.

Cependant nos musiciennes commencent à chanter à l'unisson sur un ton lent et monotone; elles s'accompagnent en battant du tambourin et en frappant les cordes de leur *samicen* [1] avec une spatule de bois. Leur chant ne manque pas de rythme, mais il est peu varié, et c'est comme une psalmodie interrompue, de temps en temps, par les éclats d'une voix stridente ou criarde. Au Japon, la musique instrumentale n'existe guère que comme accompagnement de la voix humaine. En somme, ce concert étrange, si différent de nos mélodies occidentales, me séduit peu. Il paraît que la musique japonaise produit toujours cet effet sur les nouveaux débarqués; ce n'est qu'à la longue que l'oreille finit par s'habituer à ses sons bizarres, et que l'on commence à y trouver un charme réel. En revanche, les Japonais prétendent que notre musique est trop vive et trop bruyante, et lui préfèrent la leur, plus expressive, disent-ils, et plus capable de peindre les sentiments de l'âme.

La danse est moins monotone, mais ne répond nullement à l'idée que ce mot éveille chez nous. Elle consiste surtout dans le jeu de la tête et des bras. La danseuse japonaise change très peu de place en dansant; elle exécute une série de poses, lentement, en cadence, et s'aide ordinairement d'un éventail pour accentuer ses gestes. Il ne faut pas s'attendre aux pirouettes, aux entrechats et aux gambades de nos ballerines court vêtues. Les jambes des danseuses japonaises restent toujours invisibles sous leur long *kimono*, dont les derniers plis traînent à terre, formant un cercle

---

[1]. Sorte de guitare à trois cordes, à caisse petite et carrée et à manche très long.

Musiciennes et chanteuses.

autour d'elles. C'est une action mimique qui se déroule avec toutes ses péripéties, plutôt sérieuses que folâtres. Les sentiments de tristesse, de mélancolie, y occupent la plus large place. Le plus souvent, chaque exécutante danse isolément, murmurant une sorte de récitatif; elles se succèdent ainsi les unes aux autres, puis se forment en rang et balancent en mesure le haut du corps et les bras, presque sans se mouvoir sur le plancher.

Pendant les entr'actes, musiciennes et danseuses s'approchent sur notre invitation, et viennent goûter quelque friandise, grignoter un biscuit, boire une tasse microscopique de thé ou de *saki*, ou bien tirer quelques bouffées d'une pipette dont le fourneau de métal, infiniment plus petit qu'un dé à coudre, ne contient qu'une légère pincée d'un tabac fin, soyeux et parfumé. Ces fillettes, resplendissantes de jeunesse et de fraîcheur, portant avec une grâce infinie un costume décent et tout à la fois simple et élégant, étaient presque toutes fort jolies. Je ne savais qu'admirer le plus, de leur beauté ou de leur maintien modeste et réservé. On les aurait prises plutôt pour d'honnêtes filles de la bourgeoisie que pour des courtisanes. Et pourtant, si les guéchas sont des artistes, des musiciennes de profession et rien de plus, il n'en est pas toujours de même des danseuses, qui, pour la plupart, vendues en bas âge par leurs parents, sont livrées à quelque entrepreneur de maison de thé ou *djoro-ya*, qui, après les avoir élevées et leur avoir fait donner une éducation soignée, spécule sur leurs charmes.

Il n'y a pas au Japon de dîner de cérémonie ni de fête sans guéchas; musiciennes et danseuses forment le complément indispensable de toute partie de plaisir.

Ce divertissement improvisé, qui m'initiait à un côté curieux de la vie japonaise, n'était en somme qu'une sorte de représentation théâtrale. Les guéchas et les djoros me rappelaient, mais en mieux, les bayadères de l'Inde; les chœurs que je venais d'entendre avaient éveillé en moi des réminiscences de Lucknow et de Lahore. Mais, si la musique de l'extrême Orient est décidément inférieure à la nôtre, il n'en est pas de même de la danse, et je ne crains pas d'avouer que je préfère les gracieuses pantomimes japonaises à nos danses européennes d'aujourd'hui.

J'ai mal dormi dans mon lit monumental. Je me faisais pourtant une fête d'y reposer paisiblement, car c'était la première fois, depuis que j'avais passé l'Oural, c'est-à-dire depuis deux mois et demi, qu'il m'était donné de coucher dans un vrai lit européen, avec des matelas, des draps et des couvertures. Les moustiques du Japon, contre lesquels me protégeait du reste une large moustiquaire, sont bien moins nombreux et bien moins redoutables que leurs congénères de Sibérie. Quant aux essaims voraces de mouches et de taons, qui avaient rendu si pénibles les dernières semaines de mon voyage sur le continent asiatique, ils ont complètement disparu, probablement à cause de la propreté minutieuse qui règne ici partout.

J'attribue mon insomnie à la chaleur, qui est réellement intolérable. Le thermomètre se maintient entre 31 et 32 degrés, de jour comme de nuit, et, avec cela, pas un souffle de vent. Il est tombé ce matin plusieurs averses torrentielles, mais la température ne s'est pas rafraîchie; le soleil s'est à peine voilé quelques instants, et maintenant il darde ses rayons implacables : impossible de songer à sortir en ce moment.

Dans ces conditions, j'ai hâte de dépouiller ma défroque sibérienne. Mon hôte me conseille de faire venir un tailleur chinois et de lui commander des vêtements appropriés au climat. Tous les Européens qui vivent ici sont, en cette saison, habillés de blanc des pieds à la tête, depuis les escarpins de treillis jusqu'au casque indien en liège ou en moelle de millet. Un large pantalon en tissu blanc, toile et coton, de fabrication anglaise, un veston de même étoffe et de même couleur par-dessus un gilet de flanelle très légère et à manches courtes, tel est l'uniforme adopté en été par les résidants, dans tout l'extrême Orient. Le collet droit de la jaquette se boutonne exactement autour du cou et dissimule, la plupart du temps, l'absence de la chemise. Les gentlemen qui ont des prétentions à rester corrects portent une cravate; mais alors elle est adaptée au collet même de l'habit, qui, dûment empesé pour la circonstance, remplace le faux col. On change tous les jours de vêtements, ce qui fait l'affaire des blanchisseurs.

Ici, comme en Californie, comme d'ailleurs partout où ils se sont répandus, les Chinois ont accaparé le monopole du blanchissage; et, c'est une justice à leur rendre, ils l'exercent convenablement et à des prix minimes. On compte le linge par pièces, et le tarif est le même (environ 6 centimes) pour un mouchoir ou un paletot. Les résidants ont l'habitude de s'abonner avec un blanchisseur; on arrive alors à des prix fabuleux de bon marché.

Les Chinois forment, à Nagasaki, une colonie importante; on évalue leur nombre à 1 500. Plus économes, plus entreprenants, plus actifs que les Japonais, plus exacts surtout à remplir leurs engagements, ils ont supplanté ces derniers dans l'exercice des petites industries qui ont trait au service des étrangers. Quelques-uns se sont enrichis et font le commerce de gros.

Mais revenons à mon tailleur : moyennant 30 dollars (environ 150 francs), je me commandai six vêtements complets; mon Chinois me promit de m'en livrer deux dès le lendemain, et de m'apporter le reste le jour suivant.

Ce fut encore un fils du Céleste Empire qui vint me débarrasser de mes longs cheveux. En Sibérie, l'office de coiffeur n'étant exercé que par les soldats de la garnison;

j'avais ajourné à des temps meilleurs cette opération indispensable.

Ces affaires terminées, je me rends à la poste, installée dans une jolie construction de style européen, sur le *bund*, à deux pas du télégraphe danois. M'étant fait adresser mes dépêches à Yokohama, je n'attendais ici aucune correspondance ; cependant un avis, imprimé en anglais et affiché au-dessus du guichet principal, m'apprit qu'une lettre était arrivée pour moi le 1er août, dans ce dernier port. On voit par ce détail que le service, qui est fait entièrement par des employés japonais, ne laisse rien à désirer.

Depuis plusieurs années, le Japon fait partie de l'Union postale. Ses timbres ont la forme des nôtres ; comme eux, ils sont pointillés et de différentes couleurs, selon leur valeur ; ils représentent l'attribut de l'Empire : une fleur de chrysanthème, avec une inscription en caractères japonais et aussi en anglais ; sur les cartes postales, cette inscription est en français. Moyennant 25 centimes, on peut envoyer dans toute l'Europe une lettre du poids de 15 grammes et, pour 10 centimes, une carte postale. Ces prix sont encore réduits par le fait de la baisse actuelle du papier-monnaie.

La France n'a pas d'agent consulaire à Nagasaki ; c'est le consul d'Angleterre qui est chargé des intérêts de nos nationaux. Il est logé à quelque distance de la ville, sur la colline d'Oura. Pour me rendre chez lui, je prends un djinriksha avec deux coolies ; l'un tirant, l'autre poussant mon véhicule, ils me conduisent, d'un pas relevé, par un étroit chemin à pente fort raide et souvent taillé dans le roc. Par la chaleur qu'il fait, la sueur ruisselle sur leur corps nu ; pris de pitié, je veux mettre pied à terre dans les endroits difficiles ; mais ces pauvres gens me font signe en riant de ne pas me déranger et, consciencieusement, accomplissent leur tâche jusqu'au bout.

Le consul anglais m'accueille avec cordialité. Le Japon et la Sibérie font les frais de notre entretien.

Son habitation est charmante : de la véranda on découvre une vue admirable sur la baie et sur la ville, qui, peuplée de 80 000 habitants, occupe le long de la mer une étroite bande de terrain plat, au pied de montagnes assez élevées.

Le regard plane, de la hauteur où nous sommes, sur l'ensemble de la cité, ses rues étroites et ses innombrables petites maisons de bois, toutes semblables, basses et adossées les unes aux autres. A l'extrémité des faubourgs, sur les premières pentes, des toits plus élevés, des massifs de grands arbres, indiquent l'emplacement des temples. On distingue parfaitement l'îlot de Desima, avec ses constructions européennes et ses magasins blanchis à la chaux ; il est aujourd'hui relié à la terre ferme par deux ponts. C'est là que sont restés, parqués pendant plus de deux siècles, de 1639 à 1854, les marchands hollandais qui seuls, entre toutes les nations de l'Occident, avaient obtenu la permission de trafiquer avec le Japon. Maintenant, par un singulier revirement, il n'y a plus un seul Hollandais à Nagasaki ; c'est un Allemand qui occupe le consulat de Hollande.

Vers la fin de la journée, à l'heure où les rayons obliques du soleil commencent à céder la place à une ombre bienfaisante, je me dirige à pied vers les quartiers commerçants de la ville indigène. J'ai hâte de voir enfin, de près, tout ce qui m'avait frappé dans ma course rapide de la veille. Je me promène au hasard, sans me presser, m'arrêtant à chaque pas aux étalages des marchands, observant surtout le spectacle de la rue. Les boutiques, largement ouvertes sur la voie publique, occupent la façade entière des maisons ; elles sont garanties par un auvent qui les abrite de la pluie et du soleil. Au-dessus, se trouve la partie réservée à l'habitation ; ce premier et unique étage est surmonté d'un toit recouvert de tuiles posées avec la plus grande régularité. Comme il fait encore très chaud, les cloisons mobiles qui forment les parois des chambres ont été retirées, de sorte que, de la rue et d'un seul coup d'œil, on peut voir ce qui se passe à l'intérieur, et se rendre exactement compte du genre de vie des habitants.

Comment décrire les scènes diverses, les mille objets nouveaux qui se présentent à ma vue, la foule bigarrée des promeneurs et les costumes éclatants des gentilles *mousmé* [1] qui trottinent sur les dalles? Il y aurait trop à dire, et je n'ose, dès le début, entreprendre une pareille tâche. Du reste, le Japon est si connu aujourd'hui que je ne ferais que répéter ce que Lindau, Bousquet, le baron de Hübner et tant d'autres ont dit avant moi, et bien mieux que je ne saurais le faire. Je n'ai pas la prétention, en écrivant ce récit, d'apprendre au lecteur rien de bien nouveau; mon but est seulement de lui rendre, aussi exactement que possible, les impressions que j'ai reçues; je n'entrerai dans les détails qu'à mesure que l'occasion s'en présentera.

Le voyageur qui suit la route ordinaire est déjà familiarisé avec les hommes et les choses de l'Asie, lorsqu'il aborde au Japon; ses relâches à Singapour, Saigon et Hong-kong, lui ont dévoilé en partie les mystères de l'extrême Orient. Pour moi, il n'en était pas de même. Après la Sibérie, le Japon : quel contraste! Bien que je fusse préparé de longue main par mes lectures, la réalité avait dépassé de beaucoup mes prévisions; ce qui m'étonnait le plus, c'était l'exquise propreté qui régnait partout. Je suis rentré ce soir-là chez M. Petersen, sous l'impression d'un charme inexprimable et plein d'enthousiasme pour cet étrange et incomparable pays.

En voyage, je recherche volontiers les photographies. J'en

1.-*Mousmé* signifie jeune fille.

avais admiré chez mon hôte de fort belles, exécutées par un praticien indigène ayant passé deux années en Hollande pour se perfectionner dans son art. M. Petersen, qui parle parfaitement le japonais, veut bien me servir d'interprète, et, le lendemain matin, nous allons voir le photographe Uyeno.

Quelle charmante promenade! Nous sortons de la ville, et suivant un sentier ombreux, au bord d'une petite rivière dont les eaux limpides courent sur un lit de cailloux, nous arrivons bientôt devant un portail aux angles relevés, sur lequel s'étale une enseigne en anglais et en japonais. C'est là, en pleine campagne et dans un site ravissant, véritable paradis pour un photographe, que se trouve l'habitation de M. Uyeno.

Le maître de la maison, très peu vêtu, nous reçoit au seuil de sa demeure, tapissée partout de fines nattes; puis il nous fait visiter son établissement, qui se compose de plusieurs ateliers, séparés par de jolis jardins. Il fait venir pour nous deux chaises et une table, meubles destinés exclusivement aux étrangers; car les Japonais ont l'habitude de s'accroupir sur le plancher, et c'est dans les postures les plus invraisemblables, et qu'en tout cas nous trouverions fort incommodes, qu'ils écrivent, se livrent au repos, prennent leurs repas et même exécutent les travaux les plus délicats.

Les photographes japonais excellent dans l'art de colorier leurs produits. Dans aucun pays je n'ai vu de plus jolies photographies: ce sont de véritables aquarelles; les couleurs sont employées avec sobriété et les diverses teintes graduées avec un goût parfait. Uyeno est un artiste dans ce genre. J'étais émerveillé par tout ce qu'il me montrait, et j'aurais voulu tout emporter. Comme, d'un autre côté, ses prix étaient minimes, je ne résistai que faiblement à la tentation : moyennant vingt *yen* (environ 60 francs, au cours actuel du papier-monnaie), je lui achetai 78 grandes photographies, la plupart coloriées.

Nous rentrons en ville. M. Petersen me guide à travers les principales rues du quartier commerçant, et nous arrêtons nos djinrikshas devant un grand magasin d'antiquités. En présence des merveilles qui me passent sous les yeux, de cette profusion de bibelots qui coûtent si cher en France, et surtout de leur bon marché relatif, j'oublie ma prudence habituelle. Comment résister au désir de me rendre acquéreur d'une armure superbe, vieille de deux siècles, absolument complète et qu'on me laisse, avec le coffre ancien qui la renferme, au prix de 12 *yen* (36 francs), alors que je me rappelle en avoir vu une beaucoup moins belle, affichée 600 francs, non loin du boulevard Montmartre ? Le premier pas est fait ; j'achète un lot de sabres et de poignards, un arc et son carquois, des boîtes laquées, des petits bronzes, des éventails, etc. ; plus loin, je dévalise la boutique d'un marchand d'images ; j'achète des albums, des livres illustrés, des séries de caricatures. Je me dis, il est vrai, pour excuser mes folies, que j'ai une occasion d'envoyer mes acquisitions en Europe : résolu à me débarrasser de tout mon attirail sibérien, des couvertures et des lourds vêtements qui me sont devenus inutiles, je vais faire confectionner une grande caisse, et j'expédierai le tout à Marseille, par le prochain paquebot.

L'unité monétaire, au Japon, est le *yen* d'argent, dont la valeur intrinsèque égale celle du dollar américain ou de la piastre mexicaine, soit 5 fr. 30 centimes. Aujourd'hui, par suite de la baisse de l'argent dans l'extrême Orient, cette valeur n'est plus que de 4 fr. 75. Le yen se divise en 100 *sen;* la série des pièces d'argent est de 5, 10, 20 et 50 sen. Ces monnaies sont d'un type analogue aux nôtres, fort belles et très bien frappées à Ozaka, par les Japonais eux-mêmes. Elles n'ont qu'un défaut : c'est d'être à peu près introuvables au Japon, par suite de la dépréciation du papier-monnaie. Il en est de même des pièces d'or; celle de 5 yen équivaut à la livre sterling [1].

Le Japon en est déjà au règne du papier, même pour les plus petites transactions. Il existe des billets de 10, 20 et 50 sen (0 fr. 30, 0 fr. 60 et 1 fr. 50); il y en a aussi de 1, 2, 5, 10, 20 yen et au-dessus. Ces derniers sont fabriqués à Tokio, sous la direction de M. Chiossone, Génois d'origine et très habile graveur. Ils portent nos chiffres arabes avec des inscriptions japonaises; quelques-uns représentent des scènes allégoriques; d'autres sont ornés des portraits de héros japonais. Le papier en est excellent, à la fois souple, léger et résistant; il est aussi difficile à déchirer que du parchemin.

Je terminai cette journée par une promenade en mer. Mon hôte, retenu au bureau du télégraphe, ne pouvant m'accompagner, je me tirai d'affaire tout seul.

Je monte dans un *sampan* [2] et, par signes, je fais comprendre au batelier que je veux traverser la baie et prendre un bain près du rivage opposé. En même temps, je lui montre un billet de 20 sen, que je lui promets pour sa peine. Après avoir ramé pendant une demi-heure, il arrête sa barque au fond d'une crique solitaire, où tout semble créé pour le plaisir des yeux et l'agrément des baigneurs. Un rocher à pic, faisant saillie sur une pente abrupte où croît un épais fourré de bambous, projette son ombre sur les eaux tranquilles de la baie. Il est couronné par un pin cente-

---

[1]. La monnaie de cuivre est la seule qui n'ait pas pris le chemin de l'étranger. Elle se compose de pièces de 2, 1 et 1/2 *sen* ou 5 *rin*, le *sen* valant 10 *rin*. Il y a aussi de plus petites pièces, de 1, 1 1/2 et 2 *rin*, et enfin des sapèques chinoises, percées d'un trou carré au centre et dont la valeur, toujours fort minime, est variable. La grosse pièce oblongue, de bas aloi, passe pour 8 *rin*.

[2]. Nom que l'on donne dans tout l'extrême Orient aux petites embarcations des indigènes.

naire, aux rameaux bizarrement contournés; à sa base, au niveau de la mer, se creuse une grotte naturelle, dont le sol est formé d'un sable blanc et fin. Dans ces paysages japonais, on dirait que l'art le plus exquis a présidé à l'agencement des choses, et souvent c'est la nature seule qui a fait tous les frais.

Je pris un bain délicieux; l'eau tiède et transparente laissait apercevoir, à une grande profondeur, les cailloux et les coquillages qui tapissaient le fond de la mer. Mon batelier était prévenant et poli; sa barque était d'une propreté minutieuse. Pendant la traversée de retour, je m'habillai lentement, jouissant du splendide panorama de Nagasaki à la chute du jour et du calme complet de la nature à cette heure délicieuse.

Les premières pentes des montagnes qui entourent Nagasaki sont occupées par de vastes cimetières, des temples et des jardins. La colline est taillée en gradins, et de magnifiques escaliers de pierre en permettent l'accès. Nous nous trouvons à l'époque du *Boug*, grande fête annuelle des lanternes; elle dure trois jours et a été établie en l'honneur des morts, qui, selon la croyance populaire, viennent alors visiter leurs parents et leurs amis. En pareille circonstance, les Japonais se gardent bien de s'attrister. Tout leur sert de prétexte pour se divertir; au lieu de s'abandonner aux idées de mélancolie et de recueillement qu'inspire chez nous le souvenir des morts, ils trouvent plus logique de se réjouir à la pensée qu'ils vont revoir ceux qu'ils ont aimés. En effet, puisque ces êtres qu'ils ont perdus viennent chaque année leur faire visite, à quoi bon prendre à ce moment un visage lugubre? N'est-il pas naturel de les recevoir gaiement et de leur faire passer joyeusement le peu de temps qu'ils ont à dépenser sur cette terre? C'est dans cet esprit que, chaque soir, pendant ces trois jours, les cimetières sont illuminés au moyen de lanternes

Nagasaki. — Colline funéraire.

en papier peint de différentes couleurs. Au milieu de l'obscurité de la nuit, ces innombrables points lumineux, qui brillent de toutes parts sur le versant des montagnes, produisent un effet absolument féerique. Dans la journée, de joyeux groupes se donnent rendez-vous sur les terrasses funéraires. Les tombeaux sont de simples tables commémoratives qui conservent le souvenir des trépassés, sans évoquer aucune idée triste. Chaque famille a son enclos spécial dans le champ commun du repos, abrité par des arbres séculaires.

C'est de ce côté que, le jour suivant, je dirige ma promenade. Au pied de la montagne, s'élève un grand temple à l'entrée duquel se trouve une statue de bronze, représentant un cheval colossal. Diverses constructions sacrées, dont les colonnes massives, en bois laqué, supportent un toit richement orné et couvert de tuiles vernissées, s'étagent sur les premiers gradins. Après les avoir dépassées, je gravis un long escalier qui conduit à un beau jardin, planté de camélias gros comme des arbres et de superbes spécimens du *Pinus japonica*. Dans les *tcha-ya* [1] voisines, se pressent une foule de gens qui s'amusent paisiblement. Nous sommes au milieu du principal cimetière. Accroupies en cercles sur les dalles funéraires, des familles font gaiement de légères collations; on se rend des visites; on voisine; on s'invite, pour ainsi dire, de tombe à tombe. C'est un échange de politesses, qui se traduisent par des salutations interminables; on s'incline jusqu'à terre, en poussant de petits cris joyeux. Hommes et femmes allument leur petite pipe, boivent force tasses de thé ou de *saki*. De jolis enfants courent çà et là; chacun dispose, sur l'emplacement qui lui appartient, les lanternes qui serviront à l'illumination de cette nuit. En attendant, et malgré la clarté du jour,

---

1. *Tcha-ya*, petit restaurant, littéralement *maison de thé*.

les pétards et les fusées partent de tous côtés. Au milieu de ces réjouissances règne un ordre parfait; point d'encombrement, pas l'apparence d'une dispute. Dans les étroits sentiers, c'est à qui ne passera pas le premier; chacun se range de côté pour faire place au promeneur; partout on n'aperçoit que des visages souriants.

Nous sommes au troisième et dernier jour de la fête des lanternes. Les morts doivent bientôt réintégrer leur domicile habituel; mais, pour leur faciliter le voyage, il faut leur fournir les moyens de s'embarquer. Dans ce dessein, chaque famille a pris la précaution de leur tresser une nacelle de paille, plus ou moins grande, plus ou moins ornée, selon ses ressources. On la décore de banderoles, on la charge de lampions et de lanternes multicolores; on y ajoute quelques grains de riz et une petite pièce de monnaie; et, ce soir à minuit, chacun se rendra processionnellement au bord de la mer pour y lancer les frêles esquifs de paille, de bambou et de papier qui doivent ramener dans leur monde les âmes des ancêtres.

Je n'avais garde de manquer un pareil spectacle. Aujourd'hui, l'illumination des cimetières est encore plus complète que les jours précédents. Des feux d'artifice s'allument de toutes parts; de longues traînées de lumière descendent des hauteurs vers la ville : ce sont des processions qui se forment et viennent se grouper sur les bords de la baie. Dès la chute du jour, les rues ont pris une animation incroyable. Tout le monde se prépare pour la fête; on ne voit que gens transportant des bateaux de paille, ou bien mettant la dernière main aux ornements de papier qui les décorent. Aux sons d'une musique retentissante, de joyeuses troupes parcourent la cité; chacun porte, suspendue à l'extrémité d'un long bambou, une grosse lanterne de papier. De larges transparents ornés de devises, d'emblèmes, d'attributs grotesques ou de dessins représentant des animaux fantastiques, illuminent les boutiques; d'autres sont promenés triomphalement par les rues.

Cependant la circulation est devenue très difficile, au milieu de la foule compacte qui se presse au bord de la mer. M. Petersen, qui m'accompagne, m'engage à monter dans un sampan. Plusieurs centaines d'embarcations, serrées bord à bord, forment un arc de cercle en face du rivage; nous prenons place au milieu d'elles. Toute une population proprement vêtue, souriante et polie, se rend visite d'un bateau à l'autre; sur ce plancher mouvant, on circule comme à terre. Chacun nous fait bon accueil; on nous tend la main pour sauter de barque en barque, et nous voici bientôt au premier rang. Mon compagnon répond de son mieux aux éclats de rire et aux joyeux propos des jeunes femmes, que notre vue met en belle humeur.

Sur la rive, la foule grossit. Les cloches ne cessent de tinter, accompagnant la musique et les chants populaires. De l'ensemble de ces bruits se dégage une sonorité puissante, une sorte de mélopée indéfiniment répétée et d'une simplicité extrême [1]. A l'heure précise de minuit, on commence à pousser à la mer les frêles esquifs illuminés. Il y en a de toute taille, et, dans le nombre, d'assez grands, avec mâts de bambou, cordages et bannières. Les porteurs entrent dans l'eau, les soutiennent en nageant et les accompagnent aussi loin qu'ils peuvent; leur nombre augmente rapidement. La brise enfle les petites voiles de papier; quelques-uns de ces légers appareils chavirent, s'enflamment et communiquent le feu au reste de la flottille. Des hommes de la police écartent à l'aide de longues gaffes et submergent au besoin les nacelles enflammées, qui pourraient incendier les bateaux où se pressent les curieux.

L'excitation est à son comble : des centaines de jeunes

---

1. On peut l'écrire ainsi : *do, ré, do;* — *do, ré, do,* etc.

gens et même d'enfants se sont précipités à la mer ; ils poussent des cris de joie et luttent entre eux, les uns cherchant à préserver leurs esquifs, les autres à incendier ceux de leurs voisins. Les étincelles, les débris des lanternes enflammées, pleuvent sur leur corps nu ; ils en sont quittes pour plonger à l'instant et reparaître un peu plus loin, haletants et frénétiques. Dans ces joutes aquatiques, leurs têtes émergent à la surface, éclairées par les lueurs rougeâtres de l'incendie. A ce moment, le spectacle est indescriptible : un peuple immense, excité par cette lutte entre l'eau et le feu, pousse des acclamations formidables, tandis que la musique continue à faire rage et que, de toutes parts, on voit arriver de nouvelles processions, signalées par de bruyants feux d'artifice et une recrudescence de lumières.

Vers deux heures du matin, la fête paraissait à son apogée ; elle durera ainsi jusqu'au jour. Par égard pour M. Petersen qui, blasé depuis lontemps sur de pareilles scènes, n'est venu ici que pour moi, et aspire sans nul doute au repos, je donne le signal de la retraite. Nous regagnons lentement le quartier européen, non sans rencontrer plusieurs fois, sur notre passage, de nouveaux bateaux portés processionnellement au lieu du sacrifice : le cortège est précédé par des enfants chantant en chœur, et portant des lanternes dont la lumière est tamisée par un long voile de mousseline. Tous ces petits chefs-d'œuvre de patience seront, dans quelques instants, détruits par l'eau et le feu.

Quelle soirée fantastique ! Quelle belle nuit !

CHAPITRE II

DE NAGASAKI A YOKOHAMA
11-14 août.

A bord du *Malacca*. — La Compagnie Péninsulaire et Orientale. — Hirado. — La mer Intérieure. — Le golfe de Yédo. — Arrivée à Yokohama.

J'ai passé trois jours entiers à Nagasaki, trois jours que je n'oublierai jamais. Le moment du départ est arrivé. Depuis ce matin, le *Malacca*, grand steamer de la Compagnie Péninsulaire et Orientale (que les Anglais, par abréviation, nomment *P. and O.* et prononcent *Piano*) est mouillé dans le port. Il est midi; un double coup de sifflet m'avertit que l'heure s'approche.

Mon tailleur chinois a été exact; il m'a apporté, au jour dit, les vêtements que je lui avais commandés. Je prends congé de l'excellent M. Petersen, qui veut bien se charger de faire confectionner une grande caisse où il renfermera tous les objets qui me sont devenus inutiles, ainsi que mes récentes acquisitions; le tout sera expédié à Paris, en douane, à la première occasion. Puis, muni de mon bagage singulièrement réduit, je prends un sampan et me fais conduire à bord.

Sur les bateaux anglais, il n'y a pas de seconde classe. La troisième classe est réservée aux indigènes, et tout Européen qui se respecte est tenu de voyager en première. Le prix du passage pour Yokohama est de 50 dollars, ce qui fait, au taux actuel, environ 240 francs. La distance est de 720 milles, soit 1 334 kilomètres.

Comme nous ne sommes que quatre passagers, j'ai pour moi seul une spacieuse cabine à deux lits et un large divan; j'y serai fort bien. Mes compagnons de voyage sont : le colonel March, de Hong-kong, qui se propose de visiter le Japon en touriste; M. Mockler, lieutenant de l'armée des Indes, en garnison à Rangoun (Birmanie) : il a deux mois de congé et vient les passer en ce pays; enfin un jeune Anglais qui a quitté Londres à la fin de juin et se rend à Yokohama pour ses affaires.

Au moment où le *Malacca* se met en marche, on sonne, assez malencontreusement, pour le lunch. J'ai remarqué que c'est presque toujours dans les moments les plus intéressants que la cloche appelle les passagers pour les repas. Cette fois, je ne me rendis pas à son invitation; je préférais rester sur le pont, afin de ne rien perdre du magique panorama de la baie; d'ailleurs, je n'ai jamais pu me faire aux habitudes anglaises : il m'est impossible de me remettre à table, au milieu de la journée, alors que le déjeuner a été copieux et que le dîner doit être servi dans quelques heures. Adieu, rocher de Papenberg, peut-être au revoir! Car, si je me décide à visiter le nord de la Chine, je serai probablement obligé de repasser par ici.

Le temps est beau, la chaleur supportable. Le *Malacca* ne se presse pas; c'est à peine s'il file neuf nœuds. Je m'en réjouis : j'aurai plus de temps pour fixer dans mes souvenirs les magnifiques paysages qui se déroulent sous mes yeux. Je revois ces promontoires escarpés, cette végétation puissante, cette campagne si bien cultivée et cette multitude d'îlots aux formes inattendues, qui avaient excité mon étonnement, il y a quelques jours. Maintenant, notre route longe la côte de plus près; une foule de détails qui m'avaient échappé deviennent visibles; çà et là on distingue des groupes de cabanes, de petits villages enfouis sous des bosquets de bambous et de camélias. Sur les sommets, les conifères dominent, donnant à la nature un caractère alpestre; mais ici, sous le 33e degré de latitude, la lumière est bien plus vive que dans nos froides montagnes, et le contraste des couleurs, plus frappant.

Ces parages sont très fréquentés; la navigation est active. Nous rencontrons souvent de grosses jonques à la lourde mâture, aux grandes voiles carrées; des bateaux plus petits, chargés de marchandises, sont conduits par de vigoureux rameurs au corps nu, à la peau basanée, accompagnant leur travail d'un chant monotone. A tous les points de l'horizon, d'innombrables sampans, avec leur voile blanche, se détachant nettement sur le bleu intense de la mer, semblent, dans le lointain, comme autant de mouettes se jouant sur les flots.

Le chemin le plus direct, si l'on contourne l'île de Kiusiu, suit le détroit formé par Hirado et la grande terre. Mais ce passage est dangereux par un vent frais ou un temps sombre; on l'évite alors en passant au large. Ce nom de Hirado est souvent répété dans l'histoire des missions catholiques au Japon. C'est dans cette île que François Xavier commença à prêcher le christianisme aux Japonais. En 1878, j'avais vu le tombeau du saint à Goa; trois ans plus tard, je me trouvais aux lieux mêmes où il aborda, en 1549. Longtemps les Portugais entretinrent ici des établissements prospères. Mais, après l'extermination des chrétiens au dix-septième siècle et l'expulsion définitive des étrangers, Hirado retomba dans l'oubli.

Comme le mauvais temps n'est pas à redouter, le *Malacca* s'engage dans le golfe, qui, se rétrécissant peu à peu, se change en un chenal sinueux, large en certains endroits de 200 mètres à peine. Des écueils surgissent de tous côtés, laissant deviner de redoutables bas-fonds. Le courant, d'une violence extrême, forme des remous et des tourbillons terribles, qui me rappellent ceux des rapides du Saint-Laurent. En ce moment, le pilote japonais, seul, commande à bord. Le steamer rase de sombres rochers qui dressent au-dessus des flots leurs pointes menaçantes; la moindre déviation entraînerait fatalement notre perte. Le spectacle est si imposant, le site qui encadre cette scène émouvante est en si parfaite harmonie avec elle, que tout le monde, officiers et passagers, Européens, Chinois et Japonais, et même les chauffeurs cafres de la machine, se tiennent immobiles sur le pont, graves et silencieux.

Cependant le périlleux passage est déjà loin de nous. Le *Malacca* navigue maintenant dans des eaux tranquilles, à une distance rassurante des côtes, au milieu du large bras de mer qui sépare l'île d'Iki de celle de Kiusiu. Nous avons cessé de faire route au nord, pour nous diriger vers l'est. Le soleil vient de s'abîmer dans les flots; derrière lui, tout un côté de l'horizon resplendit dans une gamme de tons d'une vivacité incroyable. Il y a là des nuances bleu foncé, orange, rouges et vertes, comme je n'en ai jamais vues. Si un artiste parvenait à les fixer sur la toile, on les déclarerait certainement invraisemblables.

Le lendemain, à trois heures du matin, on s'engage dans le détroit de Simonosaki. Je me lève pour voir le fameux passage qui donne accès dans la mer Intérieure du Japon. Malheureusement, le temps s'est couvert; de grands nuages noirs interceptent les rayons de la lune, et je ne distingue que peu de chose. Toutefois, je ne regrette pas d'avoir quitté ma cabine; la température est délicieuse, un air frais me frappe au visage. Je m'installe à mon aise sur une de ces grandes chaises de bambou, aux savantes courbures, que connaissent si bien les habitués des paquebots sur les lignes de l'Inde et de la Chine, et je termine paisiblement ma nuit sur le pont.

La mer Intérieure, nommée par les Japonais Souvo-nada, s'étend de l'ouest à l'est, du 129ᵉ au 133ᵉ degré de longitude; elle est traversée par le 34ᵉ parallèle. Sa longueur est d'environ 400 kilomètres; sa largeur varie de 10 à 100 kilomètres. Elle est enserrée au nord par l'extrémité occidentale de la grande île de Niphon ou Hondo [1], au sud par celles de Kiusiu et de Sikok. On sait que l'empire du « Soleil levant » est le pays insulaire par excellence; les géographes indigènes, qui ont eu la patience de dresser le catalogue de ses îles, n'en comptent pas moins de 3 800. La Méditerranée japonaise en renferme une multitude de toutes formes et de toutes grandeurs. La plupart sont habitées et bien cultivées, couvertes de maisons et de temples; par la variété de leurs aspects, elles offrent au voyageur un coup d'œil merveilleux.

Cependant, dans la matinée, nous n'avons rien d'intéressant en vue; nous sommes à une trop grande distance des côtes, et les îles font défaut dans cette partie de la mer Intérieure, qui est fort large. C'est seulement vers midi que l'horizon, jusque-là désert, commence à se peupler d'une infinité de cônes volcaniques, surgissant du côté du sud. Nous longeons une grande île boisée, par-dessus laquelle on aperçoit, dans l'éloignement, les cimes bleuâtres de Sikok. Le paysage devient de plus en plus beau. On s'engage dans des détroits qui sont de vrais labyrinthes; de quelque côté que l'on se tourne, on n'aperçoit aucune issue; puis, au détour d'un petit cap, on se trouve en pleine mer. La scène change à chaque instant; il semble qu'on pénètre dans une longue suite de lacs.

Dans certains passages étroits règnent de violents courants. Alors on ralentit la marche; on n'avance plus qu'en

---

[1]. Niphon, ou plus exactement Nippon, est le nom sous lequel les Japonais désignent le Japon tout entier. Les Européens l'ont attribué à tort à la grande île, dont le véritable nom est Hondo.

sondant. Tout l'équipage est à son poste, se tenant prêt à mouiller l'ancre, sur un signe du pilote.

Quelquefois, nous longeons la côte de fort près. Je me rappellerai toujours un certain petit village, adossé à un bois de bambous, au fond d'une anse sablonneuse encadrée par deux promontoires rocheux, que de vieux arbres, au tronc noueux, cherchent à escalader. Impossible de rêver un site plus romantique. Toute la population, demi nue, rangée le long du rivage, nous regardait passer en nous faisant des signes d'amitié. Il y a, comme cela, des centaines de villages; mais je ne sais pourquoi celui-là est si bien resté gravé dans mes souvenirs, que je n'ai qu'à fermer les yeux pour le revoir encore.

Le sol est tellement accidenté qu'on n'aperçoit jamais de plaines. Cependant une infinité de terrasses étroites, étagées les unes au-dessus des autres et capricieusement découpées au milieu des bois, indiquent que la campagne a été cultivée partout où ça a été possible; le reste est couvert d'épaisses forêts ou de rochers inaccessibles.

Beaucoup de petites îles et d'îlots affectent la forme d'un cône parfaitement régulier. On en voit qui sont surmontés d'un arbre unique, énorme et formant comme un gigantesque parasol; d'autres portent crânement leur plumet de côté. Je suis porté à croire que les Japonais ont un culte particulier pour les vieux arbres, ou du moins qu'ils respectent tous ceux qu'ils considèrent comme nécessaires à l'ornement du paysage. Dans les endroits naturellement pittoresques, et principalement sur les sommets des montagnes, on est certain de les retrouver, soit isolément, soit par groupes, abritant le plus souvent un petit temple. Quel contraste avec ce que je venais de voir en Sibérie! Les Russes font le vide autour de leurs habitations; ils les disposent, comme on ferait d'un régiment, en ordre de bataille; ils ne connaissent que la ligne droite et se complaisent au mi-

Vue prise dans la mer Intérieure.

lieu de vastes espaces dénudés. Ici, au contraire, les maisons sont élevées dans les endroits les plus pittoresques; presque toujours elles sont abritées par de grands arbres, qui leur versent un ombrage bienfaisant : les villages japonais sont de véritables nids dans la verdure.

En ces parages, les jonques se comptent par centaines, les petites barques par milliers. Selon l'heureuse expression de mon ami M. Michel [1], leurs voiles déployées semblent étaler, dans le lointain, les bannières d'une longue procession. Vers quelque point de l'horizon que vous portiez les regards, le spectacle est toujours merveilleux.

Quand on ne l'a pas vue, il est impossible de comprendre le singulier enchantement produit par cette nature poétique. La constante beauté du paysage japonais provient non seulement du relief du sol, mais encore de la vivacité des couleurs et de leur étonnante variété. Les champs cultivés, les maisons, les forêts, les rochers noirs, les plages de sable jaune, les blanches voiles des barques et la mer bleue, se retrouvent ici presque partout, et, diversement éclairés, tantôt exposés à une lumière éclatante, tantôt à demi noyés dans l'ombre, se présentent sous les aspects les plus séduisants.

Dans la nuit, le *Malacca* a stoppé au large, à la hauteur du port de Kobé, afin de permettre au pilote japonais de regagner la terre.

Au point du jour, le temps continue à être beau, mais la mer est agitée. Nous sommes sortis des eaux toujours tranquilles de la mer Intérieure. La grande île d'Avasi-sima, qui en ferme l'extrémité orientale, est encore en vue. Le détroit qu'elle forme avec Sikok raccourcirait la route de quelques milles; mais il est à peu près abandonné par la navigation, à cause des courants qui y règnent constamment;

---

1. Ernest Michel, *Le tour du monde en 240 jours*, Nice, 1882.

nous avons passé au nord et pris l'autre bras, beaucoup plus large.

Vers midi, Avasi-sima a disparu depuis longtemps; les montagnes de Sikok s'effacent à leur tour. Nous longeons la côte méridionale de Hondo; dépourvue d'îles et moins intéressante que celles que nous avions en vue les jours précédents, elle offre quelque analogie avec la Calabre. Après avoir doublé le cap Idsumo, on fait route au nord-est, à une assez grande distance de terre. La mer grossit; le *Malacca*, peu chargé, roule beaucoup.

Bien que la cuisine du bord soit essentiellement anglaise, la table est bonne; elle est même trop copieusement servie. Un Français préférera toujours le traitement des Messageries maritimes à celui des meilleurs paquebots anglais, et la plupart des étrangers seront de son avis. Les vins et la bière sont ici à un prix modéré et de bonne qualité; l'eau seule laisse à désirer : elle n'est pas assez fraîche. Il est vrai que nos compagnons n'en consomment guère. Connaissant par expérience le caractère anglais, je m'étais tenu tout d'abord avec ceux-ci sur la plus grande réserve; mais je fus agréablement surpris lorsque le colonel March, contrairement aux habitudes de ses compatriotes, m'adressa le premier la parole et en fort bon français. Il avait longtemps habité la colonie de Natal, dans l'Afrique australe, et avait fait la dernière guerre du Zoulouland. Je trouvai en lui un aimable causeur et un caractère vraiment sympathique.

Le lendemain 14 août, dès le matin, le colosse des montagnes japonaises, le Fouzi-yama, est en vue à 65 milles de distance. Je reconnais, pour l'avoir vu tant de fois reproduit sur les laques et les estampes, le cône parfaitement régulier du volcan, dont le sommet légèrement tronqué et haut de 3 800 mètres, plane au-dessus des nuages qui nous dérobent la vue de la côte.

Quelques heures après, nous doublons le cap Idzou et nous passons au large de la rade de Simoda, longeant à tribord Oho-sima et toute une pléiade d'îles volcaniques. A midi, nous laissons derrière nous la magnifique baie d'Odovara ; encore un dernier promontoire, et nous voici dans le golfe de Yédo.

Un grand steamer passe à quelques encâblures du *Malacca*, se dirigeant à toute vapeur vers le sud : c'est le *Menzaleh*, de la Compagnie des Messageries maritimes, en route pour Hong-kong, avec la malle et les passagers pour l'Europe. Le drapeau tricolore est arboré à l'arrière. Chez nous, dans la vie journalière, cet emblème nous laisse à peu près indifférents ; mais, à cinq mille lieues de distance, on le revoit sous un tout autre aspect. Pour moi, cette apparition inattendue évoquait tout un monde d'idées et de sentiments d'autant plus vifs que, depuis de longs mois, c'était la première fois que je voyais flotter les couleurs françaises. Cependant à vrai dire, je n'éprouvais plus, depuis mon arrivée au Japon, cette sensation de l'éloignement qui naguère m'étreignait si fort au milieu des solitudes sibériennes, au centre du continent asiatique. Pourtant, j'avais encore augmenté, d'un certain nombre de degrés en longitude, la distance qui me séparait de Paris ; mais les circonstances étaient bien changées. A présent, je me sentais en pays civilisé ; j'étais relié à la patrie par des communications fréquentes et régulières ; je pouvais, si l'envie m'en prenait, m'embarquer pour rentrer directement au logis. En un mot, il me semblait que j'étais simplement en excursion sur les rivages de la Méditerranée, à quelques journées de Marseille.

La mer, resserrée entre deux presqu'îles, est redevenue d'une tranquillité parfaite. Même après les incomparables paysages de la mer Intérieure, le golfe de Yédo est encore d'une beauté admirable. Voici Uraga, où s'arrêtaient autrefois, par mesure de police, toutes les jonques qui se dirigeaient vers la capitale. C'est là que le commodore Perry vint jeter l'ancre, le 8 juillet 1853, date mémorable pour l'histoire du pays; il apportait au *shogun* une lettre du président des Etats-Unis, réclamant l'ouverture du Japon au commerce international. Un peu plus loin, c'est Yokoska, avec son phare et son arsenal.

Le golfe s'élargit à mesure qu'il pénètre dans l'intérieur des terres; vers le nord, on dirait la pleine mer; à l'orient, la péninsule montagneuse de Kadzuma s'éloigne de plus en plus. Enfin, derrière un promontoire rocheux, s'ouvre une vaste baie où sont mouillés une trentaine de navires. Nous prenons place au milieu d'eux. Devant nous, s'étend un quai bordé d'une longue ligne de constructions européennes; plus loin, on distingue d'innombrables maisons japonaises, basses, aux toits grisâtres, disséminées au milieu des jardins et sur le penchant des collines boisées. Nous sommes à Yokohama.

L'ancre avait à peine touché le fond que déjà nous étions accostés par une chaloupe à vapeur, appartenant au Grand Hôtel. On descend nos bagages; comme nous sommes peu nombreux, tout est bientôt terminé. Quelques minutes après, nous abordons à la douane où les employés japonais, très polis mais aussi très minutieux, examinent scrupuleusement nos valises. L'hôtel est à deux pas; à quatre heures, j'étais installé dans une grande et belle chambre, au rez-de-chaussée de ce confortable établissement.

CHAPITRE III

YOKOHAMA ET TOKIO

15-17 août.

Yokohama. — Un chemin de fer au Japon. — Tokio. — Asaksa. Ouéno. — Les temples de Shiba.

Les premiers traités avec le Japon avaient désigné Kanagava comme port de commerce international, sur la baie de Yédo. La situation de cette localité sur la grande route dite Tokaïdo, où passaient fréquemment des gens armés faisant partie de la suite des *daïmio* (princes féodaux), ne tarda pas à amener des collisions sanglantes. En 1859, les étrangers ne s'y trouvant plus en sûreté, Kanagava fut abandonnée pour Yokohama, à 6 kilomètres plus au sud, mais offrant le double avantage d'une plus grande sécurité et d'un port aux eaux plus profondes. C'est de cette époque que date l'importance de Yokohama, autrefois insignifiant village de pêcheurs, maintenant grande ville, peuplée de 120 000 habitants, et principal entrepôt commercial du Japon.

La majeure partie de la cité, telle qu'elle existe aujourd'hui, est postérieure au grand incendie de 1866. Elle se divise en quatre parties distinctes : la ville européenne qui s'étend sur le bord de la mer, avec ses beaux quais, ses grands hôtels, ses clubs et ses maisons de banque, ses boutiques et ses magasins dans le genre de ceux de Paris ou de Londres; le Bluff, ou « la Colline », promontoire escarpé et merveilleusement accidenté, dominant la rade et couvert de villas disséminées au milieu des jardins, résidences luxueuses des riches marchands; la ville chinoise, séparée de la mer par les précédentes, sale et pauvrement construite, où abondent les cabarets interlopes et les bouges fréquentés par les marins des diverses nations; enfin Benten, la ville japonaise, bâtie en bois et formant de populeux faubourgs, dont les rues étroites ont été tracées au milieu des marais et des rizières de la plaine. Entre les quartiers japonais et le reste de la ville, on a ménagé un vaste espace libre, où s'élèvent les consulats d'Angleterre et d'Amérique, la préfecture (ken-tcho), la poste, le télégraphe et la douane.

La colonie étrangère se compose d'environ deux mille Européens ou Américains du Nord, et d'un nombre au moins égal de Chinois. Ces derniers sont généralement employés comme garde-magasins ou comptables dans les maisons de commerce. Ils ont le monopole de la petite banque et du change des monnaies. Ici, comme à Nagasaki, ils s'emparent peu à peu des métiers et du petit commerce; bientôt il n'y aura plus de place pour l'Européen.

Ma première course, en arrivant à Yokohama, avait été pour la poste. Je n'y trouvai qu'une seule lettre, celle dont l'arrivée m'avait été signalée par le bureau de Nagasaki; encore ne venait-elle pas d'Europe. Aussi je regagnai l'hôtel fort désappointé, réduit, pour toute consolation, à parcourir les journaux de France, dont le plus récent portait la date du 2 juillet. Nous étions alors au 14 août; les dernières nouvelles que j'avais reçues de ma famille, en Sibérie, étaient postérieures à mon départ de quelques jours seulement, et maintenant vieilles de trois mois. Par suite d'un malentendu, ma correspondance avait été adressée en Chine, où je ne la retrouvai que deux mois plus tard.

Le lendemain, dans la matinée, j'allai faire visite à M. Jouslain, consul de France, qui occupe une jolie maison dans *Main street*, grande rue parallèle au *bund*. Puis, je me rendis à la gare du chemin de fer qui, depuis le 9 octobre 1872, relie Tokio à Yokohama, faisant, de cette dernière ville, un simple faubourg de la grande capitale japonaise.

La station ressemble assez à celles de nos petites lignes de banlieue, avec cette amélioration toutefois que, dans la salle d'attente de la première classe, une grande table est couverte des journaux de la localité, mis à la disposition des voyageurs. On y voit aussi un petit buffet (*refreshment room*) et des étalages de marchands de gazettes japonaises, de brochures illustrées, de tabac, de pipes et autres menus objets. Les départs ont lieu d'heure en heure, de six heures du matin à onze heures du soir ; on délivre des billets d'aller et retour à prix réduits ; l'employé japonais, préposé au guichet, parle anglais ; du reste, dans ce chemin de fer, le premier qui ait été construit au Japon, tout est arrivé d'Angleterre, locomotives, voitures, ponts en fer, enfin tout le matériel. Ce sont des ingénieurs anglais qui l'ont tracé et fait exécuter ; aussi les Japonais savent ce qu'il leur a coûté. Les vagons sont bien aérés, jolis et propres ; ceux de première et de seconde classe sont munis de plates-formes, où l'on est fort bien pour voir la campagne. Un détail à noter : les voyageurs de troisième classe sont sous clé ; pour éviter l'encombrement à la sortie, on n'ouvre les portières de leurs voitures que lorsque les autres voyageurs ont passé.

Le trajet, de 29 kilomètres, avec cinq stations intermédiaires, se fait en trois quarts d'heure. La voie, plus étroite que chez nous, ne s'éloigne guère du rivage. Dans les fossés qui la bordent de chaque côté, on cultive des nénuphars comestibles et autres légumes aquatiques. Pas un pouce de terrain n'est perdu ; les jardins et les bosquets de bambous succèdent aux rizières et aux champs de patates. La campagne est très peuplée ; d'innombrables maisonnettes, éparses au milieu des vergers, forment une suite à peu près ininterrompue d'habitations reliant entre elles de grosses bourgades. Le paysage est charmant : à droite, une série de collines verdoyantes; à gauche, les eaux bleues du golfe de Yédo.

Le colonel March m'accompagnait. Notre intention était d'aller faire, ce jour-là, quelques visites officielles. A notre arrivée à la station terminale de Shimbashi, nom du quartier de Tokio où s'arrête le chemin de fer, nous sommes entourés par une foule de *djinriki* qui nous font bruyamment leurs offres de service. Nous n'avons pas d'interprète, mais plusieurs de ces gens baragouinaient quelques mots d'anglais; nous en choisîmes deux, et nous parvinmes à leur faire comprendre que nous voulions aller au Kodjimatchi, quartier central, où se trouvent les légations étrangères, le Château et la plupart des ministères.

Malgré la chaleur, nos gens partent avec la rapidité d'une flèche, traversent plusieurs rues commerçantes bordées de maisons d'aspect moderne, puis s'engagent sur un chemin moins fréquenté, où l'on ne voit plus que d'interminables *yashki*, longues constructions de bois à un seul étage, uniformément peintes en noir et de sombre apparence : ce sont les anciennes demeures des nobles daïmios et de leur suite, aujourd'hui abandonnées ou bien affectées à un service public. Plus loin, la route gravit une pente assez raide ; nos hommes sont maintenant obligés de ralentir leur allure et n'avancent plus que péniblement, louvoyant et décrivant des zigzags sur le chemin. Dans les jardins voisins, je remarque de vastes habitations de style européen ; des pavillons flottent sur de grands mâts. Nous sommes dans le quartier des légations. Encore un effort, et nous parvenons au sommet de la colline, occupé par la

Djinriksha.

légation de Chine; celle de France est à deux pas plus loin.

La plupart des personnes pour lesquelles j'avais des lettres de recommandation étaient absentes. En cette saison, par ces fortes chaleurs, il est d'usage de quitter la ville et d'aller chercher une température plus fraîche dans les montagnes des environs. Cependant je fus assez heureux pour rencontrer deux compatriotes : M. Boissonade, professeur de droit, et M. Gambet, conseiller de police. Ce dernier, avec la plus grande obligeance, voulut bien se mettre immédiatement à ma disposition pour me faire visiter la ville.

La première promenade que l'on fait faire à un étranger, est ordinairement celle d'Asaksa. En effet, c'est le quartier par excellence des divertissements; c'est là que l'on peut le mieux se rendre compte de la vie populaire.

La course est longue; il nous faut traverser la ville immense dans une grande partie de son étendue. Aussi avons-nous pris chacun deux hommes. C'est un luxe que se permettent seuls les Européens, ordinairement plus grands et beaucoup plus lourds que les Japonais, tandis qu'on voit souvent ces derniers se faire traîner à deux dans la même voiture, par un seul *kourouma*[1]. Lorsque le chemin est de niveau, nos gens s'attellent en flèche et, s'excitant l'un l'autre, courent à toute vitesse; dans les montées, l'un d'eux se détache et, poussant le véhicule par derrière, vient ainsi en aide à son camarade resté dans les brancards. De la sorte, nous ne mettons guère plus d'une heure à franchir les 10 ou 12 kilomètres qui séparent le quartier des légations de celui d'Asaksa.

Une longue avenue dallée, bordée de petites boutiques

---

1. *Kourouma* est synonyme de *djinriki*; c'est le nom que l'on donne aux traîneurs de *djinriksha*.

où l'on vend une foule de menus objets, jouets d'enfants, bimbeloterie, photographies, images de sainteté et autres, conduit au temple principal, qui s'élève au centre d'un vaste emplacement, planté de beaux arbres et converti en une sorte de foire permanente. Amusements et religion, au Japon, marchent de concert; bonzes et saltimbanques font bon ménage. Les échoppes des marchands sont installées jusque sur les parvis sacrés.

Après avoir passé sous une magnifique porte triomphale à deux étages, en bois laqué de rouge, nous arrivons devant l'édifice principal, qui forme un grand carré de 30 mètres de côté, entouré d'une large galerie. La première chose qui frappe les regards, c'est le nombre considérable des lanternes suspendues au plafond et des ex-voto qui couvrent les murs : ce sont autant d'offrandes faites par les dévots. On voit aussi de grandes peintures, exécutées par de bons artistes, et de remarquables tableaux en relief. Une grille défend les approches du sanctuaire consacré à la déesse Kouanon et qui reste dans une pénombre où l'on distingue vaguement des fleurs, des statues grimaçantes et des ornements bizarres. Les deux teintes dominantes sont le rouge et le brun foncé rehaussé d'or.

Comme je l'ai dit, la religion est ici familière et peu gênante : point de longues cérémonies à époques déterminées, pas de prières dites à heures fixes et rassemblant, dans la même enceinte, des groupes de fidèles abîmés dans le recueillement. On va au temple comme on entre à la maison de thé, selon le caprice du moment, avec le même visage souriant. Des jeunes gens, des jeunes filles montent en causant les gradins sacrés et s'arrêtent devant l'autel; là seulement, leur visage prend une expression sérieuse. Ils frappent deux fois dans leurs mains pour appeler le grand Bouddha, s'inclinent légèrement, font mentalement une courte prière en frottant l'une contre l'autre la paume de leurs mains jointes, puis s'éloignent en jetant une pièce de cuivre dans un grand coffre grillagé. Tout cela n'a pas duré plus d'une minute. Ces dévots sont venus demander une faveur quelconque à la divinité ; ce ne sont, il est vrai, que des gens du peuple, mais ils sont croyants. Les hommes appartenant aux classes élevées se piquent d'être libres penseurs ; ceux que l'on rencontre aux temples ne sont que l'infime exception ; quant aux dames de qualité, elles n'y paraissent jamais.

Mon compagnon me fait remarquer, sous le portique extérieur, une statue de bois rouge, représentant un vieillard assis. C'est celle d'un pieux disciple de Bouddha, nommé Bindzourou, qui a le pouvoir de guérir toutes les maladies humaines, et cela d'une façon fort simple : pour obtenir quelque soulagement, le malade n'a qu'à venir toucher et caresser de la main, sur le corps du saint, la partie correspondant à celle dont il souffre lui-même. A toute heure du jour, on peut voir des gens se livrant sérieusement à cet exercice inoffensif.

Une autre curiosité, c'est la « bibliothèque tournante », petite construction en laque rouge et noire, assez grande cependant pour contenir une édition complète des écritures bouddhistes. Elle repose sur un piédestal en pierre représentant l'emblème sacré, la fleur du lotus, et est disposée de manière à pouvoir tourner facilement sur un pivot, si on lui imprime une vigoureuse poussée. Comme il serait presque impossible, à un seul individu, de lire les 6 771 volumes dont se compose la sainte bibliothèque, il a été convenu que chacun pourrait se procurer les mêmes avantages temporels et spirituels, en la faisant simplement tourner trois fois sur son axe. On doit cette ingénieuse invention à un prêtre chinois, qui vivait au sixième siècle de notre ère.

Près de là, s'élève une grande pagode à cinq étages, dont il est permis de faire l'ascension moyennant une légère rétribution. L'escalier est assez difficile; mais, du sommet, on a une très belle vue sur la ville et, si le temps est clair, sur le cône du Fouzi-yama.

Pour l'étranger non encore blasé par un long séjour au Japon, ce qu'il y a de plus intéressant, c'est le spectacle de la foule. Sous les grands arbres du parc d'Asaksa, les badauds de Tokio flânent à peu près comme ceux de Paris à la foire au pain d'épices, mais sans le moindre désordre et avec la tranquillité béate de braves gens qu'un rien amuse et qui veulent, avant tout, s'amuser paisiblement. Et les sujets ne manquent pas! Voici des prestidigitateurs et des équilibristes qui font leurs exercices en plein air. Dans les baraques voisines, on peut assister à des assauts de bâton, voir des maîtres d'escrime et des lutteurs. Ces derniers, véritables colosses, géants obèses à la peau huileuse, forment comme une race à part au milieu d'un peuple généralement petit et maigre. Il y a aussi des ménageries, des dioramas et des théâtres de marionnettes; des musées d'histoire naturelle et d'anatomie, où les pièces grossies et exécutées en carton, sont montées et démontées par des gens qui en expliquent le mécanisme au bon public; des salles de conférences populaires, et enfin des cabinets où l'on montre des mannequins de grandeur naturelle, analogues à nos figures de cire, mais faits de bambou et de papier mâché, et habillés de riches étoffes de soie. Moyennant quelques sous payés à la porte, vous vous engagez dans un labyrinthe où vous passez en revue une quantité de personnages, de groupes et de scènes diverses, le tout exécuté dans la perfection. Ce sont ordinairement des épisodes dramatiques tirés de légendes mythologiques. Chaque sujet représenté occupe un compartiment dont l'éclairage est habilement ménagé, de manière à rendre l'illusion plus complète.

Toute une allée est bordée d'élégantes boutiques de tir à

l'arc. Les honneurs en sont faits par de gracieuses jeunes filles qui, de la façon la plus aimable, sollicitent le passant à venir exercer son adresse. Les ateliers des photographes sont presque aussi nombreux que les maisons de thé, ce qui n'est pas peu dire. A chaque pas, vous rencontrez leurs coquets établissements, avec un petit salon meublé à l'européenne, où chaque promeneur peut faire faire son portrait, si la fantaisie lui en prend. Asaksa est vraiment le paradis des amateurs de photographies. J'y ai acheté de petits albums, des collections de portraits cartes représentant des acteurs connus, des types variés, des vues de Tokio, le tout convenablement exécuté et à des prix très bas, quelque chose comme un ou deux sen la pièce (3 ou 6 centimes); et, si l'on en prend un certain nombre, le marchand en donne toujours quelques-uns de plus. Sur ce chapitre, les boutiquiers japonais sont très accommodants.

Dans les environs, nous avons visité le jardin d'un pépiniériste, rempli d'arbustes bizarrement taillés. L'art du jardinier au Japon consiste à rapetisser et non à développer la végétation. Au moyen de certains procédés, il obtient des variétés d'arbres nains, présentant, malgré leur petitesse, tous les caractères de la vieillesse, jusqu'aux racines noueuses émergeant du sol et à la mousse qui couvre leurs troncs minuscules. Dans une simple vasque en porcelaine, on arrive à reproduire ainsi un paysage rocailleux, orné de ponts jetés sur des vallées en miniature, au fond desquelles dorment de petits lacs. Ces imitations réduites de la nature, qui au premier abord paraissent puériles, finissent par charmer réellement : c'est que le Japonais, en cela comme en beaucoup d'autres choses, se montre un artiste consciencieux et patient. Ces petits chefs-d'œuvre végétaux demandent des soins continuels et beaucoup de temps. Il faut bien des années pour amener le sujet à l'apparence voulue; malgré cela, les prix ne sont pas très élevés.

La fleur préférée des Japonais est le chrysanthème. Par une culture raisonnée, on arrive à lui donner un développement considérable. Mais il faut voir avec quelle minutie chaque rameau de la plante est soutenu et dirigé de manière à former un assemblage parfait, et cela sur des parterres entiers.

Avant de quitter le Vilmorin japonais, je lui achetai, moyennant 3 yen (9 fr.), une collection de cent espèces de graines d'arbres, de fleurs et de légumes, renfermées dans autant de petits sacs doubles et soigneusement étiquetés.

En sortant d'Asaksa, nous jetons un coup d'œil, en passant, au grand temple de Higashi Hongwanji, dont la façade principale est ornée de délicates sculptures sur bois, représentant des fleurs, des feuillages et des dragons entrelacés ; ce sont les meilleurs spécimens de ce genre de travail que l'on puisse voir dans la capitale.

Une demi-heure après, nous arrivons à la belle promenade de Ouéno. Nos djinrikis s'arrêtent au pied d'un escalier. Nous gravissons quelques marches qui nous conduisent à une longue avenue dallée, bordée de chaque côté de *toro*, gigantesques lanternes de pierre ou de bronze, élevées par les daïmios vers le milieu du dix-septième siècle, à la mémoire de Yéyas et portant chacune le nom du donateur, ainsi que la date de son érection. Les jours d'illumination, cette allée doit présenter un aspect féerique. D'autres avenues, larges et gazonnées, s'enfoncent dans les profondeurs du bois sacré, maintenant converti en parc public. Plus loin, on remarque un grand *tori*, arc de triomphe d'une forme spéciale que l'on retrouve au Japon à l'entrée de tous les sanctuaires, et une haute tour, avec cinq toits superposés. Çà et là s'élèvent, sous les grands arbres, des temples secondaires et les magnifiques tombeaux des *shogun*. Mais le temple principal, qui passait pour un chef-d'œuvre de l'architecture japonaise et était considéré comme le métropolitain du Japon tout entier, n'existe plus. Il a été brûlé en 1868, pendant la bataille sanglante qui s'est livrée à Ouéno même, entre les impérialistes et les derniers partisans du gouvernement du shogun.

Malheureusement pour les admirateurs de la nature, la civilisation moderne a fait sa trouée au milieu de l'antique futaie d'Ouéno. De vastes espaces ont été déboisés ; on a édifié, en 1877, un musée d'éducation professionnelle et, tout récemment, les bâtiments qui ont servi à l'Exposition. Cette dernière venait d'être fermée. On m'a dit qu'elle avait été fort intéressante et que chacun avait pu constater combien les Japonais avaient fait de progrès, depuis quelque temps, dans la fabrication des produits et des objets qu'autrefois ils faisaient venir d'Europe ou d'Amérique. A mon avis, on aurait mieux fait de choisir un autre emplacement ; on eût évité ainsi de sacrifier à des constructions provisoires, des arbres plusieurs fois séculaires, contemporains des âges héroïques du Japon.

Les jardins d'Ouéno s'étendent sur une ondulation de terrain, qui se termine au couchant par un escarpement dominant un petit lac, couvert de nénuphars aux fleurs roses, au milieu desquels s'ébattent des milliers de canards sauvages. Au centre de la pièce d'eau, sur un îlot, s'élève un temple aux lignes bizarres, aux énormes toits recourbés. La jetée qui le réunit à la terre ferme est bordée de maisons de thé. D'autres *tcha-ya*, gentilles et proprettes, sont éparses sur la rive, partout où l'ombre plus épaisse semble inviter le promeneur au repos.

Un Japonais a eu l'heureuse idée d'établir, en ces lieux enchanteurs, un restaurant à l'européenne. Nous y avons fait, M. Gambet et moi, un dîner fort convenable, arrosé de vins de France, que l'on nous donne au même prix qu'à Paris [1].

---

1. Les vins ne payent pas de droits de douane au Japon. Il n'en

De la véranda où nous prenons le frais dans la soirée, on jouit d'une vue incomparable sur la ville immense. Et quel cadre au magique tableau qui se déroule sous nos yeux ! Les vieux cèdres, aux sombres rameaux, se détachent sur le feuillage plus clair des autres essences; un massif d'élégants bambous laisse entrevoir la silhouette colossale d'un Bouddha de bronze; des arbres argentés, aux larges feuilles cotonneuses, des peupliers pleins de vigueur, abritent des taillis de camélias, de pêchers, de cerisiers et de pruniers. Ces derniers arbres sont cultivés uniquement pour leurs belles fleurs roses et blanches, que les Japonais aiment passionnément; dans les beaux jours du commencement d'avril, tout Tokio se rend en pèlerinage à Ouéno pour les admirer.

Les temples de Shiba, que je visitai le lendemain, sont bien supérieurs à ceux que j'avais vus à Asaksa et à Ouéno. Et cependant, à Shiba aussi, le grand temple n'existe plus; il a été incendié en 1874, sans que la cause ait jamais été bien connue. Les uns disent que le feu a été allumé par deux étudiants fanatiques, irrités des superstitions de leurs concitoyens; d'autres attribuent cet acte de vandalisme aux prêtres eux-mêmes, en partie expropriés par le gouvernement et exaspérés par la perte de leurs revenus. Quoi qu'il en soit, on travaille aujourd'hui à sa reconstruction.

Un temple, au Japon, n'est nullement, comme on pourrait le croire, un monument isolé et exclusivement consacré au culte. C'est un ensemble de sanctuaires, de petits édifices votifs, de tombeaux de personnages célèbres, disséminés sous les profondeurs d'un bois sacré — le *lucus* des anciens — qui s'étend presque toujours sur les flancs d'une colline aux horizons lointains, aux points de vue pittores-

---

coûtera pas plus cher, pour faire venir une barrique de Bordeaux à Yokohama, que pour acquitter les droits d'octroi à Paris.

ques. On peut, en une après-midi, parcourir les jardins publics de Shiba, comme on les appelle aujourd'hui ; mais, pour décrire, comme il mériterait de l'être, cet assemblage d'édifices sacrés, épars sous les grands arbres, il faudrait plusieurs visites et de longues pages. Un livre récemment publié à Yokohama [1], en a fait une description minutieuse ; mais je n'entreprendrai pas la même tâche. Je résumerai mes impressions en quelques mots.

Sept shoguns reposent à Shiba, sous les grands arbres, où les corbeaux croassent et les pigeons roucoulent aussi paisiblement qu'au fond d'un bois. Leurs tombeaux sont intacts. Chacun d'eux est précédé d'un temple bouddhiste, en bois laqué de rouge, décoré avec une richesse inouïe et dont la pièce principale d'architecture est le toit ; les colonnes qui le soutiennent sont profondément fouillées.

Dans la cour d'entrée, on voit plusieurs rangées de lanternes de bronze ou de pierre. Des hauts reliefs en bois, sculptés à jour, servent de grilles aux murs de l'enceinte. A l'intérieur, les panneaux des murailles représentent des feuillages, des nuages et des oiseaux ; on retrouve là ces merveilleuses laques d'or, relevées de sculptures délicates, harmonieusement coloriées, où la perfection du travail de l'artiste n'est égalée que par la richesse de la matière. Comme le dit si bien le baron de Hübner [2], on est ébloui à chaque pas par la prodigalité des ornements, le fini des détails, la solennelle magnificence de l'ensemble.

Il existe encore une partie du temple principal, qui a échappé à l'incendie de 1874. Entre autres objets précieux, elle renferme une grande statue dorée d'Amida, ouvrage d'un artiste fameux qui vivait au neuvième siècle

---

1. *A handbook for travellers in central and northern Japon, being a guide to Tokio, Kioto, Ozaka, and other cities*, by Ernest Mason Satow and lieutenant A. G. S. Hawes. — Yokohama, 1881.
2. *Promenade autour du monde*. Hachette, éd. 1873.

de notre ère. On connaît l'âge des vieux arbres que l'on admire à Shiba : l'avenue principale a été plantée à la fin du seizième siècle. Quant aux tombeaux, les plus anciens remontent au premier tiers du dix-septième siècle.

En 1590, Yédo n'était qu'une simple forteresse, entourée de quelques villages sans importance. A cette époque, Yéyas, fondateur de la dernière dynastie des shoguns, vint y fixer sa résidence et en fit la capitale du Japon oriental. La mer s'avançait alors beaucoup plus loin dans les terres. Peu à peu, elle s'est retirée, et de florissants quartiers se sont élevés sur les plages qu'elle a laissées à découvert. Plusieurs fois, de terribles incendies ont ravagé la ville; elle a eu aussi beaucoup à souffrir des tremblements de terre, notamment de celui de 1855, dans lequel plusieurs milliers de personnes ont perdu la vie.

En septembre 1868, l'ancien nom de la cité, Yédo, qui signifiait « Porte de la Baie », a été changé en celui de Tokio, traduction exacte des deux caractères chinois employés pour la désigner, et dont le sens littéral est « capitale de l'Est ». Deux mois plus tard, le mikado vint la visiter pour la première fois et, le 26 mars 1869, la proclama résidence impériale et siège du gouvernement. C'est à partir de cette époque que datent les grands changements qui ont eu lieu, tels que la construction de maisons de briques, la démolition ou l'affectation à d'autres usages des innombrables yashkis des daïmios, le remplacement des *norimon* ou chaises à porteurs par les djinrikshas, l'interdiction du port des armes, l'adoption par les hautes classes de la coiffure et des vêtements européens, etc. Toutes ces réformes ont enlevé, à l'aspect général de la ville, une grande partie du pittoresque et de l'étrangeté qui charmaient autrefois les visiteurs.

Aux termes du traité de 1858, Yédo devait être ouvert en 1862 au commerce étranger; mais, en raison des troubles civils et de l'opposition alors toute-puissante contre les innovations, on jugea prudent, d'un commun accord, de reculer ce délai jusqu'à ce que le mikado eût affirmé son autorité, en transférant à Yédo le siège de son gouvernement.

Tokio, dont la population dépasse un million d'habitants, et dont la superficie est au moins égale à celle de Paris, est divisée en quinze districts ou arrondissements. Je n'ai pas l'intention de faire une description complète de cette immense cité; je me bornerai à raconter ce que j'ai vu, au jour le jour, dans les différents quartiers que j'ai visités.

Grâce au chemin de fer, Yokohama n'est qu'un faubourg de la métropole. L'excellent M. Gambet m'avait offert l'hospitalité dans sa maison de Tokio. J'en ai largement profité; de sorte que, pendant les quatre semaines bien remplies que j'ai passées dans cette partie du Japon, je puis dire que j'ai consacré la moitié de mon temps à la ville et l'autre moitié à la campagne.

CHAPITRE IV

ENVIRONS DE YOKOHAMA

18-23 août.

Kamakoura et le Daïboutz. — Kanasawa. — L'arsenal de Yokoska. Un déjeuner à Kawasaki.

Il se publie, à Yokohama, deux journaux français : le *Courrier* et l'*Echo du Japon*. J'avais fait, à l'hôtel, la connaissance de MM. Lévy et Salabelle, rédacteurs de l'*Echo*. Ces messieurs voulurent bien organiser, à mon intention, une excursion intéressante, à laquelle ils convièrent quelques amis. Les résidants de Yokohama ont assez l'habitude, pendant la belle saison, d'aller faire des pique-niques à la campagne le dimanche, jour où toutes les affaires sont suspendues, non seulement dans la colonie européenne, mais encore chez les Japonais, qui depuis quelques années ont adopté notre calendrier.

Donc, un dimanche matin, à six heures, nous partions joyeusement, sept djinrikshas à la file, y compris celui du *koskaï* (cuisinier japonais) de M. Lévy. Il s'agissait d'aller déjeuner à Kamakoura, de visiter les temples de l'ancienne capitale des shoguns, de voir le *Daïboutz*, statue colossale de Bouddha, et de revenir par mer, en passant par Kanasawa. C'est l'excursion classique que l'on fait faire aux étrangers. Kamakoura est à Yokohama ce que Versailles est à Paris, Potsdam à Berlin, Pompéi à Naples.

Les distances, au Japon, se comptent par *ri* et par *chô*. Le *chô* vaut environ 110 mètres, et il en faut 36 pour faire un *ri*, lequel par conséquent est égal, à peu de chose près, à notre lieue de 4 kilomètres. De Yokohama à Kamakoura, on compte 6 ri et 30 chô, soit 27 kilomètres.

En sortant de Yokohama, on suit un long faubourg, puis on traverse quelques villages assez mal tenus. A mesure que l'on s'éloigne, la campagne devient plus belle, les habitations plus soignées, et les gens mieux vêtus. En même temps, la route se rétrécit; bientôt elle se change en un délicieux petit chemin, bordé de haies d'althæas et de clématites en fleurs, qui serpente le long des collines ombreuses ou bien traverse des rizières et des champs de légumes. Les *yado-ya* (auberges) ne manquent pas sur la route. A chaque ri, nos hommes font une courte station, vident une tasse de thé, tirent quelques bouffées de leur petite pipe, puis repartent de plus belle. Je ne connais vraiment pas de plus agréable manière de voyager qu'en djinriksha : vous êtes assis à votre aise, comme dans un bon fauteuil, et vous ne perdez pas un détail du paysage; de plus, au lieu d'une force aveugle ou brutale, vous avez, dans votre djinriki, un serviteur intelligent, docile, et quoi qu'il arrive, toujours de bonne humeur. A neuf heures et demie, nous faisons notre entrée à Kamakoura; tandis que l'on prépare le repas à l'hôtellerie Kado-ya, nous allons visiter les curiosités des environs.

Kamakoura a été la seconde capitale de l'empire depuis la fin du douzième siècle jusqu'au milieu du quinzième, époque à laquelle elle a été détruite par de grands incendies allumés pendant les guerres civiles. Comme, ici, les villes ont toujours été construites en bois, on ne voit de ruines nulle part. Rien, dans cette plaine bien cultivée, ne laisse deviner que deux cent mille maisons s'y élevaient autrefois. De magnifiques temples, encore debout, perpétuent, il est vrai, la tradition; mais il est difficile de croire qu'ils remontent à l'époque de leur fondateur, le grand shogun Yoritomo. Les édifices en bois n'ont pas une si longue durée, et, en admettant que le feu les ait épargnés, ils n'auraient pu résister aussi longtemps aux intempéries des saisons. A en juger par ce qui se passe de nos jours pour d'autres édifices semblables, ils ont dû être reconstruits plusieurs fois déjà, mais toujours sur le même plan.

Parmi ces temples et ces monastères, les uns sont bouddhistes, les autres shintoïstes. On sait qu'il existe au Japon deux religions principales, qui se subdivisent en un grand nombre de sectes. La plus ancienne est le shintoïsme, ou culte des héros des temps fabuleux, descendants des dieux, et dont le mikado est l'héritier et le représentant sur la terre. Au sixième siècle de notre ère, le bouddhisme, venu de Chine par l'intermédiaire de la Corée, fit de rapides progrès au Japon. Déjà les doctrines philosophiques de Confucius et de Lao-tseu avaient pénétré dans le pays. Depuis treize siècles, ces diverses croyances ont toujours vécu en paix côte à côte, se rapprochant peu à peu les unes des autres, se confondant presque, et tendant à aboutir au scepticisme.

Les races de l'Asie orientale, bien différentes en cela des sectateurs de Mahomet qui dominent à l'occident du même continent, ne sont nullement fanatiques. Si le christianisme a été persécuté jadis au Japon et même anéanti au dix-septième siècle dans des flots de sang, ce n'est pas par esprit d'intolérance, mais seulement comme danger politique ; c'est parce que les shoguns voyaient les daïmios du sud, gagnés par les missionnaires, chercher un appui contre leur autorité auprès des souverains chrétiens. Il n'y a peut-être pas de pays au monde où la masse du peuple tienne moins à sa religion. Les hautes classes, comme je l'ai déjà dit, sont indifférentes et d'une ignorance à peu près complète sur les dogmes enseignés par les prêtres. Ceux-ci sont généralement méprisés, et si, dans les basses classes, on trouve encore des gens qui se livrent à des pratiques religieuses, il est facile de voir qu'ils n'y attachent guère d'importance.

Beaucoup de gens, il est vrai, vont encore aujourd'hui en pèlerinage, pour visiter les temples célèbres. Mais le Japonais, de sa nature, aime à se déplacer; le voyage est si facile et coûte si peu, que ce sont des parties de plaisir plutôt que des actes de dévotion. Nous avons rencontré, à Kamakoura, un certain nombre de ces pèlerins. C'étaient des familles voyageant gaiement, leur petit paquet sur l'épaule, ou bien des sociétés d'amis en villégiature, dont la physionomie et l'attitude n'avaient rien de recueilli.

A l'entrée des temples, on voit ordinairement deux statues colossales qui représentent les *kami* ou génies gardiens. Leur visage grimaçant, leur corps peint en rouge ou en vert, leurs poses exagérées jusqu'au grotesque, cherchent à inspirer la terreur aux visiteurs. Je voyais presque toujours ces statues criblées d'une infinité de petits amas d'une pâte blanchâtre, dont je ne m'expliquais pas l'origine. Voici ce que l'on m'apprit à ce sujet : Les fidèles qui ont quelque grâce spéciale à demander écrivent leur prière sur une feuille de papier; puis ils la mâchent de manière à la réduire en pâte et à en former une boulette, qu'ils lancent sur l'idole. Si le projectile reste collé, c'est bon signe : la requête est parvenue à destination, et la prière sera exaucée; sinon, c'est à recommencer. Cette façon expéditive et singulièrement pratique de solliciter une faveur, ne s'accorde guère avec nos idées occidentales sur le respect dû à la divinité et le culte rendu par la créature à son créateur.

Les bonzes de Kamakoura me paraissent fort pauvres. Ils vendent des gravures et des photographies, et nous font admirer, moyennant finance, des objets anciens, des souvenirs historiques du temps des shoguns, des armes de prix, etc. Devant le grand temple se dresse une plate-forme en bois peint en rouge, destinée aux *kagoura*, ou danses sacrées. Près de là, on voit plusieurs vieux saules et un énorme *ichô* (Gincko biloba [1]) dont le tronc mesure plus de sept mètres de circonférence, et que l'on dit être contemporain de Yoritomo.

Après un fort bon déjeuner, fait à la maison de thé avec des provisions apportées de Yokohama, et arrosé de bordeaux et de champagne authentiques, nous reprenons nos djinrikshas, et, une demi-heure après, nous arrivons au petit village de Hasé, baigné par la baie d'Odovara. La belle plage de sable sur laquelle viennent se briser les vagues écumantes, rappelle un triste souvenir : c'est là que s'est noyé, il y a quelques années, le fils du comte Daru. Dans ces parages, les courants sont très violents ; le malheureux jeune homme, quoique excellent nageur, a été entraîné au large et a péri sous les yeux de ses amis, impuissants à le secourir.

Le fameux *Daïboutz* se trouve à quelques centaines de pas du village. Depuis quelque temps déjà, nous apercevions sa tête colossale, au milieu des grands arbres. Le temple qui le renfermait a été détruit à deux reprises, par un incendie et par une inondation de la mer, et n'a pas été reconstruit.

C'est du milieu de l'avenue qui donne accès à la statue, qu'on l'aperçoit dans toute sa beauté. La physionomie du

---

[1] Le *gincko* est un grand arbre, originaire de l'Asie orientale, et que l'on a rangé dans le groupe des conifères. Il croît rapidement. Sa tige est droite et couverte d'une écorce grisâtre, crevassée sur les vieux sujets ; ses rameaux forment une large cime pyramidale ; ses feuilles amples, triangulaires et bilobées, affectent la forme d'un éventail déployé ; elles sont d'un vert jaunâtre, rougissent à l'automne et tombent au commencement de l'hiver. Le fruit est charnu, ressemble à une petite prune, et renferme une amande d'une saveur assez agréable, que l'on mange crue ou cuite. Les Européens l'estiment peu, mais les Japonais en font grand cas, et elle entre pour une large part dans leur alimentation.

Daïboutz de Kamakoura.

dieu exprime un sentiment de quiétude parfaite et de douceur ineffable. Il est représenté assis, sur une feuille de lotus, dans l'attitude de la méditation ; ses deux mains, renversées la paume en l'air et jointes, pouce contre pouce, reposent sur ses jambes croisées.

Nous pénétrons dans l'intérieur. J'y remarque un autel et beaucoup de chiffons de papier, suspendus en ex-voto ; mais j'en sors bientôt, car c'est une véritable fournaise. A l'extérieur, des centaines de planchettes portent les noms des pèlerins et le montant de leurs offrandes.

Le bonze, gardien du sanctuaire, tient une boutique où il vend un peu de tout, y compris du vermouth, de la bière anglaise et du champagne mousseux. Je lui achète quelques photographies du Bouddha. Ce chef-d'œuvre de l'art du fondeur a été exécuté, en 1252, par un artiste nommé Ohno Goroyemou, de la province de Kadzusa, sur l'ordre du shogun Minamotono Yoritomo. La hauteur de la statue est de 15 m. 10, sa circonférence de 29 m. 60 [1].

Non loin du grand Bouddha, nous visitons un temple où, entre autres curiosités, on nous fait voir une superbe statue dorée, haute de 9 mètres. Malheureusement, l'intérieur de ce temple est fort mal éclairé, et ce n'est qu'à la lueur vacillante des torches, que l'on peut se rendre compte des richesses qu'il renferme.

---

1. Sur la notice en anglais qui accompagne une de mes photographies, je trouve les renseignements suivants, que je transcris ici en convertissant les mesures anglaises en mètres et en centimètres :

Longueur de la figure..............	2 m.	56
Développement d'une oreille à l'autre..	5	41
Longueur de l'œil................	1	21
— du sourcil..........	1	27
— de l'oreille..........	2	»
— du nez............	1	14
Largeur de la bouche.............	0	96
Circonférence du pouce..........	0	91
Longueur d'un genou à l'autre.....	10	89

Nos djinrikis sont infatigables. Malgré l'ardeur du soleil, ils repartent au pas de course, et nous voici de nouveau, roulant à la file sur une charmante petite route ou, pour être plus exact, un sentier de la largeur de nos voitures minuscules, circulant capricieusement au flanc des collines, sous des taillis de bambous et de camélias. La campagne est ravissante : de sinueux vallons cultivés en terrasses se succèdent les uns aux autres; le fond en est occupé par des rizières, tandis que de chaque côté, à la base des collines, des petits ruisseaux murmurants servent aux irrigations. De distance en distance, apparaissent des groupes de cabanes, mignonnes, proprettes, délicieusement situées à proximité d'une source, sous l'ombre des grands cryptomérias, des paulownias et des chênes à feuilles persistantes. Si l'on en juge par les apparences, le paysan japonais doit vivre là heureux et content de son sort.

Quelquefois le chemin attaque de front les pentes les plus raides; alors nos hommes sont forcés de ralentir leur allure. Quelques-uns d'entre nous descendent, afin de leur épargner une trop grande fatigue. Mais ces mauvais passages durent peu, et les braves gens sont les premiers à nous appeler, dès que la route est redevenue praticable.

Le village de Kanasawa, où nous arrivons vers quatre heures, ferait les délices d'un peintre de marine. Il est situé au fond d'une baie semblable à un petit lac, car l'entrée en est tellement étroite qu'on ne l'aperçoit pas au premier abord. Les maisons propres, gentilles et du meilleur style japonais, entremêlées de bosquets et de jardins, les eaux calmes et limpides de la baie, le feuillage éclatant des grands arbres, les collines boisées qui forment le fond du tableau et se détachent nettement sur un ciel toujours pur, tout cela constitue un ensemble plein d'harmonie et de tranquillité.

Nous congédions nos djinrikis en leur payant leur salaire : 1 yen (3 fr.); pour 40 kilomètres, c'est tout ce que nous leur devons; il faut avouer que ces braves gens l'ont bien gagné, et littéralement à la sueur de leur front. Avec un léger pourboire, nous les renvoyons fort heureux; ils ont encore une vingtaine de kilomètres à faire pour rentrer à Yokohama, et, sur la route, ils auront probablement la chance de récolter encore quelques sen, en voiturant à prix réduit un compatriote attardé.

Après avoir pris un peu de repos dans une maison de thé, dont la véranda, construite sur pilotis, s'avance au-dessus de la mer, nous louons une grande barque à quatre rameurs pour nous ramener à Yokohama. Pendant trois heures, mollement bercés par une mer paisible, nous côtoyons le rivage et ses promontoires boisés, au-dessus desquels nous apparaît de temps à autre la cime lointaine du Fouzi-yama, dorée par les derniers rayons du soleil couchant. Enfin, à huit heures, nous étions tous réunis à « la Colline », dans la confortable habitation de M. Lévêque, négociant à Yokohama, qui avait fait avec nous l'excursion que je viens de raconter. Un excellent dîner termina cette belle et intéressante journée.

Le lendemain, je m'embarquai sur un petit steamer japonais, qui fait quatre fois par jour le voyage de Yokohama à Yokoska, village situé sur le golfe de Yédo, un peu au sud de Kanasawa. Le trajet demande environ deux heures.

C'est dans la baie de Yokoska que les Japonais ont établi leur arsenal; sa fondation remonte à 1867; elle est l'œuvre de notre compatriote M. Verny, qui l'a dirigé pendant huit ans, avec l'aide d'un nombreux personnel d'employés, tous Français. Cependant le gouvernement japonais ne voyait pas sans défiance un établissement de cette nature entre les mains d'une puissance étrangère; aussi, dès qu'il crut pouvoir le faire, s'empressa-t-il de nous en enlever la direction, pour la remettre aux mains des ingénieurs et des officiers indigènes formés à notre école. J'ai entendu dire à ce sujet que si, à l'origine, au lieu de choisir des Français, le mikado avait laissé les Anglais prendre pied à Yokoska, ceux-ci se seraient arrangés de manière à ne jamais rendre un poste militaire de cette importance, qui commande le golfe de Yédo et l'accès de la capitale.

Quoi qu'il en soit, il n'y a plus aujourd'hui qu'un seul employé étranger, un Américain, je crois, et qui a été engagé temporairement pour apprendre aux Japonais la construction et la manœuvre des torpilles. Les machines à vapeur n'en fonctionnent pas moins pour façonner le fer, scier le bois et tordre les câbles; mais tout se fait sous la direction d'ingénieurs japonais. En ce moment, deux frégates sont sur le chantier, et on creuse un nouveau bassin de radoub. Des prisonniers condamnés aux travaux forcés, vêtus de rouge et la chaîne au pied, sont employés aux travaux. En somme, ce bel établissement atteste, une fois de plus, l'extrême facilité des Japonais à s'approprier les inventions modernes. Leur marine compte aujourd'hui dix-sept navires de guerre. En outre, l'arsenal de Yokoska rend de grands services à la navigation étrangère; les bâtiments de première grandeur peuvent être envoyés en réparation dans ses cales sèches.

Un souvenir d'un autre ordre se rattache au nom de Yokoska. C'est là que vécut, au commencement du dix-septième siècle, un Anglais du nom de Will Adams, qui, après toutes sortes d'aventures, finit par obtenir la faveur du shogun Yéyas. Ce dernier, en récompense de ses services, l'anoblit et le fit daïmio du pays. L'aventurier anglais, devenu prince japonais, épousa une Japonaise dont il eut un fils, et mourut à Yokoska, en 1620. On peut voir encore son tombeau et celui de sa femme, au sommet d'une colline voisine, près d'un monastère bouddhique.

Depuis que j'étais arrivé au Japon, le thermomètre ne s'était jamais abaissé, même la nuit, au dessous de 30°. La pluie tombait bien quelquefois, mais c'étaient de chaudes ondées, qui ne duraient pas et ne rafraîchissaient guère l'atmosphère, car les rayons du soleil ne tardaient pas à se montrer de nouveau, plus implacables que jamais. Dans ces circonstances, je ne pouvais faire autant d'excursions que je l'aurais désiré. La prudence me retenant souvent dans la chambre l'après-midi, j'eus l'idée de consacrer mes loisirs à écrire un récit abrégé de ma traversée de Sibérie. Mes nouveaux amis de l'*Echo du Japon*, auxquels je communiquai mon travail, voulurent bien le publier dans leur journal. Pendant les trois ou quatre jours que je consacrai ainsi au repos, j'avais pris l'habitude d'aller, vers quatre heures du soir, porter ma copie au bureau du journal, où je rencontrais toujours quelqu'un de ces messieurs. A cette heure, le soleil était devenu plus clément. Nous montions en djinriksha, et nous poussions de l'autre côté de la colline, jusqu'à la jolie promenade que l'on appelle, je ne sais pourquoi, Mississipi bay, car cette splendide nature et les flots bleus du golfe de Yédo ne rappellent nullement les rives monotones et les eaux jaunâtres du grand fleuve américain.

Au fond d'une anse discrète, sous l'ombre épaisse d'arbres gigantesques, se trouvent quelques maisons de thé, où l'on peut laisser ses habits à la garde des *mousmé* de l'endroit. Nous prenions, dans une eau tranquille et profonde, abritée de la houle du large par de grands rochers noirs, des bains délicieux. A cette heure du jour, on retrouvait toujours là quelque ami de Yokohama, — au Japon, entre résidants européens, on a bien vite fait connaissance. C'étaient de longues causeries ; la tiédeur de l'eau nous engageait à nous y replonger de nouveau ; puis, à la tombée de la nuit, on regagnait la ville, en longue file, au trot alerte des djinrikis. Je n'oublierai jamais les belles soirées de Mississipi bay !

Lors de ma première visite à Tokio, MM. Boissonade et Gambet, dans le désir de m'être agréables en m'initiant aux coutumes indigènes, m'avaient invité à un déjeuner purement japonais à Kawasaki, station du chemin de fer, à mi-chemin entre Tokio et Yokohama. Au jour dit, je fus exact au rendez-vous.

M. Boissonade a été chargé par le gouvernement japonais de réorganiser la législation du pays, et de lui préparer un code se rapprochant le plus possible du nôtre, tout en tenant compte de la différence des mœurs et des coutumes des habitants. L'éminent jurisconsulte français jouit au Japon de l'estime générale et de la considération due à son caractère et à son talent. Il a déjà formé de nombreux élèves ; tous l'aiment et le respectent comme un père. M. Boissonade avait amené avec lui trois de ces derniers, jeunes gens intelligents, bien élevés et parlant parfaitement le français ; M. Gambet était venu seul.

La maison de thé, où nous devons déjeuner, jouissait autrefois d'un grand renom dans les environs de Tokio. Les daïmios avaient l'habitude de s'y arrêter dans leurs voyages à la capitale. Depuis la construction du chemin de fer, elle reçoit beaucoup moins de nobles visiteurs ; mais on voit que c'est une maison bien tenue et qui a conservé les anciennes traditions.

L'hôte nous reçoit avec force salutations, je ne dirai pas à la porte, — il n'y en a pas, — mais au seuil de son établissement. Un vaste rez-de-chaussée, ouvert de tous côtés et auquel on accède au moyen de deux marches, sert de cuisine, et aussi de lieu de repos pour les voyageurs qui ne font que passer. Dans cette espèce de halle, où tout est reluisant de propreté, vont et viennent une douzaine de jeunes filles élégamment vêtues, occupées aux soins du ménage ou bien à servir les clients. Quelques-unes s'empressent autour de nous et nous aident gracieusement à nous débarrasser de nos chaussures; puis nous gravissons un étroit escalier, et l'on nous dispose une chambre au premier étage, au moyen de panneaux de papier, que l'on fait glisser dans des rainures pratiquées au plafond et sur le plancher.

Point de meubles nulle part, rien qu'une étagère laquée, destinée dans l'origine à recevoir les armes des hommes à deux sabres. Quelques courtes sentences peintes sur les châssis mobiles qui servent de cloisons, un poteau délicatement sculpté, un autre auquel on a soigneusement conservé l'apparence rugueuse d'un tronc d'arbre, de fines nattes encadrées dans le parquet, voilà pour la décoration intérieure, qui, comme on le voit, est d'une extrême simplicité; d'autant plus que l'on a conservé au bois sa couleur naturelle, sans le revêtir d'aucune couche de vernis ni de peinture; cependant l'ensemble flatte l'œil, car toutes les pièces sont admirablement ajustées, et les matériaux employés sont de premier choix.

L'hôtelier nous fait voir qu'il a l'habitude de recevoir des Européens chez lui; il nous envoie trois pliants et une petite table en bois laqué. Quant à nos amis japonais, ils s'accroupissent sur les nattes moelleuses, et nous leur laissons le soin de commander le menu.

On commence par nous apporter le thé, amer et sans sucre, des fruits et des gâteaux. Jusque-là, tout va bien; mais les difficultés commencent avec le potage, qui est servi à chacun de nous dans une tasse de laque et se compose d'un morceau de poisson bouilli, nageant dans l'eau en compagnie de petits oignons, d'algues marines cuites et d'un cube blanchâtre, semblable à un morceau de fromage, mais qui n'est autre qu'un bloc de pâte de haricots fermentés. Naturellement, nous n'avons à notre disposition ni couteaux ni fourchettes; c'est à l'aide d'une paire de petits bâtonnets qu'il faut découper le poisson et en porter les fragments à sa bouche. Je regarde comment font les Japonais et j'essaye de les imiter, mais sans succès, jusqu'à ce que l'un d'eux m'ait enseigné la manière de m'y prendre [1].

On nous sert ensuite, dans un plat de porcelaine bleue, un *taï* cru, presque vivant, ayant seulement la moitié supérieure du corps découpée en minces tranches, d'un rose pâle, encore adhérentes à l'épine dorsale, tandis que l'autre moitié est intacte. J'ai dit *presque vivant*, car il frissonne encore sur le lit de fleurs dont on l'a entouré. Le *taï* est un gros poisson rouge, très estimé ici, et que les Japonais préfèrent manger cru, mais à la condition qu'il soit très frais; aussi les hôteliers, désireux de prouver la qualité de leur poisson, s'arrangent-ils de manière à le taillader, délicatement pour ainsi dire, afin que la victime conserve encore un reste de vie lorsqu'elle paraît devant les gourmets.

J'avoue que, malgré mon désir de faire un repas entièrement à la japonaise, j'hésitais à toucher à ce singulier plat; mais, encouragé par l'exemple de mes amphitryons, qui, depuis longtemps, n'avaient plus les mêmes scrupules et m'assuraient en outre que le taï était fort bon au naturel, je surmontai ma répugnance, et je ne m'en trouvai pas plus mal. Avec le poisson cru, on sert toujours une tasse de la fameuse sauce japonaise, le *shoyou*, qui s'obtient par la distillation de haricots fermentés. Chaque

---

1. Un des bâtonnets doit se tenir entre le pouce, l'index et le médius, absolument comme une plume à écrire; l'autre bâtonnet s'introduit dans le pli que forme avec la main la naissance du pouce, et, s'appuyant d'autre part sur la première phalange de l'annulaire, forme une ligne fixe de laquelle s'approche ou s'éloigne, comme une mâchoire, l'extrémité du premier bâtonnet. La difficulté est de faire mouvoir la branche supérieure exactement dans le plan de la branche inférieure; pour peu qu'elle s'en écarte, les extrémités, au lieu de se réunir et de saisir les aliments, se dépassent et font tourner et tomber le morceau, juste au moment où l'on est sur le point de l'avaler. — Emile Guimet, *Promenades japonaises*.

Dîner de Japonnais.

morceau est trempé dans la tasse; c'est le mets national des Japonais, celui qu'ils préfèrent à tout autre.

Après le taï cru, nous mangeâmes du taï bouilli, que pour ma part, et malgré mon amour de la couleur locale, je déclarai supérieur au précédent et véritablement succulent.

Rappellerai-je ici tous les mets et les condiments divers qui se succédèrent dans les petites tasses laquées : crevettes et homards, fragments de pieuvre et poissons frits, graines et tiges de nénufar, gingembre confit, maïs grillé, champignons, confitures de haricots rouges, radis découpés en fines lanières, petites prunes salées et concombres fermentés? Enhardi par l'expérience que j'avais faite du taï cru, je goûtai à tout et je déclarai tout excellent, à la grande joie des Japonais, peu habitués à entendre un étranger porter un pareil jugement sur leur cuisine nationale.

Le pain, au Japon, est remplacé par le riz cuit à l'eau sans sel. La jeune servante qui, accroupie à une distance respectueuse, assiste à notre repas, en tient toujours à notre disposition. Sur un signe, elle plonge une large spatule dans une caisse de bois contenant une pyramide de riz fumant, blanc comme la neige, et remplit la tasse que vous lui présentez. Le riz que l'on sert dans tout l'extrême Orient, n'a pas l'apparence sous laquelle nous sommes habitués à le consommer en Europe. Cela tient à la manière de le préparer. Les Japonais, comme les Chinois et les Hindous, le font cuire très peu, de sorte que les grains restent toujours distincts et ne sont jamais agglutinés comme chez nous, en forme de pâte. Les Japonais ne mangent guère le riz qu'à la fin du repas; ils y ajoutent parfois du thé et ont toujours le soin, en finissant la dernière tasse, de ne point laisser un seul grain au fond, ce qui serait considéré comme une offense au maître de la maison. Jamais ils ne boivent d'eau en mangeant, jamais non plus ils ne prennent de boisson froide. Ils se contentent, à l'ordinaire, de thé sans sucre, et ne boivent de saki que pour se réjouir entre amis. On le sert tiède dans d'élégants flacons de porcelaine. Nos petits verres sont remplacés par ces légères coupes minuscules, vulgarisées chez nous par les bazars à quinze centimes. La politesse japonaise exige que chaque convive remplisse une tasse à tour de rôle, y trempe ses lèvres, et la présente à celui qu'il veut honorer, lequel doit la vider d'un seul trait et rendre la même politesse à la première occasion.

L'hôtelier nous avait présenté une série de bouteilles soigneusement cachetées et revêtues de pompeuses étiquettes, Château-Margaux, Chambertin et même Johannisberg; il nous les offrait à des prix beaucoup moins élevés qu'en France. Nous savions que les Japonais, avec leur talent inné d'imitation, étaient devenus bien vite d'habiles contrefacteurs; aussi regardions-nous la marque de ces grands crus avec d'autant plus de défiance que, sur l'un de ces précieux flacons, l'étiquette avait été collée sens dessus dessous. Pour ma part, je leur préférais le saki national, que je buvais dans un verre, mais froid et additionné d'eau; quant aux jeunes disciples de M. Boissonade, ils ne cessaient de s'offrir, avec force politesses, les petites tasses contenant la liqueur capiteuse, attiédie, mais pure de tout mélange.

Je me plaisais à m'entretenir avec ces futurs magistrats du nouveau Japon. L'un d'eux était né à Kioto. Comme je lui posais diverses questions sur cette seconde capitale du Japon, qu'il entrait dans mes projets de visiter, il me dit qu'il serait heureux de voyager avec moi et de me faire voir les curiosités de sa ville natale.

Cette perspective me souriait assez. M. Boissonade, de son côté, n'y voyant aucun empêchement, le jeune homme me dit qu'il demanderait à son père l'autorisation de m'accompagner, et me promit une réponse définitive dans deux ou trois jours.

Du reste, je n'avais pas l'intention de partir pour Kioto si promptement ; il me restait encore bien des choses à voir à Tokio ; je voulais aussi, avant de quitter le Japon oriental, faire le voyage classique de Nikko, le premier que l'on recommande au touriste désireux de connaître l'intérieur du pays.

M. Gambet, bien qu'habitant le Japon depuis sept à huit ans, n'avait pas encore fait cette excursion ; il remettait d'année en année ce petit voyage. Maintenant la saison était favorable ; la chaleur de Tokio le fatiguait beaucoup, et je finis par lui persuader qu'il ferait bien d'aller respirer, pendant quelques jours, l'air plus frais des montagnes. L'excellent homme céda à mes instances ; le désir de m'être agréable triompha de ses dernières hésitations. Il fut convenu que notre expédition aurait lieu le plus tôt possible, qu'il se chargerait de son organisation, ainsi que de tous les préparatifs, et qu'il me préviendrait dès que tout serait prêt.

Quant à M. Boissonade, l'état de sa santé et les nombreux travaux qu'il mène de front, lui interdisaient de songer à nous accompagner.

Ce fut ainsi que, dans une maison de thé du village de Kawasaki, furent jetées, le même jour, les bases de mes deux principales excursions à travers la grande île de Hondo.

CHAPITRE V

NIKKO

24-31 août.

De Tokio à Outsounomiya et Nikko. — Les temples de Nikko. Excursion à Tsousendji et Yumoto. — Retour à Tokio.

Encore aujourd'hui, le Japon n'est ouvert que sous de certaines conditions, fixées par le *treaty limit*. Ainsi, autour de Yokohama, les étrangers n'ont le droit de circuler que dans un rayon de 10 ri (environ 40 kilomètres). Si l'on veut franchir cette barrière artificielle, il faut se munir d'un passeport, que l'on obtient facilement du reste par l'intermédiaire des légations, en alléguant des motifs de santé ou un but scientifique. Les autorités japonaises le délivrent gratuitement, mais pour un temps limité et assez court, ordinairement une quinzaine de jours; passé ce terme, on doit renouveler sa demande.

Le mercredi 24 août, mon passeport était prêt, et j'avais reçu de M. Gambet l'avis que nous devions partir pour Nikko le lendemain, à cinq heures du matin.

Dans la soirée, je quittais Yokohama, accompagné du colonel March et du lieutenant Mockler, mes compagnons du *Malacca*, qui devaient faire partie de l'excursion. A Tokio, où nous devons passer la nuit, nous nous faisons conduire à l'hôtel Sei-yo-ken, non loin de la gare du chemin de fer. Cet établissement est tenu par un Japonais, à la manière européenne; c'est le seul de ce genre qui existe dans la capitale.

Je me disposais à me livrer au repos, lorsque je vis entrer dans ma chambre le lieutenant, qui, jetant un coup d'œil sur mon léger bagage, paraissait chercher quelque chose. Comme je lui demandais de quoi il s'agissait, il me répondit fort tranquillement : « Aôh, je avais perdu mon sac. » Or il avait commis l'imprudence de renfermer tout son argent dans la valise qu'il ne retrouvait pas. La situation était grave pour lui; il était près de minuit, et nous devions quitter l'hôtel à quatre heures du matin. Le colonel et moi, nous lui donnons le conseil de retourner à la gare du chemin de fer, avec l'interprète de l'hôtel; il suit notre avis, sans mot dire. Anxieux, nous attendons son retour, car, M. March me l'a dit, il ne s'agit pas seulement pour notre camarade de la perte d'une somme d'argent plus ou moins forte, mais bien de la totalité de sa bourse de voyage, s'élevant à plusieurs milliers de francs, destinée à faire face à toutes ses dépenses et à assurer son retour en Birmanie. Nous nous souvenons qu'à notre sortie de la station plusieurs djinrikis s'étaient disputé nos personnes et nos colis; la précieuse valise aura probablement été volée dans la bagarre; en somme, j'ai peu de confiance.

Vers une heure du matin, le lieutenant reparaît, aussi froid, aussi correct qu'à son départ; son visage impassible ne laisse rien deviner. A mes questions fébriles, il se décide enfin à répondre : « Oh yes! je avais retrouvé. » Je regagnai ma chambre et me couchai enfin, méditant sur ce bel exemple de flegme britannique, qui vraiment avait fini par m'agacer.

Cette nuit mal commencée, fut très mauvaise; ma moustiquaire déchirée livrait passage à des nuées de moustiques, et il me fut impossible de dormir. Heureusement, mon supplice dura peu. A quatre heures du matin, nous quittions l'hôtel pour nous rendre chez M. Gambet, qui avait fait préparer à notre intention un excellent café.

On se rend à Nikko pour y admirer à la fois l'art et la nature. Dans une contrée montagneuse et merveilleusement pittoresque, s'élèvent les temples les plus célèbres du Japon et les superbes monuments dédiés aux anciens shoguns. Suivant un dicton japonais, « qui n'a pas vu Nikko n'a pas vu de merveille [1]. »

Plusieurs chemins conduisent à Nikko. Nous avons donné la préférence au plus fréquenté, la grande voie de communication qui, partant du pont de Ni-hom-bashi, à Tokio, aboutit à l'extrémité nord de l'île, à Avomori, en face de Yéso, après un parcours de 760 kilomètres. On suit cette route jusqu'à Outsounomiya (116 kilomètres), puis on prend sur la gauche l'embranchement dit Nikko-kaïdo, qui conduit à Nikko, 36 kilomètres plus loin.

Pour franchir cette distance totale de 152 kilomètres, on a le choix entre deux moyens de locomotion : le djinriksha ou la voiture traînée par des chevaux. Pour ma part, j'aurais préféré le premier; mais l'organisateur du voyage, M. Gambet, en avait décidé autrement. Tous les jours, un petit omnibus fait un service régulier entre Tokio et Outsounomiya; on part à six heures du matin et on arrive à onze heures du soir; les prix sont modérés : 1 yen 96 sen (un peu moins de 6 fr.) par place. En djinriksha, il faut compter au moins le double; mais, si l'on prend deux kouroumas et si l'on en change en route, on voyagera aussi vite qu'en voiture.

On a aussi la ressource des bateaux à vapeur du Tone-

---

[1]. « Nikko mi nakereba kekko toyu na. » Dans leur orgueil national, les Japonais ont exprimé leur admiration pour Nikko dans les mêmes termes que les Espagnols pour Séville, à l'autre extrémité de l'ancien continent. L'humanité est la même partout.

gava; mais les heures de départ sont incertaines, et la durée du trajet est subordonnée à la plus ou moins grande hauteur des eaux; on s'arrête fréquemment pour prendre ou laisser des passagers, et on perd beaucoup de temps à chaque station. C'est un service à volonté et sur lequel on ne peut compter; son extrême bon marché le fait rechercher des indigènes. Les bateaux sont petits et toujours encombrés; de plus, ils ne remontent pas jusqu'à Outsounomiya. Les Européens ne s'en servent presque jamais; aussi je n'en parle que pour mémoire.

Moyennant 20 yen, M. Gambet avait loué pour nous tous un omnibus qui devait nous conduire le jour même à Outsounomiya. Cette voiture, semblable à celle de la poste, est très légère et abritée par une simple toile. Comme les japonais voyagent ordinairement sans bagages, il n'existe aucun compartiment pour recevoir nos valises; nous sommes réduits à placer sous les banquettes, et un peu partout, les caisses préparées par les soins de M. Gambet, contenant les provisions et les ustensiles nécessaires à l'Européen en voyage dans l'intérieur du Japon. Bien que notre bagage personnel ait été réduit autant que possible, l'ensemble de nos colis forme un amas considérable qui occupe dans la voiture à peu près tout l'espace destiné à nos jambes. En pareille circonstance, les Japonais ne sont pas embarrassés; ils s'accroupissent, les jambes croisées, sur la banquette. Nous n'avons pas la même ressource, et nous nous trouvons fort gênés. Cependant tout finit par s'arranger tant bien que mal, et, à cinq heures et demie, nous sommes en route.

Notre caravane se compose de six personnes, M. Gambet ayant emmené avec lui son cuisinier « *cook-san* » et sa domestique, jeune Japonaise qui répond au nom d'Odaye. Le Japonais qui conduit nos deux chevaux est assisté d'un *betto*, jeune garçon qui court en avant pour faire garer les gens, et revient de temps en temps prendre place sur le siège, à côté du cocher.

Nous revoyons en passant le quartier d'Asaksa, d'où partent les voitures publiques, et nous mettons plus d'une heure à traverser la ville. Nous voici enfin dans la campagne ; comme toujours, elle est charmante. La route est étroite, mais convenablement entretenue ; la voiture bien menée ; les relais très courts, une heure à peine. Les auberges sont nombreuses, souvent précédées d'une haute toiture de paille, qui recouvre entièrement le chemin et sous laquelle circule, en tout temps, un air vif et frais. Rien de plus gracieux, et de plus utile en même temps, que ces légères constructions, qui invitent le voyageur au repos et lui offrent un abri permanent contre la pluie ou le soleil.

Partout où l'on s'arrête, une jeune femme nous apporte un verre d'eau et le *tchibatchi*, petite caisse qui contient le feu pour la pipe ; puis on nous offre une tasse de thé microscopique. Pour le tout, on donne un sou. Dans les villages, les enfants courent après nous ; beaucoup ont un bébé attaché sur le dos, ce qui ne les empêche nullement d'aller et de venir comme à l'ordinaire, et de jouer avec leurs petits camarades. Les femmes, pour la plupart nues jusqu'à la ceinture, quittent leur travail pour nous regarder passer. Nous leur disons : « *Ohaïo! sayonara!* — Bonjour ! adieu ! » On nous répond de même, avec une grande politesse, et parfois en se prosternant jusqu'à terre ; puis tout le monde part d'un éclat de rire : le rire est la politesse des Japonais. Sur notre passage, nous ne voyons que gens de bonne humeur et visages souriants.

Hommes et femmes sont beaucoup moins vêtus qu'à Tokio. Les *betto* (coureurs et palefreniers) se font remarquer par un magnifique tatouage bleu, qui leur tient lieu de vêtements. De la nuque jusqu'aux talons, leur corps est couvert de dessins représentant des sujets divers : des animaux fabuleux, des paysages, des guerriers ou des femmes, le tout entrelacé d'arabesques, de feuillages et de fleurs.

Betto tatoué.

A Satti, où nous arrivons vers onze heures, on s'arrête pour déjeuner. Le cuisinier déballe ses provisions et ses casseroles et va s'installer au fourneau de la *yado-ya*. Tandis qu'il prépare le repas, nous nous étendons, à défaut de siège, sur les *tatami* (nattes), tout heureux de nous mettre à l'aise après cinq heures de gêne. Nous avons déjà fait 12 lieues ; mais, comme il en reste encore 18 pour atteindre Outsounomiya et que nous voulons y arriver ce soir même, nous ne perdons pas de temps. Le déjeuner, impatiemment attendu, est lestement absorbé et, avant midi, nous nous remettons en route.

Une heure après, on passe en bac le Tone-gava, large de 500 mètres. Ses eaux, maintenant assez paisibles, s'écoulent à travers de larges bancs de sable. Il n'en est pas toujours de même : les fleuves du Japon, ne décrivant que de courts circuits, des montagnes à la mer, sont soumis, lors des pluies de l'automne et du printemps, à des crues subites et terribles, désastreuses pour les riverains.

De l'autre côté du Tone-gava se trouve la petite ville de Koga, d'où l'on commence à apercevoir, sur la gauche, les sommets des montagnes de Nikko. La chaleur est accablante. Heureusement nous ne tardons pas à nous engager sous une magnifique allée de cryptomérias gigantesques qui, entre-croisant leurs branches à cent pieds au-dessus de nos têtes, forment de sombres arceaux de verdure, impénétrables au soleil. Aucun parc au monde ne présente une semblable merveille, car cette incomparable avenue a 80 kilomètres de longueur et nous accompagnera jusqu'à Nikko !

Le pays est moins peuplé ; cependant la route, toujours très fréquentée, offre au touriste un spectacle varié. La plupart des voyageurs vont à pied : le Japonais est grand marcheur ; il aime à se déplacer et ne craint pas d'entreprendre, en famille, de longs voyages, le bâton à la main et chacun portant son petit paquet sur l'épaule. On les rencontre marchant gaiement par petites troupes, les femmes et les vieillards ayant souvent un marmot sur le dos. N'oublions pas que nous sommes sur la route de Nikko, où sont les temples les plus célèbres du Japon, et que la plupart de ces gens vont en pèlerinage ou en reviennent. Mais, pour qui connaît les Japonais, la dévotion n'est que le prétexte : le véritable mobile du voyage, pour eux, c'est le désir de voir du pays. Partout sur leur route, ils trouveront de bonnes auberges, où ils seront reçus cordialement et traités à bon compte, sans rien changer à leurs habitudes; ils reviendront chez eux satisfaits et ayant, en somme, fort peu dépensé, car la vie matérielle, pour les indigènes, est à très bon marché.

Nous dépassons Oyama, petite ville prospère d'où se détache un chemin direct pour Nikko, passant à Tochigi, chef-lieu du district de ce nom. La nuit arrive, et, avec elle, un orage épouvantable. Plusieurs fois la foudre éclate à quelques pas de nous ; nous sommes assourdis par le fracas de la chute des arbres brisés et des branches qui viennent s'abattre sur le chemin. Notre situation est loin d'être rassurante ; car le courant d'air qui règne sous l'avenue dans laquelle nous sommes engagés, pourrait bien attirer le tonnerre de notre côté. Le cocher, terrifié, s'est arrêté, et nous passons ainsi une heure, qui nous parut à tous d'autant plus longue que la pluie, tombant par torrents, n'avait pas tardé à traverser l'épais dôme de feuillage, qui nous protégeait et nous menaçait en même temps.

Nous repartîmes dès que l'orage se fut apaisé. Plusieurs fois il nous fallut mettre pied à terre et, dans l'obscurité la plus complète, marcher dans l'eau jusqu'à mi-jambe, pour éviter les troncs d'arbres et les amas de branchages qui obstruaient en partie la route. Enfin, à huit heures, nous arrivions à Outsounomiya, ville de 15 000 habitants, où l'on met à notre disposition, dans une bonne auberge, un emplacement assez convenable, mais, comme toujours, dépourvu de toute espèce de mobilier. Nous nous séchons tant bien que mal ; nous changeons de vêtements ;

puis nous soupons, assis à terre, à la clarté des bougies que nous avons apportées, car la lampe japonaise ne donne qu'une bien pâle lumière. Cette lampe, appelée *rosokou*, se compose simplement d'une mèche de coton brûlant dans une soucoupe d'huile posée au fond d'une cage de bois, garnie de papier huilé ; il est d'usage de la laisser allumée toute la nuit.

Après le souper, les servantes de la maison étendent sur les nattes de notre chambrée les *fton*, couvertures de coton qui remplacent nos lits, donnent à chacun de nous un *makoura*, petit oreiller de bois et dressent les moustiquaires. Assurément, un pareil lit n'a rien de moelleux, et il faut un certain apprentissage pour dormir ainsi sur le plancher. Mes compagnons faisaient entendre leurs doléances ; pour moi, qui avais passé tant de nuits en Sibérie dans de bien plus mauvaises conditions, je ne tardai pas à m'endormir, malgré le bruit des conversations et les rires bruyants de nos voisins japonais, dont nous étions simplement séparés par une cloison de papier.

Au point du jour, la maison s'éveille ; les servantes enlèvent les volets et décrochent les moustiquaires. Chacun va faire ses ablutions à la salle commune de bain. En cette saison brûlante, le mieux est de se verser quelques seaux d'eau froide sur le corps, méthode que j'avais autrefois expérimentée dans l'Inde, et dont je me suis toujours bien trouvé. Les Japonais font leurs préparatifs de départ et absorbent à la hâte leur premier repas.

M. Gambet avait retenu une voiture qui devait nous conduire à Nikko ; mais au dernier moment, le loueur alléguant je ne sais quel motif, vient nous dire qu'il ne peut tenir ses engagements. M. Gambet se fâche, menace de se plaindre à la police ; rien n'y fait : notre homme, toujours extrêmement poli, s'incline jusqu'à terre, mais tient bon.

Il paraît que ces sortes d'aventures arrivent fréquemment

en ce pays, et que les industriels japonais ne se font aucun scrupule de manquer à leur parole. Je m'en console aisément : nous ferons la route en djinriksha.

Aux environs de l'hôtel, il y a une trentaine de vigoureux gaillards, fort peu vêtus et qui ne demandent qu'à marcher. Notre président choisit dix voitures et quatorze djinrikis. Après de longs débats, le prix est fixé à 1 yen 35 sen (4 fr.) par kourouma, pour les 36 kilomètres qui nous restent à faire jusqu'à Nikko : c'est un peu plus cher que le tarif. Mais le chemin va toujours en montant; d'ordinaire, il n'est pas bon, et l'orage de la veille ne l'aura certainement pas amélioré. Comme d'habitude, chaque Européen a deux hommes pour lui seul; Odaye et le cuisinier en ont chacun un; les quatre autres transportent les bagages.

A huit heures, nous quittons Outsounomiya. On jouit d'une belle vue sur les montagnes, dont on se rapproche de plus en plus. Le paysage devient superbe; nous suivons toujours la grande avenue de cryptomérias, qui n'est interrompue que par les villages.

La route, très étroite, est encaissée entre les talus uniquement composés des racines entrelacées des colosses, dont les troncs énormes se touchent et se confondent souvent jusqu'à une hauteur de plusieurs mètres au-dessus du sol, formant ainsi une véritable muraille végétale. Nous cheminons en contre-bas, tandis que les piétons suivent, au-dessus de nous, le double sentier tracé de l'autre côté des arbres. Partout l'eau courante fait entendre son joyeux murmure; elle emplit les fossés du chemin, et va porter la vie aux champs et aux jardins.

L'atmosphère a été rafraîchie par l'orage d'hier. A l'ombre des cryptomérias, le thermomètre marque 25°, température que je considère comme idéale. Cependant le chemin est mauvais; le terrain, toujours en pente, a été horriblement raviné en plusieurs endroits par les pluies récentes.

Nos hommes, qui sont obligés de nous traîner au milieu d'une boue noire, épaisse et gluante, peinent beaucoup ; mais rien n'altère leur bonne humeur ; ils ne cessent de rire et de bavarder entre eux.

Nous avons déjeuné à Tokujira. Toutes les heures, les djinrikis font une halte de cinq minutes à l'une de ces petites maisons de thé, que l'on rencontre si souvent au bord du chemin, établies de préférence dans un site frais et charmant, à l'ombre des grands arbres. Une eau limpide, amenée par des tuyaux de bambou, jaillit de toutes parts en cascatelles qui invitent le voyageur à venir s'y désaltérer ; pour moi, je m'abstiens : par raison, je préfère la petite tasse de thé offerte par l'hôtesse.

En approchant d'Imaïchi, on remarque à gauche une seconde avenue de cryptomérias, semblable à celle que nous suivons, et qui vient se confondre avec elle à l'entrée du village. C'est la route que suivait l'envoyé du mikado, dans sa visite annuelle à la tombe de Yéyas.

Deux heures après, à six heures, nous arrivons à Nikko. A première vue, les nombreuses boutiques des marchands de laques, de bronzes, de bois sculpté, de photographies et de toutes sortes de curiosités, qui bordent sa rue principale, donnent à cette bourgade l'aspect de l'une de nos petites villes d'eaux, dans les montagnes.

L'hôtel Soudzouki, où nous allons loger, est propre et bien tenu ; à l'entrée, un magasin abondamment fourni de boîtes de conserves, de bouteilles de vin et de liqueurs indique que le maître de l'établissement s'efforce de satisfaire les goûts des Européens, qui forment, en cette saison, sa principale clientèle. Son zèle ne va pas cependant jusqu'à donner des lits ; mais, dans les trois petites pièces en enfilade qu'il met à notre disposition au rez-de-chaussée, il nous fait apporter aussitôt une table et quelques chaises. Nous aurions désiré être logés au premier étage, d'où le regard embrasse une fort belle vue ; mais les chambres étaient toutes occupées.

Le lendemain, reposés de la fatigue du voyage, nous allons voir les temples.

En sortant de Nikko, du côté opposé à celui par lequel nous sommes entrés, l'attention est attirée sur un pont laqué de rouge, aux armatures dorées, jeté sur un torrent large seulement d'une vingtaine de mètres, mais profondément encaissé entre deux parois rocheuses. Ce pont est solidement fixé sur des piliers monolithes, reposant sur le roc ; sa couleur éclatante forme un contraste pittoresque avec la blanche écume du torrent et la sombre verdure des cryptomérias, qui croissent sur la rive opposée. A chaque extrémité, il est fermé par une porte que l'on n'ouvre aux pèlerins que deux fois par an. On passe sur un autre pont franchissant le Daya-gava un peu au-dessous du premier, et on se trouve en face de la magnifique forêt qui abrite sous ses ombrages, sinon l'une des merveilles du monde, du moins les plus beaux temples du Japon.

A gauche d'une petite chapelle ornée d'ex-voto, un chemin dallé s'engage par une pente assez raide sous les grands arbres, et conduit en quelques minutes au monastère de Man-gwan-ji, puis à une large avenue qui s'élève doucement sur les flancs de la montagne.

A une centaine de pas sur la droite, un escalier donne accès au Samboutzou-do, ou temple des trois Bouddhas, qui a été reconstruit à la suite de l'incendie de 1871. Les sapins du voisinage portent encore la trace du feu qui réduisit en cendres le Hombo, résidence du grand prêtre, et plusieurs autres édifices.

Près de là se trouve une colonne de bronze, de forme cylindrique, haute de 13 mètres et ornée à son extrémité supérieure de six grandes fleurs de lotus, auxquelles sont suspendues de petites clochettes d'or. Ce monument s'appuie sur quatre autres piliers de même forme, également en bronze, mais plus petits.

Toujours en suivant la grande avenue, et après avoir gravi quelques marches entre deux rangs de cryptomérias, on arrive à un grand tori de granit, don du prince de Chikuzen.

Sur la gauche, on remarque une pagode à cinq étages, peinte de couleurs harmonieuses et s'élevant à la hauteur de 32 mètres. Ce gracieux édifice date de 1650. Sous la première galerie sont représentés les douze animaux symboliques : le rat, le taureau, le tigre, le lièvre, le dragon, le serpent, le cheval, le bouc, le singe, le coq, le chien et le porc, en bois sculpté et colorié.

Au-delà de ce tori, une allée dallée conduit au pied d'un escalier dominé par le Ni-o-mon, ou porte des Deux-Rois, flanquée de deux énormes lions dorés. Elle est entièrement couverte de sculptures extrêmement variées, représentant des tigres, des éléphants, des animaux fabuleux et aussi toutes sortes de fleurs et de feuillages, principalement des pivoines et des bambous.

Quand on a dépassé cette porte, on se trouve dans une cour, sablée de petits cailloux et fermée par un mur peint en rouge éclatant. A droite, trois belles constructions servent à emmagasiner les divers ustensiles employés dans les cérémonies religieuses, ainsi que les objets précieux dont se compose le trésor des temples. A gauche, un cheval blanc, consacré à un dieu quelconque, est entretenu dans une étable somptueuse, sur les parois de laquelle une infinité de singes sont représentés, dans toutes les postures imaginables.

Près de là, une grande cuve rectangulaire, à usage de fontaine et creusée dans un bloc de granit, est abritée sous une élégante toiture. L'eau fraîche et limpide, qui y est amenée du sommet de la montagne, la remplit exactement

Pagode à Nikko.

jusqu'aux bords et s'échappe en égale quantité des quatre côtés, preuve de l'équilibre parfait qui a présidé à son agencement.

Le bâtiment richement décoré qui vient ensuite, renferme une collection complète de saints livres bouddhistes, rangée dans une bibliothèque tournante, de forme octogonale, en bois laqué et doré.

Au centre de la cour, un grand tori de bronze est orné des écussons en or de la famille des Tokugava.

Un escalier donne accès à une autre enceinte, dont le frontispice est orné d'une balustrade de pierre et l'entrée gardée par deux lions, également en pierre. A droite, on remarque une cloche d'un beau travail, présent d'un roi de Corée, et un candélabre de bronze, offert par le prince des îles Liou-Kiou; sur la gauche, une lanterne coréenne et un autre candélabre donné par les Hollandais. De chaque côté de l'allée principale, s'élève un clocher de forme bizarre; sa base, en forme de pyramide tronquée, supporte un étage carré, avec balcon en saillie : c'est de là que les bonzes, les jours de fête, font résonner leurs tam-tams et leurs tambours. Au-dessus, s'élève un toit monumental, d'une grande richesse d'ornementation.

Dans cette enceinte, comme dans la précédente, on voit de superbes *toro*, ou lanternes colossales de fer, de bronze ou de pierre, données par les daïmios et les princes feudataires, vassaux des shoguns; leur nombre est, dit-on, de cent dix-huit.

Au milieu de ces monuments, croissent des futaies gigantesques. Un cryptoméria, dont j'ai fait le tour, mesure 12 pas à la base; son diamètre, à hauteur d'homme, ne doit pas être inférieur à 3 mètres.

Gravissons maintenant un nouvel escalier. Sur la plateforme supérieure, s'élève la superbe porte appelée Yo-meimon. Les piliers, peints en blanc, sont une merveille de sculpture ; les chapiteaux des colonnes sont formés par des têtes d'animaux fabuleux ; les niches latérales renferment des statues de dieux et de héros ; l'architrave du second étage est composée de dragons blancs aux griffes d'or. Tout autour de l'édifice règne un balcon, dont la balustrade est formée par des groupes d'enfants jouant avec des oiseaux. Enfin, le toit repose sur des têtes de dragons dorés, ouvrant une large gueule cramoisie.

A droite et à gauche s'étend un long cloître, dont les parois extérieures, divisées en vingt-trois compartiments sculptés à jour, représentent des feuillages, des fleurs et des oiseaux, imités avec un cachet surprenant de vérité. Quand on en a franchi la porte, on se trouve dans une vaste cour ; trois de ses côtés sont occupés par le cloître dont je viens de parler ; le quatrième est formé par une large entaille, faite à la montagne elle-même.

L'aspect est saisissant : Tout en haut de la muraille, se dresse la sombre forêt, dominant d'une hauteur prodigieuse les toits du grand temple, où l'or se combine harmonieusement avec les laques rouges et noires. A droite, un bâtiment sert aux *kagoura* ou danses sacrées ; sur la gauche, une autre construction abrite les chars que l'on promène processionnellement à de certaines époques. En face, se trouve une seconde enceinte en bois sculpté, peint et doré ; pour en franchir la porte, il faut quitter ses chaussures.

On pénètre alors dans le Tama-gaki, ou le saint des saints. Le temple qui est devant nous, est encore plus riche que les précédents. A l'intérieur, une immense salle, flanquée de deux antichambres, était destinée à recevoir le chef de la famille des Tokugava, lorsqu'il venait à Nikko. Entre autres merveilles, on y admire d'étonnantes peintures en laque d'or, d'un prix inestimable, et quatre panneaux de chêne, de 2 mètres 50 de haut sur 2 mètres de large, sculptés avec un art infini. Le phénix et les fleurs de chrysanthème sont les principaux motifs qui ont inspiré les artistes. D'autres pièces, où le public est admis, sont également décorées avec une richesse inouïe.

Pour se rendre à la tombe de Yéyas, il faut sortir du Tama-gaki et passer par une porte latérale, au-dessus de laquelle est représenté, avec un naturel parfait, un chat dormant, œuvre célèbre d'un sculpteur japonais. Une série d'escaliers en zigzag, bordés de chaque côté par une balustrade de pierre, escalade, sous les hautes futaies, les pentes abruptes de la montagne. L'ascension en est assez pénible, car cette échelle de pierre humide, glissante et couverte de mousse, n'a pas moins de deux cents marches.

Le tombeau de Yéyas est d'une extrême simplicité. D'abord un tori et une petite chapelle; puis, sur une étroite plate-forme entourée d'une balustrade de granit, se dresse une table de bronze dont la couleur fauve est due, dit-on, au mélange de l'or avec le cuivre. Cette table supporte une urne funéraire, un bouquet de fleurs de lotus et une grande cigogne d'airain tenant dans son bec un chandelier du même métal. C'est là que repose le corps de celui que l'on a appelé le Napoléon du Japon.

Yéyas mourut en 1604. A la fois législateur et guerrier, il fut le premier shogun de cette dynastie des Tokugava qui se perpétua au pouvoir jusqu'à la révolution de 1868. Son successeur Hidetada fit choix de Nikko, déjà réputé comme lieu sacré depuis les temps les plus reculés, pour y élever le mausolée de son père. Lui-même a été enseveli à Yédo; mais son fils Yémitsu, ayant consolidé le pouvoir établi par son grand-père Yéyas, fut enterré comme lui à Nikko.

Pour visiter les temples consacrés à la mémoire de ce dernier, il faut redescendre jusqu'au grand tori, près de la pagode à cinq étages et remonter sur l'autre versant de la montagne. Cette nouvelle ascension se fait, comme la première, au moyen d'une série d'escaliers, interrompue par des plates-formes sur lesquelles s'élèvent de somptueux édifices en bois doré, laqué, peint et sculpté, d'un style analogue à ceux que nous venons de visiter. Signalons cependant les statues colossales des farouches gardiens de la porte principale, au corps nu, au visage grimaçant, à l'aspect épouvantable. L'un d'eux, entièrement peint en vert, est le dieu des vents; l'autre, tout en vermillon, le dieu du tonnerre. Leur attitude est à la fois grotesque et menaçante. On retrouve invariablement ces mêmes types à l'entrée de la plupart des temples japonais.

Au seuil du temple de Yémitsu, on jouit d'une vue remarquablement belle sur la montagne sacrée : le ciel bleu, les toits dorés des sanctuaires, et les îlots de verdure formés par la cime des arbres. Le temple lui-même est plus petit que celui de Yéyas, mais il est excessivement riche en laques, dorures, objets antiques et curieux. Quant au tombeau du troisième shogun, auquel on arrive par un interminable escalier, c'est un simple cube de pierre, sur lequel repose une boule coiffée d'une pyramide aux angles relevés. Ce monument bizarre, inspiré sans doute par une idée symbolique, a environ 4 mètres de hauteur.

Tous ces édifices, élevés dans la première moitié du dix-septième siècle, ont été successivement enrichis par les somptueux présents des daïmios, désireux de faire montre de leur fidélité au shogun régnant, en ornant les temples consacrés à la mémoire de ses ancêtres.

J'ai fait trois visites aux temples de Nikko, chacune de plusieurs heures, et toujours avec un nouveau plaisir. En les quittant pour la dernière fois, j'ai éprouvé la même impression de mélancolie que j'avais ressentie naguère en m'éloignant pour toujours du Parthénon d'Athènes ou du Taj d'Agra. C'est que Nikko plaît, non seulement par la richesse des matériaux employés, la profusion des ornements et la finesse des détails, mais encore et surtout par l'harmonie de l'ensemble et le cadre merveilleux de la nature qui l'environne. Les cryptomérias qui s'étagent sur les flancs de la montagne semblent autant de gigantesques cyprès, portant éternellement le deuil des anciens shoguns.

Les environs de Nikko sont extrêmement pittoresques; on peut y faire de charmantes excursions. Plusieurs cascades renommées sont un but de promenade pour les étrangers; les sentiers qui y conduisent sont assez difficiles, mais on trouve toujours des guides et même des chevaux à louer.

Une des promenades les plus faciles et les plus agréables est celle de Kammam-ga-fouchi, sur les bords du Daya-gava. Le torrent écume; ses ondes bleues et transparentes se précipitent avec fracas à travers un chaos d'énormes blocs ferrugineux, noirs, polis et creusés en profondes cavernes par la violence des eaux. Après une demi-heure de marche, on arrive à un kiosque dominant la rivière, qui, en cet endroit, s'est changée tout à coup en un petit lac d'une tranquillité parfaite. Des colonnes ruinées, des tombeaux antiques, s'élèvent çà et là; un Bouddha colossal, juché sur une plate-forme, semble passer en revue cent quatre-vingts autres Bouddhas de pierre, rangés en ligne au pied de la montagne. Plus loin, après un défilé tortueux, le sentier aboutit à un roc à pic, à la base duquel s'ouvre une grotte où viennent s'engouffrer les eaux du Daya-gava. De toutes parts, des arbres accrochés aux rochers étendent leurs rameaux au-dessus du torrent; impossible d'aller plus loin.

Au retour, nous voyons des enfants occupés à récolter une certaine espèce d'algue comestible, qui croît sur les rochers baignés par les eaux. Un Japonais nous offre des truites qu'il vient de prendre à la ligne; nous les lui achetons pour le repas du soir.

Une autre jolie promenade est celle du Daï-nitchi-do, charmant petit jardin arrangé dans le goût japonais, avec des massifs d'azalées, des arbres nains et des rochers artificiels. Une source limpide se répand en ruisseaux et en étangs minuscules, traversés de petits ponts. L'eau, pure et presque glaciale (12°), passe pour la meilleure des environs.

L'excursion obligatoire de Nikko est celle du lac de Tsousendji, à 12 kilomètres plus loin dans la montagne et à une altitude de 1 300 mètres.

Un matin, nous partons, les deux Anglais et moi, dans trois *kango*. M. Gambet, un peu souffrant, reste à l'hôtel avec Odaye; mais il a bien voulu se priver pour nous de son cuisinier, qui nous accompagnera. Comme nous avons l'intention de pousser jusqu'aux bains sulfureux de Yumoto, à trois lieues plus loin que Tsousendji, notre absence durera deux jours.

Le *kango* est une sorte de panier de bambou, abrité par un petit toit de paille et suspendu à une longue traverse, supportée par les épaules de deux hommes. Les Japonais, qui ont l'habitude de s'accroupir partout où ils se trouvent, y sont fort à l'aise; il n'en est pas de même des Européens, qui ne savent que faire de leurs jambes et ne peuvent parvenir à trouver une position convenable; pour moi, particulièrement, le kango est un véritable instrument de supplice. Nous avons avec nous douze porteurs, la moitié de ces gens se reposant et relayant tour à tour leurs camarades.

Pendant la première heure, le chemin suit la rive gauche du Daya-gava. On traverse de temps à autre de petits villages bien propres, dont les habitants nous saluent poliment. Nos porteurs font de fréquentes mais courtes haltes aux maisons de thé. Chaque fois, j'en profite pour me dégourdir les jambes et tâcher de trouver une position à peu près supportable, mais je ne puis y parvenir. Après Midzousawa, on

Le kango.

commence à monter, puis on redescend dans le lit même du torrent, aujourd'hui assez tranquille, mais qui, en d'autres saisons, doit être fort dangereux, à en juger par les énormes quartiers de rochers entraînés par ses eaux et dispersés sur une immense étendue. On passe et on repasse une douzaine de fois le courant sur de petits ponts peu rassurants, faits simplement avec des fascines et quelques bambous. Nous cherchons notre route au milieu des galets et des éboulis de rocher. Le paysage devient de plus en plus sauvage; les collines se resserrent; de gigantesques murailles de basalte surplombent au-dessus de nos têtes. Enfin, nous rentrons dans la forêt, et nous attaquons la montée sérieuse, sous les grands bois. Le sentier étroit et glissant est souvent taillé en gradins formés par des troncs d'arbres jetés en travers; c'est un escalier, ou plutôt une échelle, qui monte en zigzag le long de pentes vertigineuses.

Cependant nos porteurs, entièrement nus, continuent sans broncher leur ascension. S'arc-boutant sur leur bâton, ils donnent de vigoureux coups de reins; parfois leur pied glisse : alors ce sont des éclats de rire, suivis d'un colloque animé, probablement des plaisanteries sur la pesanteur de l'étranger. Jamais de dispute, ni de mauvaise humeur; celui dont le tour arrive, vient remplacer en souriant son camarade exténué, et tous reprennent en chœur, sur un rythme cadencé, la chanson monotone dont les Japonais accompagnent tout travail pénible. « *Ahin, ahan, io! kourasho!* » Ces *kangokaki* sont des hommes petits, trapus et qu'au premier abord on croirait incapables d'accomplir un pareil labeur.

A mi-côte, nous faisons halte près d'une cabane d'où l'on découvre un panorama grandiose et sauvage. Deux jolies cascades brillent d'une blancheur d'argent au milieu de la sombre verdure de l'éternelle forêt, et vont se perdre dans le torrent qui gronde au fond de la vallée.

Un peu plus haut, en s'écartant légèrement du chemin direct, on arrive à une chute d'eau vraiment imposante : c'est la cascade de Kegon-no-taki. Elle se précipite du haut d'un rocher creusé en forme de cirque, d'où jaillissent une multitude de sources qui forment autant de cascatelles, se réunissant à la chute principale au fond d'un gouffre inaccessible. Sa hauteur est de 110 mètres et son volume considérable, car c'est l'unique déversoir du lac de Tsousendji dans le torrent de Nikko. On peut descendre à une centaine de pieds le long du précipice qui lui fait face ; de ce point, la vue est superbe et véritablement effrayante : l'observateur est suspendu au-dessus d'un abîme insondable, dont il n'est séparé que par de frêles appuis en bambou.

Une demi-heure après, nous apercevons le lac lui-même. Nos porteurs ont oublié leurs fatigues ; ils courent maintenant sur un joli petit chemin qui longe la rive, puis entrent dans un village et nous déposent enfin à la porte d'une grande auberge. Le patron nous reçoit avec force salutations, tandis que de gentilles mousmés nous aident à sortir de nos kangos et nous conduisent à un belvédère élevé sur pilotis au bord du lac.

Pendant que le *cook-san* prépare le déjeuner, je propose à mes compagnons de prendre un bain dans le lac. Ils refusent, objectant que, d'après leur guide anglais, l'eau doit être glaciale. Je les invite à venir au moins s'en assurer, mais ils me laissent partir seul.

Mon thermomètre marquait alors 24 degrés à l'air libre ; plongé dans l'eau, il s'élève à 26. Quel bain délicieux j'ai pris dans cette eau tiède, d'une transparence et d'une limpidité vraiment extraordinaires ! Sous l'eau, le corps paraissait blanc comme du lait. Lorsque j'ouvrais les yeux en plongeant, je voyais en haut le ciel d'un bleu extrêmement foncé, presque violet ; et, tout en bas, à une grande profondeur, je distinguais les moindres grains de sable, les plus petits fragments de porcelaine brisée, dont les contours prenaient de charmants reflets irisés. C'était une incroyable fantasmagorie, et je ne pouvais me lasser d'en faire l'expérience. J'avais déjà vu autrefois quelque chose d'analogue à Capri, dans la grotte d'Azur; mais ici les couleurs étaient incomparablement plus vives, et les effets plus surprenants.

Lorsque je revins auprès des Anglais, je les trouvai attablés devant une friture de truites, achetées par notre cuisinier à un pêcheur que j'avais vu sur la rive. Et cependant leur livre disait à propos du lac : *No fish live in it* [1]. Je ne pus m'empêcher de leur déclarer que, deux Anglais s'abstenant de prendre un bain dans une nappe d'eau aussi séduisante, c'était bien l'une des choses les plus extraordinaires que j'eusse jamais vues dans mes voyages!

Le lac de Tsousendji, long de 12 kilomètres et large de 4, est encaissé dans les montagnes, à la base du Nantaïsan, ancien volcan dont le sommet s'élève à la hauteur de 2540 mètres. Sur ses rives ombragées de grands arbres, il n'existe qu'un seul village, et encore n'a-t-il été construit que pour recevoir les pèlerins venant, pendant les mois de juillet et d'août, visiter le temple qui s'élève au pied du Nantaïsan, et faire l'ascension de la montagne sainte; en hiver, il reste abandonné.

A deux heures, nous remontons en kango. Le chemin suit pendant une lieue la côte nord du lac, puis tourne à droite et s'élève au milieu d'une épaisse forêt de pins et de chênes, dont beaucoup sont couverts d'une mousse grisâtre retombant en longs filaments; c'est le *Lycopodium Sieboldi*, qui ne croît qu'à de grandes altitudes. Sous la futaie, se déroule un épais tapis de fougères, de bambous et de palmiers nains.

---

1. Aucun poisson ne peut y vivre.

On franchit un torrent près duquel se trouve une petite tcha-ya perdue dans les bois, et, après avoir gravi une pente fort raide, on arrive au Riudzuga-taki, ou cascade de la Tête-du-Dragon, l'une des plus curieuses de toutes celles qui abondent dans cette région. Elle est formée par un double courant qui donne lieu à une série de petites chutes, se précipitant au milieu de noirs rochers.

Un peu plus haut, nous débouchons sur une grande plaine semée de maigres bouquets de chênes et de mélèzes, dominée de tous côtés par des pics et des volcans. Sur les flancs de l'un d'eux, on voit les traces d'une récente éruption, qui a fait une large trouée noire au milieu de la forêt.

La traversée de ce plateau désert demande une bonne heure; puis on recommence l'ascension sous les grands arbres. Un ruisseau, moitié cascade moitié torrent, court à travers bois, à notre gauche. Enfin, nous arrivons à un point culminant d'où l'on domine le lac de Yumoto, plus petit que celui de Tsousendji, et dont l'eau, en partie troublée par des sources sulfureuses, charge l'air d'émanations qui ne sont rien moins qu'agréables.

A six heures, nous étions installés au deuxième étage d'un hôtel de bonne apparence, dont le patron venait se prosterner successivement devant chacun de nous, à genoux et le front contre terre.

Yumoto est une petite ville d'eaux très fréquentée par les Japonais pendant la saison des bains; mais on n'y voit que rarement des Européens. Elle ne ressemble pas aux autres villages japonais : les rues sont plus étroites et les maisons plus élevées, avec balcon au premier étage.

Nous sortons pour visiter les établissements de bains. Il y en a plusieurs, les uns couverts, renfermant des piscines d'une température différente, les autres en plein air, tous largement ouverts sur la rue et fréquentés par les deux sexes indistinctement. Nos coolies sont déjà au bain ; je tâte l'eau dans laquelle ils se plongent avec délices : elle est brûlante. Les Japonais l'aiment ainsi, mais je ne pourrais certainement pas la supporter.

Jeune fille japonaise.

Hommes, femmes, enfants, jeunes filles et vieillards, tous absolument nus, entrent dans les piscines, s'asseyent sur le bord, et, puisant de l'eau avec une tasse de bois, se la versent sur le corps ; chacun se lave et se frotte sans nul souci de son voisin ou de sa voisine ; d'autres, plongés dans l'eau jusqu'aux épaules, restent serrés les uns contre les autres, dans la même cuve. Puis on sort de la piscine comme on y est entré ; on s'essuie sans se presser ; les femmes comme les hommes achèvent tranquillement leur toilette dans la rue. Tout cela se fait naturellement, sans songer à mal; et ce qui passerait chez nous pour un gros scandale, une véritable indécence, n'éveille pas, chez les Japonais, la moindre idée déshonnête.

Mes compagnons, ne voulant pas se baigner au milieu de tout ce monde, avaient commandé à l'hôtel un bain séparé. On leur apporta, au beau milieu de la cour, un grand baquet plein d'eau, et ils durent se résigner à s'asperger le corps sous les regards curieux de tout le personnel de l'établissement, des servantes et des voisins, qui, peu habitués à voir des Européens, riaient aux éclats à l'aspect de la peau blanche des Anglais et surtout du gros ventre du colonel.

Au Japon, où les hommes sont généralement petits et maigres, les individus un peu gros jouissent, parmi les gens du peuple, d'une considération proportionnée à leur masse; et comme, de ce côté, j'étais au moins aussi bien partagé que M. March, il arrivait souvent, lors de nos arrêts aux maisons de thé de la route, que l'on me demandait la permission de me palper et de mesurer ma ceinture, tout cela en souriant et sans moquerie; après quoi, on me remerciait poliment, et on se retirait avec de grands gestes d'admiration.

Pour moi, dans mon amour de la couleur locale, je n'hésitai pas à me mêler aux Japonais. J'entrai dans la première piscine venue; l'eau étant trop chaude, je passai dans une seconde où elle était à un degré tolérable. Je m'y trouvai bientôt en nombreuse compagnie des deux sexes. Tout ce monde me faisait bon accueil; on cherchait à me rendre de petits services; on me donnait la main pour passer d'un bassin à l'autre; on m'adressait en souriant des paroles que j'avais le regret de ne pas comprendre; leur curiosité n'était nullement gênante. Quel singulier peuple, et comme tous ces gens sont vraiment aimables!

On s'est baigné sous nos fenêtres jusqu'à une heure fort avancée. Longtemps avant le jour, le bruit recommence. A quatre heures du matin, je suis sur pied, et je me promène dans le village. Il fait encore nuit, et déjà on se rend en famille aux piscines, pour y barboter à son aise. Le Japonais est matinal; en voyage, il a l'habitude de prendre son premier repas avant le lever du soleil, et de se mettre en route au point du jour.

A sept heures, nous nous disposons à partir. Le maître de l'hôtel, que notre cuisinier vient de payer, nous remet sa note acquittée, se prosterne de nouveau jusqu'à terre, et fait présent à chacun de nous d'une grande image coloriée, représentant la ville de Yumoto.

Nous remontons en kango. Le temps est magnifique; le thermomètre ne marque que 20° : après les fortes chaleurs de ces derniers jours, c'est une fraîcheur relative, et, pour en jouir, il a fallu venir jusqu'ici, à une altitude qui doit être bien proche de 2 000 mètres. A Nikko, où nous étions déjà cependant à 800 mètres, nous avions retrouvé à peu près la même température qu'à Tokio, toutefois avec un air moins étouffant.

A six heures du soir, nous étions de retour à Nikko, littéralement fourbus, les membres brisés par ces deux journées de voyage en kango.

Le lendemain matin, je cours les boutiques; je me laisse tenter par le bon marché de quelques bibelots; j'achète des brimborions fabriqués dans le pays, de petits plateaux en *tsouta*[1], qui servent à présenter le thé. Mais ce qui me fait le plus de plaisir, c'est de trouver de grandes photographies, très bien faites, représentant les temples, les cascades et les curiosités des environs. J'en achète trente

---

1. Le *tsouta* est une grosse liane dont le tronc, scié en tranches minces, forme des rondelles dont on fait des soucoupes originales.

pour 6 yen (18 fr.). Les petites, format carte de visite, coûtent un ou deux sous la pièce. Au Japon, on peut s'offrir à bon compte une belle collection de photographies.

Dans la journée, nous quittons Nikko, en voiture cette fois, à mon grand regret, car nous sommes horriblement secoués, et on voit moins bien la campagne qu'en djinriksha ; nous couchons à Outsounomiya, où nous retrouvons la bonne route, et, le lendemain soir, j'arrivais à la gare de Shimbashi-Tokio, juste à temps pour prendre le dernier train, qui me ramenait à minuit à Yokohama.

Notre excursion avait duré huit jours.

CHAPITRE VI

TOKIO

1er-10 septembre.

Promenades à travers la ville. — Jardins et cimetières. — La *Marseillaise* à Tokio. — Le papier et la laque. — Un bazar japonais. — Le Yoshiwara. — Une journée au théâtre.

J'ai passé, en tout, une dizaine de jours à Tokio, occupé du matin au soir à parcourir la ville immense et à en visiter les curiosités.

Un Japonais, fraîchement débarqué à Marseille, ne sachant pas un mot de français et n'étant resté qu'une semaine à Paris, passerait difficilement pour connaître la grande capitale de la France, quand bien même il en aurait visité les principaux monuments. Cependant si ce Japonais, de retour chez lui, communique à ses compatriotes le résultat de ses observations, son récit, bien que superficiel, pourra présenter un certain intérêt. C'est ce que je vais essayer de faire en disant tout ce que je sais de Tokio, ce Paris japonais.

Le point le plus remarquable de la ville, celui qui en forme le cœur et auquel tout vient aboutir, est le Château ou *Siro*, qui occupe un monticule couronné de fortifications cyclopéennes. Un large fossé, s'enroulant en circuits concentriques et traversé de plusieurs ponts, en fait deux fois le tour entier; il est défendu par de puissantes murailles d'une épaisseur extraordinaire et surmontées, en certains endroits, de talus gazonnés sur lesquels croissent de fort beaux arbres, tandis que des bandes d'oiseaux aquatiques prennent leurs ébats au milieu des joncs et des lotus fleuris, qui couvrent les eaux stagnantes. Cette enceinte occupe une étendue considérable et renferme plusieurs rues commerçantes. Dans l'intérieur du château proprement dit, on ne voit guère que les baraquements de la garde impériale, des *yashki*, des bâtiments d'administration et quelques temples. Le palais du mikado a été détruit par un incendie en 1873 ; on le reconstruit actuellement.

Grâce à une carte d'entrée que m'avait donné M. de Siebold [1], secrétaire à la légation d'Autriche-Hongrie, j'ai pu visiter, dans le Siro, un grand jardin dont l'entrée est interdite au public. Il ne s'agissait plus cette fois d'un de ces jardinets si bien peignés, avec des arbustes contournés et des allées minuscules ; c'était plutôt un parc anglais, avec des arbres énormes, croissant en toute liberté, de vastes pelouses, de grandes pièces d'eau, des bosquets d'azalées, des bois de bambous et de camélias.

J'allai voir ensuite l'Hamatogen, jardin d'été du mikado. Comme il est situé au bord de la mer, il y règne une brise vraiment délicieuse en cette chaude saison. Tout est disposé avec goût et parfaitement entretenu. On y remarque une infinité de ponts rustiques, de kiosques et de rochers, des petits lacs et des allées ombreuses sous les grands arbres.

Pour en finir avec les jardins de Tokio, il me reste à parler du jardin d'acclimatation, que j'allai visiter un jour, avec M. Gambet. Il a été établi, en 1872, sous les auspices

---

1. Petit-fils du naturaliste allemand Philippe-François de Siebold, célèbre par ses travaux littéraires et scientifiques relatifs au Japon, qu'il réussit à explorer au milieu des plus grandes difficultés, pendant sept années, de 1823 à 1830.

de la Société de colonisation de l'île de Yéso, pour l'introduction au Japon des plantes et des animaux d'Europe et d'Amérique. Ce jardin couvre une superficie de 67 hectares. Il est divisé en trois parties : la première est consacrée à la culture des fleurs ; la seconde, destinée aux céréales, renferme en outre un très joli jardin d'agrément ayant appartenu à un daïmio, et d'où l'on jouit d'une fort belle vue sur le Fouzi-yama et les montagnes d'Hakoné ; enfin la troisième sert à l'élevage du bétail, des moutons et des chevaux. A l'entrée, on paye la modique somme d'un sen ; on peut y acheter des fruits, des graines, et même du vin, des confitures et autres produits fabriqués dans l'établissement.

Près de ce jardin est le Ri-kiu ou « palais de plaisir », résidence actuelle du mikado et de l'impératrice mère. Il n'est pas permis de le visiter. La même enceinte renferme le conseil d'État et le ministère de la maison de l'empereur.

De l'autre côté de la rue se trouve le grand cimetière shintoïste d'Awo-yama. On y admet également les enterrements bouddhistes. Il a été fondé en 1874, époque à laquelle on défendit d'ensevelir les morts dans les temples, à l'intérieur de la ville.

Le plus beau monument de ce cimetière est celui d'Okoubo *sanghi*, l'un des premiers fondateurs du nouvel ordre de choses au Japon ; cet homme remarquable fut assassiné en plein jour, le 14 mai 1878, près de la porte d'Asaksa, alors qu'il se rendait de sa maison au palais.

Pendant notre visite, un enterrement bouddhiste avait lieu. Le costume des bonzes, leur intonation en récitant des litanies, leurs mains jointes pendant la prière, leurs génuflexions, la forme même des tombes environnantes, tout, sauf la croix bien entendu, rappelle nos cérémonies catholiques.

En me faisant remarquer la belle situation de ce champ de repos, qui occupe un point élevé d'où l'on découvre une grande partie de l'immense ville et, dans le lointain, la baie d'Yédo miroitant au soleil, M. Gambet s'arrêta devant une tombe toute nouvelle et, me montrant la terre fraîchement remuée, me dit ces paroles que j'ai retenues : « Si je dois mourir au Japon, c'est ici que je désire être enterré, près de mon ami et chef regretté : le général Kawadji. » Hélas ! son vœu ne devait pas tarder à être exaucé [1].

Ce jour-là, un grand dîner donné par M. Gambet à mon intention réunissait à son domicile, Kodjimatchikou Sannenthiô n° 4, une douzaine d'invités, tant européens que japonais, ces derniers en majorité. Nous avions même trois dames japonaises : Mme Oghi, femme du ministre de la justice, alors en voyage avec le mikado, dans les provinces du nord ; sa fille, qui parlait un peu l'anglais, et la jeune

---

1. M. Gambet, docteur en droit, remplissait depuis plusieurs années les fonctions de conseiller légal à la préfecture de police de Tokio. Son contrat expirait le 1er novembre 1881. S'il n'eût écouté que lui-même, il n'aurait jamais voulu quitter le Japon, qu'il aimait beaucoup et où il comptait un grand nombre d'amis ; mais il avait encore en France sa vieille mère, plus qu'octogénaire et qui ne vivait que par l'espérance de le revoir. Aussi avait-il résolu de partir. Sa place était arrêtée sur le paquebot du 26 novembre, lorsqu'il fut enlevé, le 18, par une courte maladie, dont le début ne faisait pas prévoir une si fatale issue.

Ses obsèques eurent lieu le 21. Conformément à son désir, il fut enterré à la place qu'il avait désignée. Le gouvernement japonais, qui huit jours auparavant lui avait conféré la décoration de 4e classe de l'ordre du Soleil levant, voulut se charger des frais de ses funérailles. Il les entoura d'une grande magnificence et, par un heureux esprit de tolérance, autorisa la manifestation extérieure du culte catholique dans un lieu qui jusqu'alors n'avait vu que les cérémonies des cultes nationaux.

M. Boissonade prononça sur la tombe de son vieil ami quelques paroles émues ; puis le général Kabayama, préfet de police, fit en japonais l'éloge de M. Gambet.

Je crois devoir reproduire ici textuellement, comme un curieux spécimen d'oraison funèbre japonaise, le discours de ce dernier, d'après

épouse de M. Hotta Massatada, élève distingué de M. Boissonade. Cette dernière, bien que toute jeune, a les sourcils rasés et les dents laquées de noir, selon la mode disgracieuse imposée par les anciennes coutumes du pays aux femmes mariées; mais, du moins, elle a eu le bon esprit, ainsi que ses compagnes, de conserver le costume national. Son mari me fait hommage des dix premiers volumes de ses *Commentaires de droit européen*, ouvrage considérable qu'il est en train de publier, en japonais, bien entendu; il y joint une curieuse série d'images coloriées. Le père du jeune homme qui doit m'accompagner à Kioto, M. Takayama, me comble de petits cadeaux, pipes et blagues à tabac pour homme et pour dame; j'en suis réellement confus.

Dans cette réunion, le seul Japonais en costume européen

---

la traduction qui en a été donnée par le numéro de l'*Echo du Japon* du 25 novembre 1881 :

« Le général préfet de police, cinquième dignitaire honorifique et décoré de la 3e classe de l'ordre impérial du Soleil levant, Kabayama Skéaki, s'adresse avec grand respect à l'âme de M. Gambet, docteur en droit de la République française et décoré de la 4e classe de l'ordre du Soleil levant.

« Voilà très longtemps que vous étiez Conseil de la Préfecture; vos services sont si considérables et vos succès si éclatants qu'on n'a pas, en ce jour, le temps nécessaire pour les proclamer.

« C'est pour les récompenser que notre souverain vous a donné la décoration de l'ordre impérial du Japon.

« Mais le bonheur et le malheur ont chacun leur tour. Vous êtes tombé malade d'une façon tout à fait imprévue, et vous vous en allez soudainement!

« Ce ne sont pas seulement vos parents et amis qui sont dans le chagrin et le regret; vous aussi, vous devez avoir comme nous une peine infinie.

« Hélas! quelle douleur!

« Cependant vos succès, en même temps que la décoration de notre pays, doivent répandre éternellement sur vous un honneur éclatant jusque dans votre patrie.

« Vous pouvez donc fermer vos yeux tranquillement.

« Skéaki, accompagné de ses collègues et auxiliaires, vous offre la fête des adieux funèbres. J'espère qu'elle vous consolera. »

est le général Tsunamasa Oyama; il a habité Paris, il parle et écrit notre langue très correctement.

Le repas, entièrement servi à la française, fut fort gai. Les Japonais, essentiellement végétariens en temps ordinaire, ne firent aucune difficulté pour devenir carnivores en cette circonstance, et me prouvèrent qu'à l'occasion ils savent, tout comme nous, faire honneur à la cuisine et aux vins de France.

J'eus aussi le plaisir de faire la connaissance de M. Sarazin, employé dans une administration japonaise, et de M. Dagron, chef de musique à l'école militaire des Kyododans. Ce dernier m'invita à déjeuner pour le jour suivant et me recommanda de venir de bonne heure, son intention étant de me faire assister à une répétition.

La mission militaire française, qui a fondé l'arsenal de Tokio en 1872, et organisé l'armée japonaise sur le modèle de la nôtre, est rentrée en France depuis quelque temps. M. Dagron est le seul membre de cette mission qui soit demeuré au service des Japonais; mais il n'a pas cessé pour cela d'être compris dans les cadres de l'armée française.

Le lendemain dans la matinée, j'allai le trouver à la caserne. L'orchestre militaire qu'il a formé n'a rien de japonais; les instruments sont ceux en usage dans nos régiments. M. Dagron fit exécuter à ses hommes plusieurs morceaux tirés de nos opéras, *la Part du Diable*, *Faust*, puis une marche japonaise de sa composition. Je fus extrêmement surpris des résultats vraiment extraordinaires qu'il a su obtenir de ces gens, totalement étrangers jusque-là à nos idées musicales; tous les morceaux étaient exécutés avec un ensemble parfait. On termina par la *Marseillaise*, qui, comme le reste, fut enlevée avec entrain. Je jugeai à propos de complimenter les exécutants; mes paroles, immédiatement traduites en japonais, me valurent un hourrah sympathique de la part des musiciens, et de vigoureuses poignées de main des officiers japonais qui assistaient en curieux à la répétition.

M. Dagron est marié et occupe, non loin de la caserne, une charmante habitation, entourée d'un petit jardin ; il a réuni chez lui une intéressante collection de vieux bronzes et de laques. Dans ces conditions, il ne me paraît nullement devoir regretter la vie de garnison en France.

L'armée japonaise compte, sur le pied de paix, 33 000 soldats et 2 400 officiers, chiffre qui peut être facilement doublé en temps de guerre ; de plus, un corps choisi, de 4 000 hommes, forme la garde impériale.

Les soldats portent, en été, la veste et le pantalon blancs ; en hiver, la tunique de drap bleu foncé. Ils sont coiffés d'une casquette de forme russe ; le képi français est la coiffure réglementaire des officiers. Les troupes ont bonne tenue et manœuvrent bien. Seulement je trouve qu'on a poussé trop loin l'imitation européenne : à ces gens habitués à se vêtir d'un lambeau d'étoffe de coton, on n'a pas fait grâce d'un bouton de guêtre. Les lourds souliers d'ordonnance, en cuir, doivent leur faire regretter plus d'une fois leur chaussure nationale, la légère sandale de paille ; et assurément, ils sont fort gênés dans leur fourniment compliqué, qui, outre l'inconvénient de coûter très cher, a aussi celui de leur enlever une partie de leur agilité naturelle.

Depuis 1873, le service militaire, au Japon, est obligatoire et universel en principe, quoique, dans la pratique, on admette de nombreuses exceptions. La conscription prend l'homme à vingt ans. La durée du service est ainsi répartie : trois ans dans l'armée active, trois ans dans la réserve, quatre ans dans l'armée territoriale. En outre, en cas de danger exceptionnel, le gouvernement peut former une armée extraordinaire, dite armée nationale, laquelle comprend tous les hommes en état de porter les armes, de dix-sept à quarante ans.

Au printemps de chaque année, les réservistes sont appelés à des exercices et à des manœuvres dont la durée est de quinze jours. Les Japonais, peuple essentiellement guerrier, se sont pliés à merveille à cette nouvelle organisation, dont ils ont reconnu bien vite la supériorité.

Le musée d'artillerie est fort intéressant; j'y ai vu un grand nombre d'armes primitives, entre autres de vieux canons coréens se chargeant par la culasse.

Il existe à Tokio une Société de Géographie, présidée par un prince de la famille du mikado. Elle publie un bulletin trimestriel, orné de gravures, de plans et de cartes, et contenant des mémoires intéressants, non seulement sur les pays asiatiques, mais encore sur la plupart des questions scientifiques qui nous occupent en Europe. La bibliothèque de la Société renferme des ouvrages français, anglais, allemands et hollandais; mais le plus grand nombre des volumes sont chinois ou japonais. On y trouve aussi de belles cartes géographiques et hydrographiques, exécutées par des ingénieurs et des officiers de la marine japonaise.

La principale bibliothèque de Tokio est établie dans un ancien temple de Confucius, servant autrefois de collège chinois, et dont la construction remonte à la fin du dix-septième siècle. La cour d'entrée est plantée d'arbres magnifiques. On admire, à l'intérieur, de superbes colonnes en bois de Chine, laqué de noir. Cent mille volumes y sont renfermés, presque tous japonais ou chinois.

Des livres, je suis naturellement amené à parler du papier, dont les usages au Japon sont innombrables. Outre tous ceux que nous lui connaissons en France, on l'emploie aussi en guise de carreaux aux fenêtres; on s'en sert comme de mouchoir de poche; on en fait des imitations de cuir, douées d'une force incroyable de résistance; on en fabrique toutes sortes d'ustensiles légers et solides, des statuettes, des fleurs artificielles, des tapis, de charmants rideaux, des serviettes, des manteaux imperméables pour la pluie, des parasols, des étoffes qui ont l'apparence de la soie, de la ficelle, et jusqu'à des courroies pour la transmission du mouvement des machines à vapeur. La solidité extraordinaire du papier japonais vient de ce que les fibres, naturellement fortes, des écorces qui entrent dans sa composition [1] ne sont pas complètement désagrégées au moment où l'on prépare la pâte.

On fabrique aussi du papier à l'européenne, d'excellente qualité, au moyen de la paille de riz.

Dans ces dernières années, on a fondé des papeteries mues par la vapeur, et qui ne le cèdent en rien aux établissements de même nature en Europe.

La fabrique de papier-monnaie appartient à l'Etat. Mille ouvriers ou ouvrières y sont occupés à divers travaux : fabrication de produits chimiques, encres et couleurs ; gravure sur cuivre, acier, pierre et bois ; imprimerie et ses annexes. Partout règne un ordre parfait ; les ateliers, vastes et bien aérés, sont d'une propreté irréprochable.

A côté de l'imprimerie, se trouve la fabrique des machines. Tout se fait dans l'intérieur de l'établissement, sous la direction éclairée de M. Tokouno, qui n'était autrefois qu'un simple *samouraï* (homme à deux sabres), et n'avait reçu dans sa jeunesse aucune notion de mécanique.

Dans la même usine, existe un atelier complet de photographie. Les paysages, les sites célèbres du Japon, sont reproduits avec netteté et coloriés avec une grande perfection.

---

[1]. Le papier résistant et solide se fait avec le *mitsu-mata* (*Edgeworthia papyrifera*). C'est un arbuste d'une hauteur de 3 mètres environ ; ses rameaux poussent par divisions et subdivisions de trois, toujours égales et grossissant également, de sorte qu'il conserve, en grandissant, une régularité parfaite.

Cet établissement modèle ne travaille pas seulement pour le compte du gouvernement; on y exécute aussi les commandes privées, ce qui diminue d'autant les frais de l'État. Un pays qui, en moins de vingt ans, a su créer de telles choses, peut avoir confiance dans l'avenir.

J'ai visité aussi une manufacture de laques. On sait que cette industrie, très répandue au Japon, consiste à extraire la sève d'une espèce de sumac (*Rhus vernicifera*) et à en composer un vernis, dont on recouvre divers objets de bois, pour leur donner plus de solidité et surtout une belle apparence. Il existe une foule de procédés, soit pour fabriquer le vernis lui-même, soit pour en appliquer les couches successives, soit enfin pour le polir au moyen du charbon de bois, ou bien d'un mélange d'huile et de pierre à aiguiser pulvérisée.

Pour répondre aux demandes croissantes de l'étranger, on a dû augmenter la fabrication, mais au détriment de la qualité. Aussi les laques faites aujourd'hui pour l'exportation, sont-elles bien inférieures aux objets anciens. On ne fabrique plus guère, maintenant, de ces fameuses laques d'or, si recherchées des collectionneurs. J'en ai vu cependant quelques beaux spécimens, mais d'un prix fort élevé; ils étaient renfermés dans le *godown*. On appelle ainsi un magasin construit à l'épreuve du feu, avec portes et fenêtres en fer, et d'épais murs de briques recouverts ordinairement d'une couche de terre. C'est là que les marchands déposent ce qu'ils ont de plus précieux. Dans un pays où la violence et la fréquence des tremblements de terre ne permettent pas d'employer pour les habitations d'autres matériaux que le bois, les incendies sont terribles. L'année dernière, plusieurs milliers de maisons ont brûlé d'une seule fois; du jour au lendemain, vingt mille personnes sont restées sans abri. En Europe, les misères eussent été irréparables; mais ici, grâce à l'extrême simplicité des mœurs, chacun trouve facilement à se loger. Trois mois après, il n'y paraît plus : le quartier est reconstruit, en bois et en papier comme auparavant.

L'Exposition universelle de Tokio, qui vient de se fermer, a inspiré à un certain nombre de fabricants et de marchands, l'idée de s'entendre pour monter un immense bazar, sorte d'exposition permanente, avec magasins de vente. Je le visitai plusieurs fois; tous les objets étant marqués en chiffres connus, je pouvais y faire des acquisitions sans crainte d'être trompé. Quand je parle de chiffres connus, il s'agit, bien entendu, de chiffres japonais, qui ne ressemblent en rien aux nôtres; mais, le Japon ayant comme nous le système décimal, il me suffisait d'avoir gravé dans ma mémoire la forme des dix caractères correspondant à nos chiffres, pour être à même de lire tous les nombres.

La visite de ce grand bazar était d'autant plus intéressante qu'elle permettait de passer en revue, en peu de temps, les divers produits de l'industrie nationale, de se rendre compte de leur prix véritable, et de constater le remarquable degré de perfection avec lequel on est parvenu à imiter nos articles d'Europe. C'est ainsi que j'ai vu exposés, des vins, des conserves alimentaires, et une foule d'autres produits dont les Japonais ne soupçonnaient même pas l'existence, il y a vingt-cinq ans. Comme bon marché, je ne citerai qu'un exemple : les allumettes chimiques, dites suédoises, que la régie nous livre à raison de 10 centimes la boîte, sont vendues ici, au détail, à peu près un centime et demi; c'est-à-dire que, pour le même prix, on a six boîtes au Japon au lieu d'une en France. Elles sont parfaitement imitées et de bonne qualité : même apparence, même papier bleu, avec une étiquette en suédois et en japonais. Le Japon, autrefois tributaire de l'Europe pour cet article comme pour bien d'autres, en exporte aujourd'hui des quantités considérables.

Dans mes pérégrinations à travers la grande ville, je revis plusieurs fois les jardins populaires d'Asaksa. Un soir, accompagné d'un officier de police parlant français, je visitai un quartier voisin mal famé, le fameux Yoshiwara.

Il n'est nullement négligé, comme on pourrait le croire; au contraire, il a belle apparence, et c'est l'un des mieux tenus de la ville. Une rue droite et large, illuminée par des milliers de lanternes, le traverse d'un bout à l'autre; elle est habitée par toute une population de courtiers, dont la profession consiste à servir d'intermédiaires auprès des musiciennes et des danseuses qui, au Japon, figurent dans toutes les fêtes publiques ou privées.

Dans les rues latérales, on remarque de somptueuses constructions, à plusieurs étages, brillamment éclairées. Au rez-de-chaussée, des jeunes femmes, généralement habillées de soie rouge à grands ramages, se tiennent immobiles et sérieuses, accroupies sur une seule ligne, derrière un grillage. Elles fument leur petite pipe, ou bien mâchent une vésicule d'algue marine, au moyen de laquelle elles font entendre un coassement semblable à celui des grenouilles. Souvent leurs photographies sont affichées à la porte.

Ce soir-là, on devait célébrer je ne sais quelle fête au Yoshiwara. De tous côtés on prépare de larges transparents destinés à orner les estrades roulantes, sur lesquelles prendront place des bateleurs et des guéchas, et qui, tout à l'heure, vont être promenées processionnellement le long des rues principales. Malheureusement un orage subit vint arrêter tous ces préparatifs.

Au retour, nous passons devant un bain public. Depuis quelque temps, la police, plus scrupuleuse dans la capitale qu'en province, a exigé à Tokio la séparation des deux sexes. En effet, un mince grillage de bois sépare le compartiment des hommes de celui des femmes. Ce dernier est

Tokio. — Une rue du Yoshiwara.

comble; de la rue il est facile d'apercevoir ces dames, qui du reste s'en inquiètent fort peu.

Les Japonais, comme je crois l'avoir déjà dit, aiment beaucoup le plaisir sous toutes ses formes. Les représentations dramatiques sont une de leurs distractions favorites. Indépendamment des chariots sur lesquels des acteurs ambulants exécutent de vulgaires pantomimes, il existe, dans la plupart des villes, des théâtres permanents sur lesquels on joue, avec accompagnement de musique, de véritables pièces, drames ou comédies.

A Tokio, ces salles de spectacle sont en nombre assez considérable. Dans les premiers temps de mon séjour, les théâtres avaient été fermés par ordre du gouvernement, à cause de la mort d'un prince de la famille impériale. A leur réouverture, je fus heureux d'accepter l'invitation de M. Hotta, qui, dans le désir de m'être agréable, avait retenu pour M. Gambet et moi, une loge dans l'un des principaux théâtres.

La façade d'un théâtre, au Japon, se reconnaît à sa hauteur inusitée et à de larges bandes d'étoffes couvertes de dessins enluminés et de gigantesques caractères cursifs d'un aspect fantastique. Du reste, c'est une construction en bois, comme les autres, mais beaucoup plus vaste. La salle comprend un rez-de-chaussée, élevé de quelques marches au-dessus du sol, et un étage de loges; elle est toujours de forme rectangulaire. La scène, dissimulée par un rideau brossé de couleurs éclatantes, forme l'un des côtés et s'avance un peu en saillie. L'emplacement qui, chez nous, serait l'orchestre ou le parterre, est divisé en petits carrés réguliers, séparés par des cloisons de trente centimètres de haut, assez larges pour qu'on puisse marcher dessus. C'est sur ces étroits sentiers que circulent les gens de service, qui, à chaque instant, vont porter aux spectateurs du feu, du tabac, des rafraîchissements et même des plats de riz et de poisson, car ici on vient au spectacle en famille et on y passe des journées entières, mangeant et buvant comme chez soi. En face de la scène, une espèce d'amphithéâtre assez sombre occupe le fond de la salle : ce sont les places à bon marché où se prélasse un public, généralement fort peu vêtu. Enfin, un peu au-dessus du parterre et correspondant à nos baignoires, règne une rangée de compartiments que j'appellerai loges de pourtour, et qui sont les places les plus recherchées. C'est dans l'une d'elles que nous attendait M. Hotta, avec quelques amis japonais et sa famille, composée de son père, de sa mère et de sa jeune femme. Tous étaient accroupis à terre; deux chaises étaient préparées pour nous.

Il était trois heures; la représentation, déjà commencée, ne devait se terminer qu'à minuit. Cela n'a rien d'étonnant au Japon, où souvent les théâtres ouvrent leurs portes à six heures du matin pour les fermer à huit ou neuf heures du soir, et où il faut parfois trois journées pour l'exécution de certaines pièces.

On jouait un drame affreux, dont les péripéties sanglantes, entremêlées d'incidents grotesques, déroutent toute espèce de raisonnement. La même situation, indéfiniment prolongée, fatigue bien vite le spectateur européen, déjà énervé par d'invisibles musiciens qui, renfermés dans une loge grillée, ne cessent d'accompagner le récitatif du son de leurs instruments barbares. Il y a aussi une sorte de régisseur particulièrement agaçant : entre-choquant deux morceaux de bois sonores, il annonce à coups redoublés l'entrée des principaux artistes et, à chaque instant, souligne la situation par un étourdissant trémolo; à lui seul, il fait un tapage infernal. Au théâtre japonais, tout est de convention; on ne marche pas, on ne parle pas comme dans la rue. Ce n'est pas avec sa voix naturelle, c'est avec une intonation tantôt glapissante, tantôt caverneuse, mais toujours tellement exagérée qu'elle en devient bouffonne, que l'acteur a la prétention d'émouvoir son public. Les gestes invraisemblables, les contorsions auxquelles il se livre dans les endroits pathétiques, exciteraient partout ailleurs un fou rire, tandis que le spectateur japonais ne se lasse pas de voir et d'écouter : c'est qu'apparemment, à ses yeux, on n'est un héros qu'à la condition de ne rien faire comme les autres.

Malgré les explications que me donne complaisamment M. Hotta, il m'est impossible d'analyser la pièce. Les costumes extraordinaires des acteurs, l'intervention du surnaturel, l'apparition de génies, me donnent à penser qu'il s'agit d'une épopée héroïque, tirée de l'histoire des anciens temps.

Dans les épisodes franchement comiques qui, de temps à autre, viennent égayer l'interminable mélodrame, les acteurs montrent qu'ils sont capables, à l'occasion, de jouer avec un naturel parfait et un véritable talent; mais ces intermèdes durent peu, et bientôt après les artistes retombent dans l'emphase et la déclamation.

Les femmes ne paraissent jamais sur la scène; ce sont des hommes qui remplissent leurs rôles. Comme ils sont parfaitement grimés et que, d'autre part, la rampe est loin d'être vivement éclairée comme chez nous, l'illusion serait complète, si le son de leur voix ne les trahissait pas.

Pour remédier à l'insuffisance de l'éclairage, chaque acteur en scène a près de lui un personnage muet, étranger à l'action, et qui le suit comme son ombre. Ce comparse, habillé tout de noir et le visage encapuchonné, est censé invisible. Sa principale mission est de porter, à l'extrémité d'un long bambou, une chandelle allumée et de la tenir sous le nez de l'acteur, afin de mettre bien en relief ses jeux de physionomie; il lui fournit aussi les accessoires dont il a besoin, et à l'occasion le rafraîchit à grands coups d'éventail.

E. COTTEAU.

Les décors ne sont pas trop mauvais; ils pèchent principalement par l'absence de perspective. Les changements à vue s'opèrent d'une façon assez ingénieuse, au moyen d'une plaque tournante adaptée au plancher; lorsque la situation l'exige, elle entraîne dans son mouvement circulaire la scène et tous les personnages, puis vient se présenter du côté opposé, où de nouveaux acteurs sont déjà groupés dans un autre décor.

Une autre particularité du théâtre japonais, c'est l'étroite passerelle planchéiée qui, partant d'un angle de la scène, va gagner le fond de la salle, en traversant le parterre. C'est par là que, le plus souvent, les acteurs font leur entrée ou leur sortie; ils ont toujours soin de l'accompagner d'une pantomime expressive, à la grande joie des spectateurs, qui peuvent les voir ainsi de fort près.

Pendant un entr'acte, M. Hotta nous conduisit à une maison de thé voisine, où nous attendait, dans une grande salle au premier étage, un excellent et copieux souper qui nous fut servi à la japonaise, avec addition toutefois d'une couple de bouteilles de bordeaux. Notre amphitryon avait tenu à bien faire les choses; le restaurant où nous étions passe pour l'un des meilleurs et des plus élégants de Tokio, et la carte à payer dut être assez élevée, à en juger par la variété et le choix des petits plats qui défilèrent sous nos yeux.

D'autres groupes de soupeurs se trouvaient dans la même salle. Les convives, accroupis sur les nattes, savouraient avec bonheur le thé et le saki : toutes ces familles assises en rond, ayant devant elles cette infinité de bols, de soucoupes et de tasses qui constituent le repas japonais, me semblaient autant de compagnies d'enfants faisant joyeusement la dînette.

Nous rentrons au théâtre juste à temps pour assister à l'apothéose incompréhensible qui termine le drame. Héros

Théâtre japonais.

et génies font à qui mieux mieux des grimaces épouvantables, à la lueur des feux de Bengale.

La pièce que l'on joue ensuite, et que M. Hotta qualifie de comédie, est d'une grande simplicité. En voici l'analyse :

Un vieillard, cédant aux conseils de trois bonzes, prend la résolution de renoncer au monde. Il se retire dans un monastère et mène une vie contemplative, en compagnie de ses nouveaux amis.

Cependant un jeune enfant paraît ; il s'appuie sur un bâton et se traîne péniblement. Il s'est égaré dans la forêt voisine : exténué de fatigue, il vient demander assistance au vieillard, dans lequel il reconnaît son père. Celui-ci aussi l'a reconnu, mais il pleure et détourne les yeux, tandis que son fils, d'un ton monotone, traînard et larmoyant, le supplie de revenir à la maison. Le père, ému, entraîné par un mouvement irrésistible, embrasse son enfant. On croit qu'il va céder ; mais non, Bouddha l'emporte. Le vieillard repousse définitivement le pauvre petit, qui, désespéré, expire à quelques pas plus loin, tandis que son père reste abîmé dans ses tristes pensées.

Quelle conclusion doit-on tirer de cette composition ? N'est-ce pas un étrange code de morale que celui qui ressort de cette lutte entre l'amour paternel et l'égoïsme religieux, lequel, bien que poussé jusqu'à la cruauté, semble avoir été considéré ici comme l'idéal de la sagesse.

A cette singulière comédie succéda un ballet pantomime, avec trois personnages seulement. Je n'ai jamais pu en comprendre le sujet. Tout ce que je sais, c'est qu'il était loin d'être gai et que les sentiments exprimés me parurent être ceux de la mélancolie et de la terreur.

En résumé, il ne faut point chercher au théâtre japonais les émotions poignantes et vraies de la vie réelle. Le peuple vient plutôt y voir une succession de tableaux vivants, extraits d'une grande épopée nationale, et placés dans un cadre de convention toujours invariable ; il les connaît déjà et, par cela même, les revoit avec plaisir. L'Européen ne saurait partager l'engouement des Japonais pour une action dont le sens et la moralité lui échappent également, et, tout en rendant justice au talent réel des acteurs, il incline à penser que l'art dramatique n'existe pas au Japon.

Pour moi, j'ajouterai que, s'il en existe un, il est si différent du nôtre, il s'écarte tellement de ce que nous regardons comme le beau et le vrai, que nous sommes incapables de l'apprécier.

CHAPITRE VII

DE TOKIO AU FOUZI-GAVA

11-14 septembre.

Le Tokaïdo. — MM. Takayama père et fils. — Enoshima. — Odovara. — Miyanoshita et Kiga. — Un typhon à Hakoné. — Descente à Mishima. — Hara et Yoshiwara. — Le Fouzi-yama.

Mes préparatifs sont terminés. J'ai remis mes bagages au bureau de la Compagnie japonaise de navigation à vapeur, la *Mitsou Bichi*, qui fait un service hebdomadaire entre Yokohama et Shang-haï, touchant à Kobé et Nagasaki; dans vingt jours je les retrouverai à Kobé, où je m'embarquerai pour la Chine.

J'ai pris congé de mes nouveaux amis de Yokohama et de Tokio, et j'ai donné rendez-vous à M. Gambet pour le 5 décembre à Saigon. J'ai calculé que nous devions nous y rencontrer à cette époque, lui rentrant directement en France, et moi me rendant à Singapour. J'étais loin de prévoir alors ce qui devait arriver!

Malgré les avis qui m'ont été donnés, je suis résolu à faire le voyage par terre, de Yokohama à Kobé, sans bagages et sans provisions d'aucune sorte; je n'emporte avec moi qu'une légère couverture de laine et un petit sac renfermant deux ou trois chemises de flanelle, avec une douzaine de mouchoirs ou de serviettes en papier. Il a été convenu avec mon jeune interprète que je vivrais absolument comme lui, entièrement à la japonaise, et que je ne m'embarrasserais d'aucun des nombreux impedimenta que les Européens ont l'habitude de traîner avec eux, lorsqu'ils voyagent dans l'intérieur.

Cela posé, nous n'aurons besoin que de deux voitures et de trois hommes.

Sur le Tokaïdo, les gens pressés peuvent s'adresser à une agence qui leur délivre des billets, à des prix variant de 5 à 7 sen par ri [1], valables pour toute la route, sous la condition de descendre aux hôtels de la Compagnie. De cette manière, on gagne du temps, car, à chaque station, on trouvera des kouroumas frais ; seulement, comme on change d'hommes très souvent, on est exposé à tomber sur des gens peu scrupuleux qui, sous n'importe quel prétexte, vous chercheront des difficultés.

C'est M. Takayama père qui a organisé notre expédition : il n'a pas jugé à propos d'employer cette méthode ; il a engagé, pour toute la durée du voyage, trois djinrikis qu'il connaît depuis longtemps et qu'il me présente comme de braves gens en qui l'on peut avoir toute confiance. Lui-même nous accompagnera pendant les deux premiers jours, afin de mettre au courant son fils qui n'a guère l'expérience des voyages ; car il était encore enfant quand il a fait la route de Kioto à Tokio et, depuis cette époque, il n'a jamais quitté la capitale. Il a été convenu que je payerais en tout 4 yen (12 francs) par jour, pour les trois hommes et leurs deux voitures.

Donc, le dimanche 11 septembre, je quittais définitivement Yokohama par le train de 8 h. 15 du matin, muni d'un billet pour la station de Kanagava, où j'avais rendez-vous avec MM. Takayama. C'est à ce point que la grande route, dite Tokaïdo, jusque-là parallèle à la voie ferrée,

---

1. 15 à 20 centimes par lieue de 4 kilomètres.

s'éloigne du bord de la mer pour s'enfoncer dans l'intérieur.

Depuis la veille, le temps a changé ; les fortes chaleurs ont cessé ; il a plu toute la nuit, et le thermomètre ne marque plus que 18 degrés.

Mes compagnons, qui sont venus de Tokio par le chemin de fer, m'attendent dans une maison de thé voisine de la gare, où les kouroumas ne tardent pas à nous rejoindre. Ces derniers sont partis de chez eux à quatre heures du matin, mais ils ont perdu du temps au passage de la rivière, à Kawasaki.

Je suis fort satisfait de ma voiture ; elle est très propre, laquée de noir, rehaussée de filets d'or avec incrustations de cuivre, et de plus, suffisamment large pour que, sans me gêner, je puisse mettre mon petit sac à côté de moi ; le coussin est en velours noir, et j'y suis très bien assis. Les deux djinrikis qui me sont destinés, ne sont pas jeunes et ne paraissent pas bien vigoureux, cependant ils ont une figure honnête et se montrent pleins de bonne volonté. M. Takayama père engage, pour lui-même, un autre djinriksha, et, à dix heures, nous nous mettons en route.

Le chemin, boueux et difficile, traverse d'interminables villages sans grand intérêt. La pluie tombe ; il fait presque froid, et je suis heureux d'abriter mes jambes sous ma couverture de voyage.

Une heure se passe ainsi. Au sortir d'Hodogaya, la route monte une pente rapide, puis elle s'améliore ; la pluie cesse, et le paysage s'embellit.

A midi, arrêt pour déjeuner au restaurant Wa-da-ya dans le village de Totsouka, sans pain, bien entendu, mais avec une bouteille d'un petit vin japonais, de qualité passable, que l'hôtelier me vend 60 sen ; ensuite, beau temps et jolie route jusqu'à la petite ville de Fouzisawa, où nous arrivons vers deux heures. Les grands temples qu'on y admirait ont entièrement brûlé l'année dernière, ainsi que plusieurs centaines de maisons. Là, nous quittons le Tokaïdo pour prendre un ravissant petit chemin de traverse, fréquenté par une foule de voyageurs et de pèlerins. A droite et à gauche, je remarque beaucoup de petits temples cachés sous les grands arbres, et d'innombrables maisons de thé, dont les légères toitures forment autant d'abris au-dessus de la route.

A quatre heures, nous arrivons en vue d'Enoshima. Nous sommes à 30 kilomètres de Kanagava, et comme nos hommes en avaient déjà fait 30 ce matin avant de nous rejoindre, ils ont à leur actif un total de 60 kilomètres pour cette première journée.

Enoshima n'est qu'un immense rocher couvert de forêts sacrées, abritant sous leurs ombrages des temples shintoïstes et bouddhistes. Alternativement île et presqu'île, elle est reliée deux fois par jour à la terre ferme par une langue de sable, que la marée basse laisse à découvert. Ses habitants, tous pêcheurs ou aubergistes, confectionnent de charmants petits ouvrages en coquillages, images saintes, tableaux profanes, feuillages, fleurs et oiseaux. La rue principale du village escalade les premières pentes; elle est bordée de boutiques et de maisons de thé, dont les servantes accortes s'évertuent, à l'envi les unes des autres, à attirer les voyageurs par leurs chants, leurs rires et leurs façons prévenantes.

Nous faisons choix de l'hôtel Sanouki-ya, et après quelques instants de repos, nous continuons notre ascension. Sous les échoppes des marchands de coquilles, je remarque de jolis petits oursins [1] montés en épingles, réunis trois par trois et enjolivés de papier doré. On y voit aussi un très curieux polypier (*Hyalonema Sieboldi*), sur lequel

---

1. J'ai rapporté quelques échantillons de ces échinides; voici leurs noms scientifiques : *Sphærechinus pulcherrimus, Toxopreustes depressus, intermedius, tuberculatus.*

Vue prise à Fouzisawa.

croît un singulier plumet que l'on dirait composé de verre filé.

Nous gravissons d'interminables escaliers; en passant, nous visitons quelques temples. Presque à chaque pas, on trouve sous les arbres de charmants endroits de repos; dès que nous faisons mine de nous y arrêter, on s'empresse de nous apporter la petite tasse de thé traditionnelle. La chaleur rend la montée fatigante, mais le panorama dont on jouit du sommet sur la mer bleue, la côte profondément découpée et la masse imposante du Fouzi-yama, me dédommage amplement. Nous trouvons là une longue-vue assez bonne, qu'une fillette dirige fort adroitement, à notre intention, sur les points les plus intéressants de l'horizon.

Du côté sud de l'île, le sentier, escarpé et taillé dans le roc, descend rapidement jusqu'à la mer, qui déferle tumultueusement sur le rivage. Pour quelques sous, des gamins se précipitent du haut d'une plate-forme, disparaissent sous les vagues écumantes et, une minute après, rapportent triomphalement un coquillage arraché aux parois des rochers battus en brèche par les flots.

Continuant notre chemin sur de larges dalles glissantes, à demi couvertes d'algues, nous arrivons à l'entrée d'une haute et profonde caverne, assez semblable à la fameuse grotte du Pausilippe, à Naples. Tout au fond, brille un sanctuaire illuminé par des lampes votives. Cette chapelle, autrefois consacrée à la déesse bouddhiste Benten, appartient maintenant au culte shinto. Les gardiens et desservants ne se rasent pas la tête et ne portent point un costume spécial, comme les bonzes; cependant, pas plus qu'eux, ils ne dédaignent les petits profits : ils vendent aux pèlerins des médailles, des images et autres menus objets de sainteté. Derrière ce petit temple, une galerie étroite et basse conduit à une porte grillée, à travers laquelle brillent des miroirs d'argent, emblème shintoïste de pureté.

A la nuit, nous rentrons à l'hôtel. Le dîner, qu'on nous sert dans notre chambre comme toujours, ne se compose guère que de coquillages, de crustacés et de poissons, ces derniers sous toutes les formes, crus, bouillis, frits, rôtis, en soupe, salés et même sucrés : on voit bien que nous sommes dans un pays de pêcheurs. Après quoi, on nous apporte des *kimono* (robes de chambre japonaises), et l'on prépare les *fton* (couvertures pour la nuit). J'essaye de mettre au courant mon carnet de notes; mais ce qui me gêne le plus dans ce premier essai de vie à la japonaise, c'est le manque de tables et de sièges, et l'obligation de me tenir accroupi sur les nattes du plancher, sans avoir jamais aucun meuble à ma disposition.

Le lendemain, au point du jour, je suis réveillé par un bruit de démolition : ce sont les volets de bois qu'on enlève, les cloisons de papier qu'on fait glisser dans les rainures. Les servantes décrochent les moustiquaires, et, bon gré mal gré, nous voici en plein air, rafraîchis par la brise matinale. Même tapage dans les maisons voisines; je jette un coup d'œil dans la rue : partout des jeunes femmes, dans le plus simple appareil, sont occupées à supprimer les murailles extérieures, et convertissent leur chambre à coucher en une halle ouverte à tous les vents et à tous les regards.

12 septembre. — Il est à peine cinq heures lorsqu'on apporte le déjeuner, qui ne se distingue du dîner que par l'addition d'une soucoupe de prunes salées, excellentes, dit-on, pour chasser le mauvais air. Nous réglons notre note et quittons l'hôtel, escortés jusqu'au milieu de la rue par tout le personnel féminin de l'établissement qui, pour la circonstance, entonne le chœur des adieux. La marée étant basse, nous traversons la plage à pied sec, et nous retrouvons sur la terre ferme les djinrikis bien reposés et ne demandant qu'à courir.

Le chemin, quoique plat, est très pénible pour nos hommes, parce que les roues des voitures enfoncent dans le sable. Une heure après, nous retrouvons, avec le Tokaïdo, un sol plus ferme, qui leur permet d'avancer rapidement et sans trop de fatigue. Trois ri au delà de Fouzisawa, on passe la rivière Sagami sur un long pont de bois, à l'entrée duquel on perçoit un péage de quelques rin. Entre Hiratsuka et Oïso, on contourne un monticule couronné par un temple shintoïste. Toute cette partie de la route est bordée de pins aux formes tourmentées, et garnie, presque sans interruption, de maisonnettes aux toits de chaume, toutes semblables les unes aux autres.

Nous déjeunons à Mezawa. Au sortir de ce village, le chemin descend sur le bord de la mer. La vue est splendide : à droite, les montagnes d'Oyama ; en face, le promontoire d'Idzou, la passe d'Hakoné à demi noyée dans le brouillard, et dans le lointain, émergeant des nuages, le cône étincelant du Fouzi-yama. Au passage du Sakavagava, je remarque le procédé ingénieux employé pour consolider les berges : de grosses pierres sont enfermées dans de longs paniers de bambou que l'on dispose en forme de digues pour contenir les eaux du torrent, bien inoffensif et presque à sec aujourd'hui, mais que les pluies d'orage rendent parfois terrible. C'est un travail considérable et fort onéreux pour les riverains, car, au bout de cinq ou six ans, les clayonnages pourrissent, et tout est à refaire.

La petite ville d'Odovara, où nous arrivons bientôt, est située à 88 kilomètres de la capitale, avec laquelle elle est reliée depuis quelque temps par un service d'omnibus. Au delà de ce point, les voitures ne peuvent plus circuler. Le Tokaïdo commence à gravir le col d'Hakoné ; à droite, une route conduit au Fouzi-yama ; à gauche, un autre chemin contourne le promontoire d'Idzou, par Atami et Simoda.

Odovara n'a rien d'intéressant que la longueur interminable de sa rue principale. C'est un des points extrêmes du territoire ouvert aux étrangers ; au delà, un Européen ne peut circuler qu'avec une permission spéciale du gouvernement. Mon premier passeport étant périmé, j'en avais sollicité un second, et je l'avais obtenu sans difficulté.

En prenant la résolution de faire par terre le voyage de Tokio à Kioto, je m'étais promis de profiter de toutes les circonstances pour visiter, en dehors de la route directe, certains points intéressants. Le village de Miyanoshita, situé dans les montagnes, à quelques lieues sur la gauche du Tokaïdo, jouit, comme station balnéaire, d'une réputation méritée : la beauté du site, les charmantes excursions que l'on peut faire aux alentours, l'air relativement frais qu'on y respire en été, attirent, pendant la saison des chaleurs, de nombreux étrangers. D'un autre côté, il avait été convenu entre nous que le père de mon jeune interprète nous accompagnerait jusque-là, et qu'ensuite il nous quitterait pour retourner à Tokio.

En sortant d'Odovara, le Tokaïdo s'éloigne de la mer et remonte la vallée de l'Haya-gava ; il est encore praticable pour les kouroumas jusqu'au pont de Sammai, à 1 ri 1/2 d'Odovara. Là, au lieu de traverser le torrent, on prend un autre chemin qui côtoye la rive gauche, et domine d'une assez grande hauteur les bains de Yumoto. On s'élève ainsi progressivement jusqu'à Tonosawa, petit village d'hôtels fréquentés par les baigneurs, gentiment situé au milieu des bois, et renommé pour ses sources d'eau chaude. A partir de cet endroit, il faut renoncer aux djinrikshas. Nous louons des kangos, et nous continuons à monter par un étroit chemin sous bois, offrant une succession d'agréables points de vue sur les profondeurs de la vallée. Toutefois, la pente est peu rapide, le sentier facile, et je suis heureux d'échapper au supplice du kango en faisant une bonne partie de la route à pied. Il n'en est pas de même de MM. Takayama père et fils, qui se complaisent dans les postures les plus invraisemblables, et semblent vissés dans l'incommode machine : pendant les deux heures que dure l'ascension, ils ne sont pas sortis une seule fois de leur panier [1].

Il existe à Miyanoshita deux hôtelleries à l'usage des étrangers : Fouzi-ya, grand établissement à plusieurs étages, tenu à l'européenne, avec table d'hôte et billard ; et Nara-ya, charmant hôtel japonais, où l'on peut se procurer des chaises et des tables, et même vivre à l'européenne si on le désire. C'est dans ce dernier que nous allons nous loger. Nous payerons 65 sen (2 fr.) par tête et par jour, pour la chambre et les trois repas japonais réglementaires [2]. Quoique ce prix soit beaucoup plus élevé que dans les localités moins fréquentées par les étrangers, on ne peut cependant pas dire qu'il soit exagéré, d'autant plus qu'on ne demande rien pour le thé, le bain, la lumière et le service ; le saki seul se paye à part. Il y a aussi la question du pourboire *tcha-daï* (argent pour le thé), en vigueur au Japon comme chez nous, mais qui y reçoit une application différente. En effet, c'est à l'arrivée même, au moment où le maître d'hôtel vous conduit dans votre chambre, qu'il

---

1. *Kango*, en japonais, veut dire proprement panier.
2. Le prospectus en anglais qui me fut remis par la maîtresse de la maison, vieille Japonaise fort intelligente, contenait les indications suivantes :

Logement et nourriture (style européen), par jour :
1re classe. . . . . 2 yen 50 sen.
2e — 2 —
3e — 1 — 75 —
A la japonaise (trois repas par jour) :
1re classe. . . . . . . 65 sen.
2e — 55 —
3e — 40 —

est d'usage de lui faire un présent, lequel varie selon le rang du voyageur et la somme d'égards dont il désire être entouré. Ainsi nous avons donné, en entrant, 70 sen à la maîtresse de la maison et 30 sen à une servante; une personne seule donnera 10 sen à la fille, et 20 ou 30 sen à l'hôtelier. Quelques instants après, ce dernier viendra vous présenter le reçu du *tcha-daï;* il se prosternera plusieurs fois jusqu'à terre et se retirera en rampant; puis, avec le thé, il vous enverra, à titre gracieux, un plat de fruits et de sucreries. Le lendemain, quand vous quitterez sa maison, même cérémonie; il vous fera cadeau d'un bibelot quelconque : éventail, photographie, petite tasse de laque, etc., et les filles d'auberge entonneront un chœur en l'honneur de l'étranger. Je trouve cette manière d'agir plus rationnelle que la nôtre : si l'on veut être bien servi, il est tout naturel de prévenir son monde et de commencer par se montrer généreux.

13 *septembre.* — Temps couvert; température 23°. Je sors de grand matin et seul, pour faire la promenade de Kiga, la plus jolie des environs de Miyanoshita et qui ne demande qu'une heure, aller et retour.

Le guide anglais à la main, je trouve facilement le chemin. Après avoir dépassé le village de Sokokura, incendié il y a quelques semaines et que l'on reconstruit avec activité, je traverse un pont jeté par-dessus le torrent, au pied de deux petites cascades. Sur le bord du sentier, jaillissent des sources d'eau chaude qui, laissant échapper des vapeurs sulfureuses, se précipitent et se mélangent à l'eau froide d'en bas. Un joli petit chemin de montagne, à travers bois, conduit vingt minutes plus loin à Kiga, village d'auberges et d'établissements de bains, enfoui sous la verdure; ses eaux minérales sont les plus renommées des environs.

Malheureusement la pluie commence à tomber, et je me hâte de rentrer à l'hôtel Nara-ya, où je trouve MM. Takayama et le chef des djinrikis, tous trois accroupis sur les nattes, en train de consulter une immense carte du Tokaïdo, sorte de guide itinéraire illustré mentionnant les principales curiosités et portant indication des distances et du nom des hôtels. Il existe au Japon une foule de plans coloriés, de cartes, de livrets pour les voyageurs, réduits à un format portatif et d'un incroyable bon marché. Jusqu'alors, je ne soupçonnais pas l'existence de ces renseignements géographiques; je compte bien m'en procurer une série à Kioto, mais pas avant, car la manière dont je voyage ne me permet pas d'augmenter mon bagage.

Mon jeune interprète prend des notes sous la dictée de son père. Ce dernier va nous quitter; il retourne à Tokio.

Le mauvais temps ne m'engage pas à rester à Miyanoshita; je renonce aux excursions que j'aurais pu faire dans les environs, et je me décide à partir pour Hakoné, en kango.

Je suis témoin des adieux entre le père et le fils. Rien de plus étrange d'après nos idées; pas le moindre naturel, tout est cérémonieux et réglé comme une représentation théâtrale. Ce bourgeois et son fils, qui vont se quitter pour un mois à peine, se font des salutations interminables avec accompagnement de paroles banales, toujours les mêmes : *doso* (je vous prie), *arrigato* (merci). Le fils se prosterne jusqu'à terre, le père un peu moins bas; puis chacun se relève en même temps, se frottant la paume des mains sur les genoux et aspirant fortement l'air entre les dents serrées, de manière à faire entendre une sorte de sifflement. Ils recommencent ainsi plusieurs fois, puis finissent par se quitter d'une manière indifférente en apparence, sans aucune de ces paroles familières, de ces serrements de mains ou de ces embrassements qui sont chez nous l'accompagnement obligé de toute séparation, même momentanée, entre les membres d'une famille unie. Il est vrai qu'aux yeux des anciens Japonais, ces démonstrations occidentales passent pour inconvenantes ; un serrement de main peut être interprété en mauvaise part. Takayama fils m'en a prévenu, et, au lieu de donner simplement une cordiale poignée de main au bonhomme, je m'évertue à faire comme lui, pour ne pas éveiller sa susceptibilité.

Deux heures après ces mémorables adieux, j'arrivais à Ashi-no-you, station thermale célèbre dans tout le Japon. Autour de piscines d'eau sulfureuse à 40 degrés, où les deux sexes confondus se baignent sous les yeux du public, s'élèvent quelques hôtels d'assez bonne apparence.

Nous ne faisons là qu'une simple halte ; le temps est devenu exécrable, et j'ai hâte de gagner Hakoné. Pour me garantir de l'averse, j'ai pris le parti de me laisser ficeler dans de larges bandes de papier huilé ; ainsi réduit à l'état de colis et le corps plié en trois, je ne me rendais plus compte que vaguement des accidents de la route. Quant à mes porteurs, ils ont jugé à propos de se dépouiller de leurs vêtements. La pluie balaye la sueur sur leur corps entièrement nu ; mais rien n'altère leur bonne humeur, ni les pentes rapides et glissantes du chemin, ni l'orage qui redouble de violence ; ils ne cessent de rire et de plaisanter entre eux. Et pourtant la descente est très difficile ; il faut toute la vigueur de ces gens, jointe à leur extrême souplesse, pour éviter un accident. Vingt fois je me suis vu sur le point de faire la culbute, mais toujours quelque vigoureux coup de reins venait fort à propos rétablir l'équilibre.

Cet affreux sentier aboutit au Tokaïdo, que j'avais quitté la veille, peu après Odovara, au point où il commençait à gravir la montagne. Je le retrouve maintenant de l'autre côté du col (855 mètres d'altitude), sous la forme d'un étroit chemin pavé et dallé, bordé de gigantesques cryptomérias, et descendant rapidement le long des pentes du mont Futago jusque sur les bords du petit lac, à l'extrémité méridionale duquel se trouve le village d'Hakoné.

Dans les hôtels japonais fréquentés par les Européens, il existe généralement une ou deux chambres aménagées pour eux, et que l'on fait payer 50 ou 75 sen en plus des prix que j'ai indiqués. On met à notre disposition, à l'hôtel Hafu-ya, le logement des étrangers : nous y trouvons quelques chaises, une table et un cabinet de bain séparé, mais pas de lit, bien entendu. Les deux derniers touristes, deux Anglais, sont partis ce matin : la saison de villégiature est terminée ; les premières pluies d'automne ont fait rentrer à Yokohama et à Tokio tous les étrangers qui étaient venus chercher la fraîcheur dans les montagnes.

D'autres voyageurs ont fait une description charmante d'Hakoné et du lac d'Asino-oumi, dont le nom signifie « mer des Graminées ». Mais le temps influe beaucoup sur l'aspect des lieux et l'impression qu'en emporte le visiteur. Le Fouzi-yama, voilé par d'épais nuages, reste obstinément invisible ; le village me paraît insignifiant, et les eaux clapotantes du lac n'invitent nullement à la promenade.

Dans la nuit, la tempête redouble de violence : plus de doute, c'est un typhon [1]. Notre maison de bois est secouée

---

[1]. Le *typhon* est une épouvantable tempête, particulière aux mers de la Chine et du Japon. C'est pendant les mois de juillet, août et septembre, que se manifestent ces terribles phénomènes, causés par la lutte des courants atmosphériques.

Sur 13 typhons relevés, en 1880, à l'observatoire de Zi-ka-wei, près de Shang-haï, 5 ont sévi dans les mers du Japon. Leur direction est du sud au nord, ou du sud-est au nord-ouest d'abord, déviant ensuite vers le nord-est.

Les typhons se développent surtout dans les régions maritimes. On a remarqué qu'ils pénètrent rarement dans l'intérieur des terres, évitent les détroits, et sont détournés de leur direction naturelle par la rencontre des côtes.

Le savant P. Dechevrens, directeur de l'Observatoire de Zi-ka-wei,

avec rage; le plancher frémit, les volets de clôture s'entrechoquent avec fracas. Si, par malheur, l'un d'eux venait à céder, l'ouragan, s'engouffrant à l'intérieur, en emporterait le toit. A chaque instant, je me figure que tout va s'effondrer. Cependant le maître d'hôtel vient voir si rien ne périclite; il nous rassure : sa maison est neuve et solide, et nous n'avons rien à craindre.

Pendant toute la nuit, la situation reste la même. Au point du jour, je me hasarde à sortir un instant. Le lac, furieusement agité, est sillonné par des embruns et des colonnes de vapeurs tourbillonnantes qui courent à sa surface avec une vitesse effrayante, venant de directions opposées, et s'emmêlent dans un affreux désordre : cependant à Hakoné, au fond de la vallée, nous sommes relativement à l'abri. Qu'en doit-il être sur les hauteurs voisines?

Heureusement, à mesure que la matinée s'avance, la tempête se calme. Vers dix heures, le maître d'hôtel et les porteurs de kango déclarent que l'on peut partir. En sortant d'Hakoné, le Tokaïdo, pavé de granit, s'élève de nouveau et atteint au point culminant une altitude de 900 mètres. Sur ces sommités, le vent est encore très violent, moins toutefois que je l'aurais supposé.

La descente sur Yamanaka est fort raide. Nos hommes se montrent exigeants; leur tactique invariable est d'accepter le prix qu'on leur offre, sauf à réclamer ensuite, alléguant le mauvais temps, la difficulté de la route, la pesanteur de l'étranger; malgré cela, assez bons diables, rieurs, toujours complaisants, et ne vous tenant pas longtemps rigueur si vous refusez de céder à leurs prétentions.

a publié le résultat de ses observations, appelées à rendre de grands services à la navigation et à la science de la météorologie, dans une brochure du plus haut intérêt, *The typhoons of the chinese seas in the year* 1880, Shang-haï, 1881.

Vers midi, nous faisons halte près d'une terrasse d'où l'on découvre une vue magnifique sur une profonde vallée éclairée par le soleil, tandis que les hauteurs voisines sont encore à demi voilées par le brouillard. Une inscription, que me traduit mon compagnon, m'apprend que le mikado s'est reposé à cet endroit, il y a quelques semaines; il voyageait alors dans une somptueuse litière, portée par trente hommes.

Un peu plus bas, le cône du Fouzi-yama m'apparaît enfin, émergeant des nuages et coiffé d'un bonnet de blanches vapeurs se détachant nettement sur un ciel bleu foncé.

Nous retrouvons décidément le beau temps dans la plaine. A Mishima, petite ville de 5 000 habitants, nous quittons nos kangos. Nos fidèles djinrikis nous attendent à l'auberge où on leur a donné rendez-vous. Pour franchir la passe d'Hakoné, il leur a fallu démonter leur petite voiture et la charger sur leurs épaules; ils ont fait ainsi 8 ri (32 kilomètres) d'une seule traite, en pays de montagnes.

Arrêt d'une heure à Mishima : dîner et visite d'un célèbre temple shinto. Après quoi, c'est avec un certain plaisir que j'étends à mon aise, dans mon commode djinriksha, mes membres courbaturés par l'affreux kango.

Peu après Mishima, on franchit un petit cours d'eau qui forme limite entre les provinces d'Idzou et de Sourouga. La station suivante est Numadzu, ville de plus de 10 000 âmes, très animée et où l'on célèbre je ne sais quelle fête; nous la traversons sans nous y arrêter. Au delà, les villages se succèdent sans interruption : le Tokaïdo n'est, à proprement parler, qu'une rue interminable, bordée de chaque côté de maisons et de jardins. Au sud, une épaisse forêt de pins masque la vue de la mer.

Nous devions passer la nuit à Hara, populeuse cité, assise entre un petit lac et le golfe de Sourouga, à un point d'où l'on découvre un superbe panorama sur la côte boisée et le pittoresque promontoire volcanique d'Idzou, couronné par le mont Amagi-san ; mais on ne voulut point nous recevoir à l'hôtel. — Il y a un inconvénient, — me répète Takayama, sans vouloir s'expliquer davantage. Lequel ? Je n'ai jamais pu le savoir, et je me remets en route avec la conviction que l'hôtelier de Hara, malgré les profondes salutations dont il m'a honoré, ne se soucie pas de recevoir un Européen chez lui. Je le regrette, car sa maison me paraissait fort bien tenue ; mais je comprends jusqu'à un certain point son refus : nous avons des habitudes si différentes de celles des Japonais, que ces derniers ne nous voient jamais sans inquiétude pénétrer chez eux ; ils tremblent pour leurs escaliers laqués et leurs nattes si propres. Ces braves gens vous regardent de travers tant que vous demeurez chaussés, et leur visage ne s'épanouit que lorsqu'ils vous voient nu-pieds.

Au village suivant, Yoshiwara, l'aubergiste se montre plus hospitalier. Son établissement n'a pas grande apparence, mais tout le monde est plein de prévenances, et j'y fais un fort bon dîner.

Je profite des dernières lueurs du jour pour faire une promenade à travers les rizières du voisinage. C'est du village de Yoshiwara que le Fouzi-yama se montre dans toute sa beauté ; son sommet, à vol d'oiseau, n'est qu'à 24 kilomètres de distance, et aucun obstacle n'intercepte la vue. Pendant la journée, je n'avais fait que l'entrevoir entre deux nuages, par-dessus un autre volcan, l'Ashidaka-yama ; ce soir, le colosse se dresse de toute sa hauteur de 3765 mètres, sur un horizon d'une admirable pureté. Bien qu'inférieur de 1050 mètres à notre Mont Blanc, son aspect est plus saisissant que celui du géant des Alpes, car ici l'observateur est placé au niveau de la mer, tandis que la vallée de Chamonix a déjà une altitude de 1100 mètres. De plus, le Fouzi est isolé au centre d'une vaste plaine, environnée de montagnes qu'il domine toutes de son énorme

Fouzi-yama.

masse. Sa base forme un cercle presque parfait, de plus de 150 kilomètres de tour; ses flancs, couverts de riches cultures, puis de forêts et enfin de broussailles, s'élèvent en pente douce et régulière, se redressant légèrement au sommet pour former la butte terminale, cône tronqué, couvert de neige pendant dix mois de l'année.

Le Fouzi est la montagne sainte par excellence. Son noble profil est reproduit sur la plupart des objets d'origine japonaise. Des milliers de pèlerins en entreprennent chaque année l'ascension, qui ne présente aucune difficulté sérieuse et peut se faire par cinq routes différentes; ils vont rendre visite à un petit temple bâti près du sommet, et ont soin, avant de redescendre, de faire estampiller leurs vêtements par le prêtre, en mémoire de leur exploit.

Un des derniers voyageurs européens qui aient fait cette ascension, raconte que le Fouzi se termine par une plate-forme ondulée, formée par des masses compactes de lave, en partie couvertes de monticules de scories et de cendres volcaniques, provenant de tufs ponceux désagrégés. On y retrouve les restes de l'ancien cratère, sous la forme d'un gouffre à peu près circulaire, de 4 à 500 mètres de largeur sur 165 mètres de profondeur. Les parois, écroulées en divers endroits, permettent d'en atteindre le fond, où un lit de sable, horizontalement disposé, prouve que les eaux provenant de la neige fondue ou des pluies d'automne y séjournent quelquefois.

Depuis un millier d'années, le volcan ne s'est réveillé que six fois. Sa dernière éruption date de 1707 : elle fut terrible, et dura trente-huit jours.

Les enfants, peu habitués, à 120 kilomètres de Yokohama, à voir un Européen, se réunissent en foule sur mon passage. Je dois dire, à leur éloge, qu'ils commencent par me saluer gentiment et qu'en somme ils ne sont pas gênants. De grandes personnes, des femmes, viennent aussi grossir mon cortège, mais je ne m'en soucie guère, moins, assurément, que mon jeune interprète, qui semble tout confus de se trouver, grâce à moi, l'objet de la curiosité publique.

Les mêmes exclamations plusieurs fois répétées arrivent à mes oreilles; curieux d'en connaître le sens, je m'adresse à Takayama, qui me les traduit ainsi : « Quelle belle taille! Comme il est gros! Ce doit être un lutteur européen. » Je crois avoir déjà dit qu'au Japon plus un homme est gros, plus il est admiré, et que, d'autre part, la corporation des lutteurs se recrute uniquement parmi les gens d'une forte corpulence.

Nous rentrons à la nuit close; c'est l'heure où les masseurs parcourent les rues, annonçant leur présence par des coups de sifflet prolongés. Ils vont ainsi, de porte en porte, jusque dans les moindres villages, offrir leurs services, très appréciés des Japonais. Ordinairement, ce sont des aveugles qui se livrent à l'exercice de cette profession.

Une mauvaise nouvelle nous attend à l'hôtel : il paraît que l'un des principaux fleuves du Japon, le Fouzi-gava, qui coule à 6 kilomètres au delà de Yoshiwara, est devenu infranchissable par suite des dernières pluies : nous verrons bien; à demain les affaires sérieuses.

En attendant, j'emploie le reste de ma soirée à mettre au courant mon carnet de notes et ma correspondance. Comme je n'ai ni chaise ni table à ma disposition, je suis obligé d'imiter Takayama et d'écrire ventre à terre, — si je puis dire, car je n'en vais pas plus vite pour cela.

CHAPITRE VIII

DU FOUZI-GAVA A KIOTO

15-24 septembre.

Passage du Fouzi-gava. — Le Kuno-san. — Shidzuoka. — Mon aventure à Nissaka. — Hamamatsou. — Le lac d'Hamana. — Arimatsou. — Miya. — Séjour à Nagoya. — Le golfe d'Ovari. — Yokka-itchi. — Séki. — Ishibé. — Le lac Biva. — Otsu. — Arrivée à Kioto.

Une heure après avoir quitté Yoshiwara [1], nous arrivons sur les bords du Fouzi-gava; on ne nous a pas trompés : le fleuve, en ce moment, est infranchissable. Il ne reste plus trace du pont, emporté la veille; on voit bien encore quelques barques amarrées au rivage, mais les bateliers refusent absolument de se risquer sur les eaux torrentielles qui s'écoulent avec fracas, entraînant à la surface des arbres déracinés et des débris de toute sorte.

D'après ce que j'ai dit jusqu'à présent, on pourrait croire que tout est parfait au Japon et que ce pays a été uniquement créé pour le plaisir du voyageur : on se tromperait.

---

1. Voici la note de nos dépenses d'hôtel, que je reproduis à titre de spécimen :

Tcha-daï, ou pourboire à l'arrivée. . . . 30 sen.
Dîner et déjeuner pour deux personnes . . 60 sen.
Chambre des étrangers (extra). . . . . . 50 sen.

Total : 1 yen 40 sen, soit 4 fr. 20.

Cadeau fait par le maître d'hôtel : un éventail.

Le défaut des nouveaux arrivants est de voir tout en beau ; peu à peu, il faut en rabattre. L'enthousiasme irréfléchi des premiers jours, sagement modéré par l'expérience, fait place à une manière de voir plus conforme à la réalité. Certainement le pays est charmant ; la nature y est partout fort belle ; les Japonais sont un peuple propre, doux, gai et poli. Mais... il y a beaucoup de mais. Ainsi mon guide, jeune homme instruit, très bien élevé et parlant le français comme un Parisien, ne m'apprend rien ou presque rien de son pays. Est-ce par ignorance des choses les plus vulgaires, par crainte de mes critiques, ou pour un autre motif? Toujours est-il que je ne puis obtenir de lui aucune explication précise sur tout ce que je vois.

Dans les circonstances où nous nous trouvons, un Japonais n'est jamais embarrassé. Le temps n'ayant pour lui aucune valeur, il se rendra à la maison de thé voisine, et là, tout en fumant des cigarettes, il attendra tranquillement la baisse des eaux ; tout lui servira de prétexte pour donner satisfaction à sa paresse naturelle. Il voit les choses à un point de vue si différent du nôtre, que notre impatience occidentale est pour lui un profond sujet d'étonnement.

Avant de me résigner à faire comme les Japonais, je cherche à me renseigner ; je consulte ma carte. Plus haut, à Utsubusa, le pont a-t-il été emporté? Ne pourrait-on pas passer en barque, plus bas, à un endroit moins dangereux? Impossible d'obtenir aucune réponse catégorique.

De guerre lasse, je laisse Takayama à la maison de thé du petit village, et je vais faire un tour dans les environs. Ma promenade me conduit jusqu'à l'embouchure du fleuve, à 4 ou 5 kilomètres de distance.

Là, une nombreuse population travaille à consolider un système de digues colossales, s'élevant à une dizaine de mètres au-dessus de la plaine fertile, qu'elles protègent contre les terribles caprices du Fouzi-gava. Des femmes et des enfants ramassent sur le rivage des débris de bois flotté et, pliant sous le faix, regagnent leur village, tout joyeux de cette aubaine inattendue. Ce spectacle animé m'intéresse d'autant plus, que le temps est magnifique et que le Fouzi-yama daigne se montrer dans toute sa majesté, superbe et sans voiles, environné d'une ceinture de sommets dentelés, comme un roi trônant au milieu de sa cour.

De retour au village, je retrouve mon compagnon accroupi à la même place où je l'ai laissé. Je lui demande s'il ne songe pas au dîner. Il me répond qu'il n'y a pas dans le pays d'auberge convenable, et que nous ne pourrions obtenir que des mets vulgaires; d'ailleurs, dans la maison de thé où nous sommes, toutes les chambres sont occupées, et des gens comme nous ne doivent pas manger en public. A toutes ces raisons japonaises, j'objecte simplement que j'ai faim : mais inutilement. Impatienté, je le quitte de nouveau et je trouve facilement dans une maison voisine des fruits, quelques œufs durs et du riz. Lui, imperturbable, reste à son poste : en sa qualité de fils d'ancien samouraï, d'homme de caste noble, il aime mieux se passer de dîner que déroger.

Je vais faire la sieste à l'ombre des grands arbres, près d'un temple ruiné. La chaleur est redevenue très forte, le thermomètre marque 30°. Au lieu du chant des petits oiseaux, très rares au Japon, j'entends celui d'une espèce de cigale qui imite, à s'y méprendre, leur gazouillement.

Dans la soirée, accompagné de Takayama, que j'avais enfin décidé à sortir de sa torpeur, je retourne sur le rivage pour lui montrer un caillou que j'avais placé le matin, comme point de repère à la limite des eaux, et qui s'en trouvait alors à une certaine distance. J'en concluais que, l'eau s'étant retirée du bord, le niveau avait baissé, et que peut-être on pourrait tenter le passage. Mon guide riposta aussitôt : « Vous arrivez à peine dans notre pays, vous ne pouvez donc pas le connaître. Moi, qui ai l'expérience, je vous dis que l'eau a baissé aux bords, mais qu'elle n'a pas baissé au milieu. » — Ces Japonais ont, parfois, des réponses phénoménales !

Cependant, vers six heures, il devient évident que l'eau a beaucoup diminué. Un petit officier de police arrive de Tokio, requiert une barque et passe heureusement. Cet exemple encourage les autres bateliers; nous embarquons les djinrikshas, et nous voici lancés à notre tour. La traversée du fleuve est réellement difficile et des plus émouvantes, car le courant est encore d'une violence extraordinaire, et, pour s'en rendre maître, il faut autant de force que d'habileté. Enfin nous touchons la rive opposée; il était temps, car il commençait à faire nuit.

Nous ne nous arrêtons que peu d'instants au village d'Iwabouchi, pittoresquement situé sur la rive gauche du Fouzi-gava. Nos hommes, parfaitement reposés, nous entraînent rapidement, au milieu de l'obscurité, sur une route montagneuse et difficile. Une heure après, nous étions installés à Kambara, à l'excellent hôtel Tani-ya, où l'on nous servit, avec des raisins délicieux, un souper copieux et varié. Je me rappelle que le patron vint nous rendre deux visites pendant le repas. A chaque fois, selon l'habitude japonaise, le brave homme se présentait devant nous en rampant et, la tête courbée sur les *tatami* (nattes), nous assurait que son dîner ne valait rien, qu'il n'avait pu se procurer que quatre espèces de poissons, que c'était trop peu pour des hôtes tels que nous, mais qu'à notre retour il nous traiterait beaucoup mieux.

16 *septembre*. — Départ à sept heures du matin, par un temps magnifique et une belle route, longeant le bord de la mer. Yuhi, Kurasawa, Okitzou, sont de pauvres villages de pêcheurs. A Yeziri, nous laissons le Tokaïdo à droite,

pour aller visiter les temples de Kuno-ji, où se trouvait le tombeau de Yéyas avant qu'il fût transféré à Nikko.

Un petit chemin sablé, semblable à une allée de jardin, bordé, la plupart du temps, d'un fossé plein d'eau courante et d'une double haie de bambous proprement taillés, fait le tour du mont Kuno-san. Les temples s'élèvent au sommet d'un groupe de rochers, à pic de trois côtés et dominant la mer d'une hauteur de 150 mètres.

L'ascension est fatigante. Après avoir gravi une interminable série d'escaliers en zigzag, on arrive sur une large plate-forme, bordée de précipices. Là s'élèvent quelques maisons, occupées autrefois par les prêtres bouddhistes attachés au service du mausolée. De ce point, on jouit d'un panorama justement renommé : sous nos pieds et devant nous, la mer, d'un bleu foncé ; à droite, les lointaines montagnes du promontoire d'Idzou, qui courent dans la direction du sud ; le pic le plus élevé de la chaîne est l'Amagi-san, qui se relie à gauche par une succession d'autres sommets aux montagnes d'Hakoné, à l'Ashidaka-yama et enfin au gigantesque Fouzi. Plus près, voici Kambara, que nous avons quittée ce matin, et le petit port tranquille de Shimidzou. Au premier plan, d'énormes pins, étendant leurs branches bizarrement contournées au-dessus de l'abîme, ajoutent une beauté de plus à ce merveilleux paysage.

Il faut encore gravir de nombreux escaliers pour arriver aux temples qui s'échelonnent le long des pentes de la montagne : ils sont intéressants et bien entretenus, mais, après Nikko, je ne chercherai pas à en faire la description. Au Japon, tous ces édifices sacrés se ressemblent ; l'architecte, en les construisant, ne s'écarte guère d'un type unique : ce sont toujours les mêmes toits plus ou moins ornementés, abritant des statues grimaçantes et des colosses dorés ; les mêmes colonnes laquées de noir, entourées d'une véranda peinte en rouge ; la pagode classique à cinq étages, la tour où les prêtres viennent battre le tambour, et la plate-forme où s'exécutent les *kagoura* (danses religieuses).

Au retour, je trouve la plage si séduisante que je me décide à prendre un bain de mer, à la grande stupéfaction des habitants du petit village voisin, qui, comme tous les Japonais, ne prennent jamais que des bains chauds.

La seconde partie du chemin est difficile, à cause du sable ; enfin, après avoir contourné le Kuno-san, nous rentrons dans les terres cultivées et, traversant une plaine très peuplée, nous rejoignons le Tokaïdo à l'entrée de Shidzuoka, importante cité, capitale de *ken* (préfecture) et renfermant 32 000 habitants.

Nos hommes n'ont fait que 41 kilomètres aujourd'hui, mais, en somme, ils ont eu assez de mal, car le chemin était très sablonneux ; aussi je les laisse se reposer à l'hôtel, et, prenant des kouroumas de la ville, je me rends, avec Takayama, au temple shinto de Sen-gen, que l'on dit être l'un des plus beaux du Japon ; mais il est mal entretenu, et ce que nous montre le gardien est peu intéressant. Aussi j'abrège ma visite pour aller gravir un monticule d'où l'on embrasse la vue générale de la ville aux toits gris et pressés, d'un grand château fort abandonné qui en occupe le centre, et des rizières qui l'environnent d'une verte ceinture jusqu'à la mer et au pied des montagnes.

Shidzuoka est connue pour ses fabriques de laques à bon marché, ses ouvrages de vannerie et ses délicates coupes de porcelaine, dites coquilles d'œuf, garnies de fines tresses de bambou. C'est aussi la demeure actuelle du dernier shogun, le malheureux Stotsbashi, qui, vaincu et dépossédé par la dernière révolution, y vit en simple particulier dans le château de ses ancêtres, totalement retiré du monde et de la politique.

17 *septembre*. — En sortant de Shidzuoka, le Tokaïdo traverse une plaine cultivée en rizières, puis, franchissant le

fleuve Ake-gava, s'engage dans une contrée montagneuse.

Le village de Mariko est situé à l'entrée d'une jolie vallée, d'où l'on extrait quantité de pierres destinées à l'ornement des jardins en miniature. On y élève aussi des vers à soie. Le mûrier, au Japon, n'est pas cultivé en arbre; chaque année il est recépé au niveau du sol, comme nos oseraies.

La route s'élève graduellement, sur une pente assez raide, mais cependant praticable pour les djinrikshas, jusqu'à l'entrée d'un souterrain long d'environ 200 mètres. Ce tunnel présente cette particularité d'une courbure au milieu, occasionnée sans doute par une erreur de calcul; et pourtant les Japonais en sont très fiers : depuis plusieurs jours, Takayama m'en parlait comme d'une merveille. Dans la journée, l'intérieur en est éclairé par les rayons du soleil, réfléchis au moyen de larges plateaux vernissés, disposés à chacune des entrées.

De ce point, on compte 1 ri jusqu'au village d'Okabé, dont les habitants excellent à fabriquer des plateaux, de petites boîtes et autres menus objets, avec la tige d'une sorte de fougère (*Gleichenia glauca*).

Le village suivant, Fouzi-yeda, se compose d'une seule rue de 2 kilomètres de long. Shimada vient ensuite, puis on passe le fleuve Oï-gava, qui forme la frontière entre les provinces de Sourouga et de Totomi; son lit caillouteux a plus d'un kilomètre de large, mais, en temps ordinaire, le courant n'a guère plus de 50 mètres.

Il m'arrivait souvent, lorsque la route était montagneuse, de faire un bout de chemin à pied. Takayama n'avait garde de suivre mon exemple; s'il avait marché, il se serait cru déshonoré, aussi ne quittait-il jamais sa voiture. Il faut dire que, dans ces dernières années, les ingénieurs japonais, pour éviter les pentes trop accentuées, ont opéré certaines rectifications sur le Tokaïdo. Plusieurs fois, j'avais suivi pédestrement l'ancienne route, et, lorsque nous nous retrouvions un peu plus loin, mon interprète me disait : « Vous avez eu tort; Confucius l'a écrit : l'homme sage doit suivre les sentiers battus. »

Or il arriva qu'au sortir de Kana-ya, premier village au delà de l'Oï-gava, je mis pied à terre pour suivre le vieux chemin qui escaladait une côte assez raide, tandis que mes gens continuaient à suivre la route frayée. Je n'étais pas fâché de me dégourdir les jambes, et je comptais bien arriver avant eux au sommet du col, où je supposais que les deux chemins devaient se réunir. Je me trompais : le Tokaïdo redescend dans une vallée, gravit le revers opposé; je marche toujours et n'aperçois pas trace de la nouvelle route. La chaleur est accablante, je n'ai pour chaussure que de légères pantoufles, et le chemin, qui n'est pas entretenu, est très caillouteux. Impossible de me faire comprendre aux maisons de thé où je m'arrête. Je ne crains pas de m'égarer : les poteaux du télégraphe sont toujours là; cependant je commence à trouver le temps long, car voilà plus de deux heures que je suis séparé de mes compagnons, et la nuit ne va pas tarder à venir. Qu'arrivera-t-il si elle me prend avant que je les aie rejoints? A titre de compensation, j'ai, il est vrai, une vue superbe sur un horizon infini de montagnes dont les sommets, pressés et enchevêtrés les uns dans les autres, m'apparaissent comme les vagues d'un océan; mais, dans la disposition d'esprit où je me trouve, je prête peu d'attention à ce spectacle. Cependant je hâte le pas et j'arrive enfin, après trois bonnes heures de marche, au village de Nissaka, où je deviens l'objet de la curiosité générale : un Européen seul, ne sachant pas un mot de japonais, il y avait bien de quoi étonner tous ces gens! Heureusement Takayama ne tarde pas à paraître, et je remonte aussitôt en djinriksha. Cette fois, je ne fis aucune difficulté pour reconnaître que Confucius avait raison.

De Nissaka, la route continue à descendre le long d'un frais vallon et atteint, 2 ri plus loin, Kate-gava, petite ville assez animée, où nous passons la nuit. C'est dans les environs que l'on fabrique, avec les fibres du *Pueraria Thunbergi*, une étoffe très solide qui sert à confectionner des vêtements d'une extrême légèreté ; comme cette plante croît à l'état sauvage dans les montagnes, on n'a que la peine de la récolter.

18 *septembre*. — Le Tokaïdo, redevenu plat, traverse maintenant des champs de riz. Il est bordé, comme toujours, de pins séculaires (*Pinus Massoniana*); ces arbres ne sont pas plantés à intervalles réguliers, mais groupés sans ordre de chaque côté de la voie : naturellement contournés, projetant au-dessus de la tête du voyageur leurs énormes branches horizontales, ils forment une magnifique avenue qui n'est guère interrompue que par la traversée des villages. Ceux-ci se composent ordinairement d'une rue unique, formée par la route elle-même.

Quand on a dépassé la station de Mitsuké, on remarque, dans le village de Saka-matzou, un très beau temple shinto, abrité par un massif de chênes verts. L'oratoire est garni d'intéressantes peintures, provenant d'ex-voto offerts par les pèlerins.

A Ikeda, on arrive sur les bords du Tenriou-gava, l'un des fleuves les plus considérables du Japon, navigable par bateaux depuis son embouchure jusqu'à 150 kilomètres dans l'intérieur. Le pont sur lequel on le traverse, long de 1250 mètres, a été construit récemment avec tout le soin et la précision que les Japonais apportent à travailler le bois : c'est un modèle de simplicité et de légèreté. Sur la rive opposée, le village de Machiya-mura marque la moitié de la route entre Tokio et Kioto.

Hamamatsou, où nous nous arrêtons ensuite, est une ville florissante de 12 000 âmes, chef-lieu de la province de Toutomi. Il m'y arriva un incident assez plaisant.

Pendant que l'on prépare le dîner, il me vient à l'idée de prendre un bain dans une jolie petite rivière, voisine de l'hôtel. Naturellement, beaucoup de monde se rassemble pour me voir nager. Sur ces entrefaites, tandis que je me livre au plaisir d'une pleine eau, des exclamations moqueuses parviennent à mes oreilles. Je fus d'abord fort étonné d'une pareille dérogation aux lois de la politesse, de la part de gens qui se piquent de les observer scrupuleusement. Peu après, je découvris que les *ha! ha!* répétés qui m'intriguaient si fort, provenaient simplement d'une bande de corbeaux, perchés sur les arbres du rivage. Ces oiseaux, ici, sont peu farouches, et, comme on ne leur fait aucun mal, ils ne redoutent guère le voisinage de l'homme.

Bons Japonais! je vous avais un instant calomniés! Lorsque je sortis de l'eau, c'était à qui me rendrait service; on m'offrait des serviettes pour m'essuyer, on allait me chercher des nattes pour que je pusse me rhabiller plus facilement, tout cela par obligeance et aussi probablement un peu par curiosité.

Au delà d'Hamamatsou, le Tokaïdo est interrompu par le petit lac d'Hamana, qui n'est, à proprement parler, qu'une lagune communiquant avec la mer par une ouverture large de 600 mètres. C'était autrefois un véritable lac, mais, en 1499, un tremblement de terre a ouvert un passage aux eaux salées.

Nos voitures sont chargées dans un sampan, et nous descendons un canal long de 30 chô (3 300 mètres), qui nous conduit à Horidomé; là, nous nous embarquons sur un tout petit steamer qui fait la navette entre les deux rives, distantes d'une vingtaine de kilomètres.

Le fond est vaseux, et le lac si peu profond que, bien que notre tirant d'eau soit très faible, nous ne pouvons nous écarter de l'itinéraire jalonné par des bouées. Je me rappelle

Paysage sur le Tokaïdo.

qu'à un certain moment notre vapeur, qui s'était enlisé, ne pouvait plus ni avancer ni reculer, malgré les éructations désespérées de sa machine poussive. Un passager descendit alors tranquillement dans le lac : ayant de l'eau jusqu'à la ceinture, il se mit à pousser si bien qu'il finit par nous dégager. Et cependant mon guide, avec son exagération habituelle, prétendait que cette traversée de deux heures était excessivement dangereuse ; il m'en parlait depuis longtemps comme d'une chose fort redoutable et, prétextant une promesse faite à son père, avait refusé jusqu'au dernier moment de s'embarquer. Ce n'est que devant mon intention bien arrêtée d'éviter le long détour qu'il aurait fallu faire par terre qu'il s'était enfin résolu à tenter l'aventure.

Sur le lac, le paysage est ravissant ; je ne me lasse pas de contempler ses eaux calmes, sillonnées d'innombrables barques de pêcheurs, ses rives profondément découpées, boisées et pittoresques, animées par de nombreux villages.

Shinjo, où nous passons la nuit à l'hôtel Sounimoto-ya, est un petit village composé presque entièrement de maisons de thé, où l'on paraît mener joyeuse vie.

19 *septembre.* — Je suis assez fatigué ce matin ; le tambourin et le samicen, les chants des guéchas et des djoros qui faisaient les délices des voyageurs dans les maisons voisines, m'ont tenu éveillé pendant une grande partie de la nuit. Cependant j'ai fini par reposer, et, à six heures du matin, nous sommes de nouveau en route, ayant pris comme d'habitude notre premier déjeuner avant le jour, à la lueur douteuse du *rosokou*.

Un ri 1/2 au delà de Shin-jo, on rejoint le Tokaïdo à Foutagava. En quittant ce village, on passe au pied d'une colline, dominée par un rocher couvert de bas-reliefs et servant de piédestal à une belle statue de bronze de la déesse Kouanon, haute de 3 mètres. La route, maintenant fort large, traverse une contrée sablonneuse, boisée de maigres sapins, jusqu'à Toyohashi (anciennement Yoshida), ville qui me paraît considérable, bien qu'on ne lui donne que 8 000 habitants.

Nous prenons quelques instants de repos à une grande auberge, située sur le port formé par l'embouchure de la rivière Toyo-gava. Un service régulier de steamers met en communication Toyohashi avec Yamada, sur la côte d'Isé, et Yokka-itchi, au fond du golfe d'Ovari.

Plus loin, le Tokaïdo s'engage dans un pays peu intéressant, si on le compare au reste du Japon. Le typhon, que nous avons observé à Hakoné, a produit ici des effets terribles : quantité de pins énormes gisent sur la route, déracinés, tordus, brisés ; les toits arrachés, les chaumières renversées, aplaties tout d'une pièce par la violence de l'ouragan, ne se comptent pas. C'est un spectacle navrant. Maintes fois déjà, j'avais retrouvé sur la route les traces de la tempête du 14 ; mais ici, les vents du sud, venant de la pleine mer et ne rencontrant aucun obstacle, ont causé plus de ravages que partout ailleurs.

Dans le village d'Odzoji-mura, je trouve à acheter des coloquintes laquées et dorées, d'un curieux travail. Nous terminons cette journée de 48 kilomètres à Okazaki, ville de 13 000 âmes, la plus importante de la province de Mikava.

20 septembre. — Route insignifiante jusqu'à Chiriou, où l'on passe le Sakaï-gava, large rivière formant limite entre les provinces de Mikava et d'Ovari. Dans cette région, le coton est cultivé sur une grande échelle ; c'est le moment de la récolte : partout les bourres amoncelées sèchent devant les maisons ; à l'intérieur, des femmes nues jusqu'à la ceinture mettent en mouvement des machines tout à fait primitives, à l'aide desquelles les filaments sont séparés de la graine, puis cardés et filés.

Arimatsou, où nous arrivons bientôt, est une bourgade commerçante et bien tenue. On y voit bon nombre de grandes et belles boutiques, destinées à la vente d'étoffes de soie et de coton, fabriquées ici ou dans les environs, et connues sous le nom de *narumi shibori* : ce sont des tissus ornés de dessins bizarres, gaufrés et crêpés au moyen d'un procédé particulier, qui en réduit considérablement les dimensions.

Takayama a connu à Tokio M. Takeda, fils d'un des principaux marchands de la localité. Nous allons faire visite à son père, qui nous accueille avec force cérémonies. Après d'interminables salutations jusqu'à terre, mêlées d'interjections polies, le maître de la maison me présente son fils et son gendre, jeunes gens d'une vingtaine d'années, à la physionomie aimable et intelligente. Finalement, on nous sert un petit déjeuner, arrosé d'une bouteille de bordeaux.

Je profite de la circonstance pour acheter un *kimono* [1] à la mode du pays, et quelques mètres de ces jolis rubans crêpés qui font le principal ornement de la coiffure des Japonaises. Puis nous prenons congé de notre hôte, avec un redoublement de formalités cérémonieuses.

En vrais Japonais, toujours disposés à saisir l'occasion d'un amusement quelconque, M. Takeda fils et son beau-frère se sont tout à coup décidés à nous accompagner jusqu'à Nagoya, où nous devons passer la journée du lendemain. Je crois bien que le désir de voyager avec un individu aussi singulier que je dois l'être à leurs yeux entre pour beaucoup dans cette soudaine résolution. Du reste, ces mes-

---

1. Le *kimono* est le nom général de la longue robe que portent les Japonais des deux sexes. Les larges manches de ce vêtement forment, au-dessous des coudes, deux sacs qui remplacent les poches et sont toujours bourrés de petits cahiers de papier, dont on se sert en guise de mouchoir ou de serviettes.

sieurs paraissent fort aimables et me témoignent beaucoup de déférence, aussi j'accepte avec plaisir leur société. Avec eux, j'aurai peut-être plus d'occasions pour étudier le véritable caractère japonais qu'avec Takayama, qui, évidemment, se tient avec moi sur la réserve.

Cette partie de la province d'Ovari est très peuplée. Les villages se succèdent à de courts intervalles, avec de beaux temples. Nos djinrikis savent qu'ils se reposeront un jour entier à Nagoya : comme des chevaux qui sentent l'écurie, excités, en outre, par leurs nouveaux camarades, ils ne quittent plus le pas de course, quelles que soient les difficultés du chemin.

Nous arrivons de la sorte à Miya, où nous ne nous arrêtons que le temps nécessaire pour visiter, dans un fort beau parc, un magnifique temple shinto. De là, une rue longue de 6 kilomètres conduit à Nagoya.

A Yokohama, on m'avait recommandé, lorsque j'arriverais dans cette ville, de ne pas manquer de descendre à un petit hôtel semi-européen, portant le nom d'*Hôtel du Progrès*. C'est là que je demandai à être conduit. Par malheur, aucun de nos Japonais ne savait dans quel quartier il se trouvait, ce qui d'ailleurs n'empêchait pas nos hommes de courir à l'aventure à travers les rues, se fiant au hasard pour découvrir l'hôtel en question. Comme ce jeu aurait pu durer longtemps dans une ville de 200 000 habitants, je les fis arrêter et je priai Takayama de se renseigner auprès de quelque passant; mais je n'obtins de lui que cette réponse mémorable : « Ce que vous désirez est contraire à nos usages : il y a beaucoup de monde dans les rues ; si la personne que j'interroge ne peut me répondre, je l'exposerai à rougir de son ignorance devant le public. Toutes les fois qu'on a un renseignement à demander, les convenances exigent qu'on le fasse en secret et non devant témoins. »

Je ne sais si ce raisonnement était aussi celui de Confucius; toujours est-il que, si mes compagnons ne voulurent point s'exposer à passer eux-mêmes pour des ignorants, un des djinrikis n'eut pas le même scrupule; et, grâce aux indications qu'on lui donna, nous finîmes par découvrir l'introuvable *Hôtel du Progrès*.

Nagoya est le chef-lieu du ken d'Aïtsi, qui comprend les provinces d'Ovari et de Mikava. Elle est située à peu de distance de la mer, dans une plaine fertile, arrosée de nombreux cours d'eau. Ses rues, d'une régularité parfaite, se coupent toutes à angle droit; une grande artère, très animée, uniformément bordée de maisons de bois avec boutiques au rez-de-chaussée, grillages au premier étage et toits en saillie, la traverse de part en part. Les habitants, actifs et industrieux, s'adonnent à la fabrication des émaux cloisonnés, des éventails et des tissus de soie; les porcelaines bleues à grands ramages, dites porcelaines d'Ovari, viennent de Séto, à 24 kilomètres à l'est de Nagoya.

Rien de plus amusant qu'une promenade au hasard dans les rues de cette vaste cité, la quatrième du Japon par sa population. Les étalages bien fournis des libraires, avec leurs bouquins illustrés et leurs curieuses gravures enluminées; les marchands de photographies; les ateliers ouverts où cinq ou six jeunes gens brodent, sous la surveillance du patron, de superbes *foukousa* [1]; les magasins d'antiquités, les échoppes des marchands de bibelots divers qui envahissent la voie publique, m'arrêtaient à chaque pas. Dans cette ville peu fréquentée des Européens, on trouve encore des occasions de *bibeloter* dans d'excellentes conditions. Malheureusement, la difficulté du transport m'empêcha d'en profiter autant que je l'aurais voulu; et puis je me faisais scrupule de surcharger mes djin-

---

[1]. Pièce de soie brodée.

rikis, qui avaient déjà bien assez de peine à me traîner.

Il existe à Nagoya un quartier qui offre une certaine ressemblance avec celui d'Asaksa à Tokio; on y rencontre, disséminés sous les grands arbres, des bazars, des temples et des théâtres. J'entrai dans l'un de ces derniers pour m'y reposer.

Pendant que je flânais ainsi par la ville, mes trois amis, peu curieux de leur nature et n'ayant, comme la plupart des Japonais, aucune notion de la valeur du temps, n'avaient pas quitté l'hôtel. A mon retour, je les retrouvai accroupis à la même place où je les avais laissés, et s'offrant, avec force cérémonies, des tasses minuscules de thé et de saki.

Au dîner qui suivit, l'*Hôtel du Progrès* se montra digne de son nom; on me servit une omelette à la française et du pain, chose que je n'avais pas vue depuis dix jours. Le croirait-on? je l'accueillis sans grand enthousiasme. Ce qui me fit le plus de plaisir, ce fut de voir que j'avais une chambre séparée, avec une chaise et une table.

Le lendemain matin, je me rends à la préfecture pour demander la permission de visiter le Château. Pendant que Takayama parlemente, j'examine les bureaux, propres, bien aérés et meublés à l'européenne. Les employés travaillent assis devant de longues tables, exactement comme chez nous; la seule différence, c'est qu'au lieu de plumes ils sont armés de pinceaux.

Munis d'un permis qu'on nous a fait attendre assez longtemps, nous nous rendons au Château, qui occupe un vaste emplacement au nord de la ville. L'antique propriété des princes d'Ovari, alliés de la famille des derniers shoguns, est maintenant devenue le quartier général militaire du district. De grandes casernes, des champs de manœuvre, en occupent l'enceinte extérieure, qui reste ouverte au public; la citadelle seule est fermée. C'est pour visiter ce curieux spécimen d'une forteresse japonaise que j'ai demandé l'autorisation de la préfecture.

A la porte d'entrée, l'officier de service nous donne un soldat pour nous accompagner. Tous les militaires que nous rencontrons, gradés ou non, ont une tenue excellente. On nous fait visiter d'abord quelques salles couvertes de curieuses peintures et de magnifiques panneaux sculptés; malheureusement, comme cela arrive souvent dans les demeures princières converties en bureaux d'administration, on néglige l'entretien de ces belles choses, qui sont condamnées par cela même à disparaître à bref délai. Des tours blanches couronnent le rempart de pierre. Au centre, s'élève un superbe donjon à cinq étages, en forme de pyramide, dont le sommet est orné de deux dauphins en or, de la hauteur de 2 m. 50 et d'une valeur qui n'est pas moindre d'un million de francs [1]. Ils ont été fabriqués en 1610, époque à laquelle Yéyas fit construire le château de Nagoya, pour servir de résidence à son fils, l'ancêtre des princes d'Ovari.

De la plate-forme du cinquième étage, on a une fort belle vue sur la cité de Nagoya, qui s'étend sous nos pieds comme un véritable damier, et projette, dans plusieurs directions, de longs faubourgs à travers les jardins, les

---

1. L'un de ces dauphins a eu des aventures qui rappellent la fable des *Deux pigeons*. Envoyé à l'exposition de Vienne en 1873, il allait être rapatrié, lorsque le *Nil*, des Messageries maritimes, qui le portait, fit naufrage sur les côtes du Japon. On ne parvint à le retirer du fond de la mer qu'avec beaucoup de difficulté, et il fut enfin réintégré à côté de son compagnon, à la grande joie des habitants de Nagoya, qui l'avaient cru perdu à jamais. Maintenant, ils sont revêtus tous deux d'un solide grillage. Est-ce pour leur enlever toute velléité de courir le monde de nouveau? ou plus probablement, pour les protéger contre d'audacieux voleurs qui, tout récemment, ont essayé, dit-on, de s'en emparer?

Dans le sauvetage de la précieuse cargaison du *Nil*, on constata un fait digne de remarque : les objets anciens en laque furent repêchés absolument intacts, tandis que ceux de fabrication récente avaient tous été plus ou moins détériorés par l'eau de mer.

rizières et les champs de coton. A l'est, on distingue de lointaines montagnes; à l'ouest, les eaux bleues du golfe d'Ovari.

J'employai le reste de cette journée à visiter une demi-douzaine de temples shintoïstes ou bouddhistes. Le plus remarquable, Higashi Hon-gwan-ji, se trouve dans la partie sud de la ville. Un portail à deux étages, décoré de riches arabesques en relief, enchevêtrées de plaques de bronze, donne accès à une cour spacieuse, à l'extrémité de laquelle s'élève une énorme construction surmontée d'un toit gigantesque. A l'intérieur, une grande salle, divisée en trois compartiments, mesure 36 mètres de long sur 33 de large. Parmi une foule d'objets intéressants, groupes bizarres représentant des scènes mythologiques, sculptures de fleurs, d'oiseaux et d'animaux fabuleux, on remarque surtout une belle statue dorée de la déesse Amida.

22 septembre. — La pluie n'a pas cessé depuis la veille au soir; ce matin, elle tombe encore par torrents. Nagoya n'étant pas sur la route de Kioto, nous devons retourner à Miya pour nous y embarquer, car c'est là que le Tokaïdo s'interrompt pour recommencer de l'autre côté de la baie. C'est également à Miya que mes nouveaux amis d'Arimatsou nous quitteront pour rentrer chez eux.

La situation de cette petite ville serait fort belle, si les eaux du golfe avaient assez de profondeur. Par malheur, le delta du Kiso-gava envahit graduellement la baie d'Ovari, au grand détriment de la navigation, qui ne peut plus employer que des bâtiments d'un faible tirant d'eau.

Nous quittons tous ensemble l'*Hôtel du Progrès;* à huit heures, nous arrivons au port de Miya, et je m'embarque aussitôt, avec les djinrikis, sur une barque qui doit nous conduire à un petit steamer mouillé au large. A ce moment, je suis tout surpris de me trouver seul avec Takayama; je cherche M. Takeda et son beau-frère pour leur dire adieu :

ces messieurs sont déjà loin. En faisant cinquante pas de plus, ils m'auraient reconduit jusqu'au bateau : ils ont préféré s'éloigner sans mot dire, probablement parce qu'il pleuvait, et pourtant nous avions toujours eu d'excellents rapports pendant notre séjour à Nagoya. Froissé de ce procédé par trop cavalier, je ne pus m'empêcher de dire à mon jeune interprète ce que je pensais de la politesse tant vantée de ses compatriotes, empressée en apparence, mais parfois peu sincère.

De Miya à Yokka-itchi, la distance est de 43 kilomètres, que nous franchissons en trois heures, par une mer calme, mais sous une pluie torrentielle. Le steamer qui nous porte est plus grand que celui du lac de Yamana, et convenablement aménagé pour les passagers de première classe.

On a exécuté récemment de grands travaux au port de Yokka-itchi; il a été creusé plus profondément; une jetée a été construite : chose rare dans un pays où il existe tant de ports naturels, qu'on n'éprouve guère le besoin d'en créer d'artificiels. La ville, grâce à toutes ces améliorations et à son heureuse situation sur le seul point du golfe qui soit accessible aux navires d'un certain tonnage, a acquis une importance considérable; elle fait un grand commerce de thé, et est reliée directement à Yokohama par un service de bateaux à vapeur.

Après le repas habituel du milieu du jour, que nous prenons à l'hôtel Shirika-ya, nous nous remettons en route, malgré le mauvais temps. Il entrait dans mon plan primitif de visiter les temples d'Isé. C'est à Oïvaké, à 5 kilomètres au delà de Yokka-itchi, que se détache du Tokaïdo la route qui, suivant d'abord la côte d'Isé, contourne le promontoire de Ki-siou et aboutit à Ozaka. Pour me rendre à Yamada, où sont les principaux temples, — les plus célèbres du Japon après ceux de Nikko, — c'était une excursion de trois jours et de 130 kilomètres, aller et retour : en présence de la pluie qui redouble, je me décide à poursuivre directement ma route sur Kioto.

Maintenant le Tokaïdo quitte définitivement le bord de la mer et s'engage à travers la péninsule qui sépare le golfe d'Ovari de la mer Intérieure. On traverse une ville populeuse, Itchi-yakouski, située au milieu d'une plaine fertile, mais bouleversée par les traces navrantes du dernier typhon. Vient ensuite Kamé-yama, bourg de 5 000 habitants, construit sur le versant d'une colline, et enfin Séki, où nous nous arrêtons pour passer la nuit. Nous n'avons fait aujourd'hui que 36 kilomètres par terre; mais la journée n'en a pas moins été très fatigante pour les djin-rikis, à cause du mauvais état des chemins détrempés par la pluie battante, qui n'a pas eu un instant de relâche.

La situation de Séki, sur le Tokaïdo, au point de jonction de deux chemins qui conduisent, l'un aux temples de Nara, l'autre à ceux d'Isé, en fait le lieu du rendez-vous d'une quantité de pèlerins, venus de toutes les parties du Japon; aussi la plupart des maisons sont-elles des auberges et des lieux de plaisir. Une promenade que je fis le soir à travers un quartier brillamment éclairé par d'innombrables lanternes me permit de constater que le pèlerinage, au Japon, n'implique aucune idée d'austérité, et que les pieux voyageurs ne méprisent nullement les distractions terrestres. J'avais déjà remarqué, du reste, que c'est ordinairement dans le voisinage des sanctuaires les plus révérés que se trouve le quartier général des musiciennes et des courtisanes.

23 septembre. — Nous avons été très bien traités à l'hôtel Aïdzou-ya. Entre autres friandises, on nous a servi des sardines crues. J'avoue, à ma honte, que je n'éprouve plus aucune répugnance pour le poisson cru, quand il est bien frais : assaisonné avec la sauce nationale, le *shoyou*,

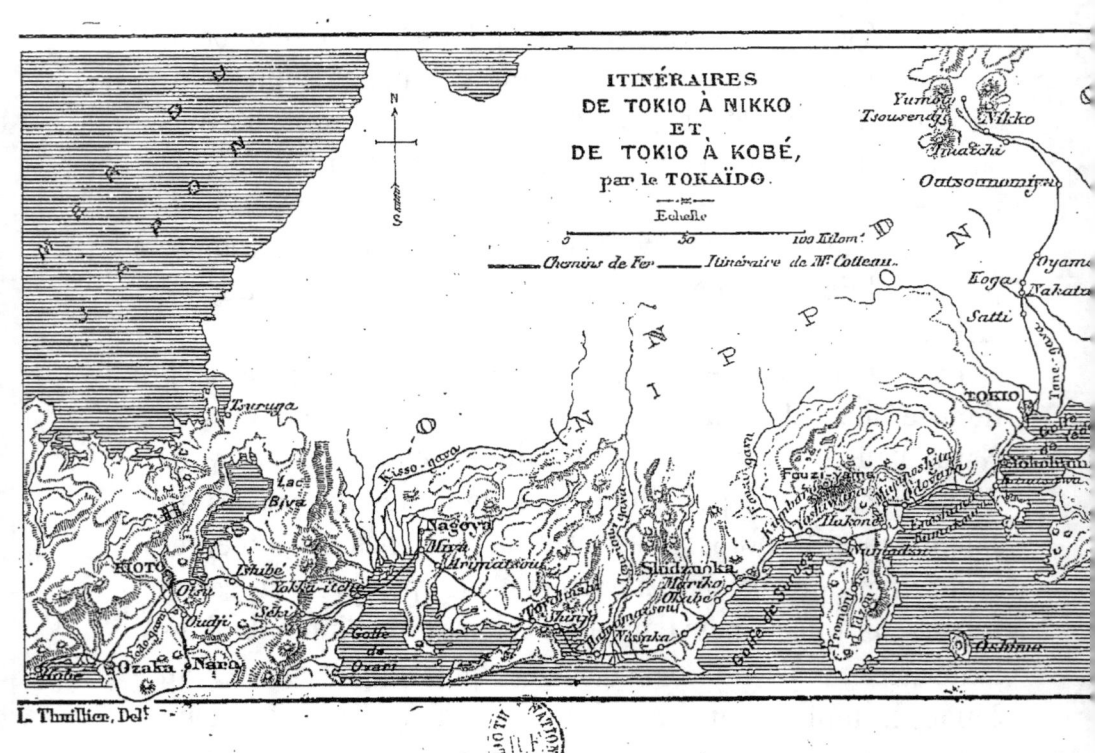

ce mets n'est nullement désagréable; en Europe, nous mangeons bien des huîtres vivantes! Voilà déjà douze jours que je suis sur le Tokaïdo et qu'il m'a fallu changer complètement mes habitudes : je ne m'en trouve pas plus mal pour cela. Ma plus grande grande privation est le manque de chaise et de table; quand je puis trouver, comme siège, une vieille caisse à pétrole, je suis heureux. Un fait digne de remarque, c'est la rapidité avec laquelle l'usage du pétrole s'est répandu jusque dans les moindres villages; pour ce produit, l'Amérique trouve au Japon un débouché considérable.

En quittant Séki, la route s'élève graduellement entre deux collines couvertes de pins et de cryptomérias. Au delà de Saka-no-shita, elle passe et repasse plusieurs fois une petite rivière, le Souzouka-gava, et devient de plus en plus pittoresque. A un certain endroit, il semble impossible d'aller plus loin; le Tokaïdo n'est plus qu'un sentier raviné par les pluies, montant en zigzag par des pentes ardues : songer à y faire passer nos voitures paraît chose insensée. C'est pourtant ce qui a lieu, grâce à un renfort de trois hommes, qui viennent fort à propos nous offrir leurs services; et, les uns tirant, les autres poussant, nos personnes et nos équipages parviennent à être hissés, sans accident, au sommet de la montagne.

Là, nous quittons la province d'Isé pour entrer dans celle d'Omi. J'ai eu la précaution d'acheter ce matin, pour quelques sen, de larges bandes de papier huilé et imperméable, dont je m'enveloppe comme d'un manteau en caoutchouc; de sorte que, malgré la pluie qui ne cesse de tomber, je puis laisser la capote baissée et jouir du paysage, qui doit être fort joli lorsque le temps est beau.

Nous redescendons ensuite au milieu d'un pays couvert de plantations de thé. Les bois de pins deviennent plus rares; les longs villages, les rizières et les champs cultivés reparaissent. Nous dînons à Minakutchi, qui possède un château fort, ancienne résidence d'un daïmio, et de beaux temples. On s'arrête enfin à Ishibé; nous devions aller plus loin, mais j'ai pitié de nos hommes, qui ont fait, depuis le matin, 11 ri (42 kilomètres), par un temps exécrable.

La coiffure des femmes, ici, est différente : ce sont les modes de Kioto qui commencent. Les hommes me paraissent plus grands et plus forts qu'à Tokio. Malgré la température assez fraîche, 21° seulement, j'en rencontre encore beaucoup se promenant tout nus, probablement à cause de la pluie qui mouillerait leurs vêtements; d'autres portent le *mino*, manteau de paille, excellent par le temps qu'il fait.

Nos djinrikis, ordinairement vêtus d'une chemisette bleue à manches courtes, l'ont supprimée depuis que la pluie tombe; ils n'ont pour tout habillement que l'indispensable *foundoshi* (le *langouti* des Hindous), roulé autour des reins et réduit à sa plus simple expression; comme coiffure, ils portent un chapeau de paille, en forme de champignon, qui leur couvre la tête sans leur serrer les tempes et est maintenu par un cordon passé sous les oreilles; enfin, ils sont chaussés de sandales en paille de riz, composées simplement d'une semelle assujettie par une paire de lacets qu'ils se passent entre le pouce et les doigts du pied, et nouent à la cheville. Tout le long de la route, on trouve à acheter de ces sandales (*waradji*), pour quelques centimes. Malgré son bon marché, ce genre de chaussures finit encore par revenir assez cher, car, pour peu que la route soit mauvaise, on est obligé de les renouveler plusieurs fois par jour.

A l'étape du soir, ces braves gens, qui ont couru toute la journée, sans prendre d'autre repos qu'une halte de dix minutes, toutes les deux heures, et l'arrêt indispensable pour le repas de midi, se plongent dans un bain d'eau très chaude. Puis ils font soigneusement leur toilette et revêtent un kimono propre qu'ils tiennent en réserve dans le petit coffre de leur voiture. C'est à peine si nous les reconnaissons alors : bien peignés, reposés, la figure souriante, nous les voyons converser tranquillement entre eux, autour du souper que leur sert une mousmé de la maison. Ils vivent, à leurs frais, au même hôtel que nous, et paraissent traités de la même manière.

24 septembre. — Ce matin, nous croisons sur la route un Européen ; c'est le premier que je rencontre depuis que j'ai quitté Miyanoshita, il y a onze jours. Je crois devoir lui adresser, en passant, un salut de politesse, mais j'en suis pour mes frais : c'est un Anglais.

La pluie a cessé ; la route est large, mais sablonneuse.

A Kusatsu, le Tokaïdo se réunit au Nakasendo [1] et se continue dans la direction du lac Biva, que nous ne tardons pas à apercevoir.

Ce lac est le plus considérable du Japon ; il mesure 60 kilomètres du nord au sud, et 20 kilomètres de l'ouest à l'est. Sa superficie est à peu près égale à celle du lac de Genève ; comme ce dernier, il est entouré de montagnes et n'a rien à lui envier au point de vue pittoresque. De tout temps, les Japonais ont célébré en vers et en prose la beauté de ses paysages ; son nom figure dans la plupart de leurs légendes ; ils en sont très fiers et prétendent qu'il est alimenté par 808 sources, ruisseaux et rivières. Ses eaux limpides et profondes nourrissent une quantité de poissons des espèces les plus variées ; c'est là seulement que l'on

---

1. Trois routes font communiquer entre elles les deux capitales du Japon : le *To-kaï-do*, littéralement « Route de la mer Orientale », d'une longueur de 132 ri 22 chô (520 kilomètres); le *Naka-sen-do*, « Route des montagnes Centrales », avec 137 ri 6 chô (539 kil.); et le *Hoku-roku-do*, « Route de la terre du Nord », beaucoup plus longue que les précédentes, avec 193 ri 27 chô (761 kil.).

trouve la salamandre gigantesque, *Salamandra maxima* de Siebold, dont un individu vivant existe au Jardin des Plantes, à Paris.

Le nom du lac Biva, « guitare, » lui vient de sa forme d'abord elliptique, puis se rétrécissant brusquement de manière à figurer le manche de l'instrument. On le nomme aussi Omi, « mer d'eau douce. »

Le chemin que nous suivons est interrompu à diverses reprises par des aqueducs naturels, s'élevant à une hauteur de 3 à 4 mètres au-dessus de la plaine. Ce phénomène s'explique facilement. Le terrain est sablonneux, et les ruisseaux, charriant des matières en suspension, ont formé à la longue deux bourrelets; en même temps, le fond du lit s'exhaussait, de sorte que le petit cours d'eau a fini par dominer les terres environnantes. La prudence m'oblige à descendre au passage de ces levées : les ponts jetés par dessus sont tellement étroits, que la moindre déviation ferait culbuter ma voiture.

Maintenant nous contournons la rive méridionale du lac. La pluie a enfin cessé, et je puis admirer à mon aise la beauté de la nature dans ces lieux enchanteurs.

A Séta, on passe, sur deux ponts réunis par un îlot, la belle et large rivière Yodo-gava, qui sert de déversoir aux eaux limpides du Biva. Une magnifique avenue de pins conduit à Zézé, village considérable, qu'une suite non interrompue de maisons réunit à la ville d'Otzu.

Voici la gare du chemin de fer : c'est le terminus de la plus longue voie ferrée du Japon. Son développement est de 130 kilomètres; elle part de Kobé et, par Ozaka et Kioto, réunit la mer au lac Biva. Nous passons devant la station sans nous y arrêter, et continuons notre course à travers des rues populeuses, jusqu'à un restaurant où le hasard me fait rencontrer un officier japonais qui m'adresse la parole en bon français. Je l'invite à partager notre repas :

il accepte sans façon, et nous nous quittons, une heure après, fort bons amis.

Je vais ensuite visiter, au nord de la ville, les temples de Mydéra, bâtis sur les flancs d'une colline, au milieu d'un parc accidenté et planté d'arbres gigantesques. Là, on a érigé un obélisque en granit à la mémoire de 179 soldats, originaires de la province, tués lors de la rébellion de Satzouma, en 1877. De ce point, on jouit d'un superbe panorama.

Une autre promenade intéressante, aux environs d'Otsu, est celle de Karasaki, où l'on se rend pour admirer un pin colossal, qui projette horizontalement au-dessus du lac d'énormes branches soutenues par des étais. Cet arbre, vraiment extraordinaire, est célèbre dans tout le pays; il passe pour être contemporain de Jimmu-Tenno, premier empereur du Japon, qui mourut l'an 585 avant l'ère chrétienne.

Otsu, ancienne capitale des mikados au deuxième siècle, est maintenant une ville de commerce, peuplée de 18 000 habitants et chef-lieu du ken de Sigar. Par son chemin de fer et ses bateaux à vapeur, elle a conquis le monopole du trafic du Biva. Si, comme il en est question, l'extrémité nord du lac est reliée, par une voie ferrée, au port de Tsuruga sur la mer du Japon, son importance ne fera que s'accroître; enfin, sa situation en fait le point de départ obligé de la grande ligne qui tôt ou tard réunira les deux capitales du Japon, Tokio et Kioto.

Au sortir d'Otsu, le Tokaïdo s'engage au milieu de montagnes couvertes de pins. C'est maintenant une large route, bien entretenue, et ne le cédant en rien à nos voies européennes.

A un certain moment, nous rencontrons une quantité de vieilles femmes, en costume de voyage et marchant par petites troupes, leur léger bagage sur l'épaule. Elles reviennent de Kioto, où elles sont allées en pèlerinage dans je ne sais plus quel temple, consacré spécialement aux femmes âgées. Lorsque les bonnes dames s'aperçoivent que la vieillesse arrive à grands pas, elles entreprennent, de fort loin quelquefois, ce voyage, qui devra racheter leurs fautes passées ; et, désormais en règle avec leur conscience, elles retournent tranquillement mourir dans leur pays natal.

Le chemin longe pendant quelque temps la voie ferrée, qui finit par s'engouffrer sous un tunnel. Après avoir dépassé le village important d'Oïvaké, on gravit une dernière colline, puis redescendant graduellement à travers le faubourg d'Avata, habité par de nombreuses familles de potiers, on arrive enfin à Kioto, par le pont de Sanjo.

CHAPITRE IX

DE KIOTO A KOBÉ

25-28 septembre.

Kioto. — Temples, théâtres et restaurants. — Oudji. — Nara. — Le grand Daïboutz. — Dernière étape en djinriksha. — Arrivée à Ozaka et Kobé.

Si l'on jette un coup d'œil sur le plan de Kioto, on croit reconnaître quelqu'une de ces vastes cités américaines, dont toutes les rues se coupent à angle droit, formant une infinité de carrés ou blocs de maisons, d'égale dimension. Pourtant cette ville n'est pas d'origine récente : fondée en 782 par Kouammou-Tenno, cinquantième empereur du Japon, elle resta, pendant onze siècles, la résidence des mikados. Depuis 1868, elle a été découronnée au profit de Tokio. Le nombre de ses habitants a considérablement diminué; il était autrefois d'un demi-million; aujourd'hui, on n'en compte plus guère que 250 000, et 300 000 au plus avec les faubourgs.

Tokio l'emporte maintenant par son activité industrielle, mais Kioto a conservé, mieux que partout ailleurs, les anciennes traditions de l'art. Ses porcelaines, ses tissus de soie et d'or, ses émaux et ses bronzes, sont justement renommés; c'est là que se trouvent les meilleurs ouvriers du Japon.

Kioto, que l'on appelle aussi Miako, « la Résidence », est située dans une plaine fertile, environnée de montagnes, très rapprochées du côté de l'est. Au pied de cette barrière naturelle qui la sépare du lac Biva coule du nord au sud le Kamo-gava, petite rivière cherchant sa route à travers un lit de galets, plus large que celui de la Seine à Paris. Soit dans la ville même, soit aux environs, on compte une infinité de temples bouddhistes ou shintoïstes; les plus remarquables se trouvent dans les quartiers du sud, et aussi à l'est, sur les pentes les plus rapprochées des collines.

Au premier abord, Kioto n'a rien de bien séduisant. La régularité parfaite de ses rues, propres il est vrai, mais peu animées et bordées de maisons basses, uniformément protégées à l'extérieur par des barreaux de bois, lui donne un aspect des plus monotones. Cependant cette première impression dure peu : Kioto, l'Athènes du Japon, renferme d'innombrables magnificences et ne tarde pas à exercer un charme puissant sur l'étranger qui la visite.

A notre arrivée, Takayama ne veut pas entendre parler d'hôtel. Il me conduit chez son beau-frère, M. Kitagava, qui habite avec sa famille une petite maison dans le quartier d'Agarou, au nord de la ville, non loin de l'ancien palais des mikados. Il paraît que nous sommes attendus et que l'on tient à me donner l'hospitalité. Je me laisse faire, — charmé de l'occasion qui se présente d'étudier de près un intérieur purement japonais.

J'assiste à la première entrevue de mon jeune compagnon avec les divers membres de sa famille, qu'il n'a pas vus depuis six ans : d'abord sa sœur, jeune femme de vingt ans, aux sourcils rasés, aux dents laquées de noir, selon la coutume des femmes mariées; son beau-frère, grand jeune homme à la figure ouverte; puis son oncle, sa tante, et enfin sa vieille grand'mère, bonne femme aux cheveux blancs, bien près de ses quatre-vingts ans, et qui pleure de joie en se prosternant devant son petit-fils. Car tout se passe exactement comme lors de la séparation dont j'ai été témoin entre le père et le fils, à Miyanoshita : mêmes salutations jusqu'à terre, mêmes paroles banales et cérémonieuses, indéfiniment répétées, sans un serrement de mains, sans un embrassement. Ce n'est que plus tard, pendant la collation qui nous fut offerte, que la conversation me parut s'établir avec plus d'intimité.

Mon hôte est banquier et aussi prêteur sur gages, deux professions qui, au Japon, sont souvent exercées par la même personne. Sa maison est petite, mais très propre ; de l'autre côté d'une petite cour, disposée en jardin avec paysages en miniature, se trouve un grand magasin blindé, couvert de terre et à l'épreuve de l'incendie : c'est là que sont renfermés les objets précieux appartenant au maître de la maison, et ceux qui lui ont été confiés par ses clients. On me fit passer en revue de fort belles choses, qu'on allait y chercher et que l'on reportait aussitôt. Je pus examiner ainsi de charmants *netzké*, sortes de boutons d'ivoire, de bois ou de métal, qui s'introduisent dans la ceinture pour la rétrécir ; des *makimono*, rouleaux de dessins ; des *kakemono*, stores ; des *inro*, boîtes de pharmacie ; des *kadzouka*, manches de couteaux ; des *foukousa*, carrés de soie brodée ; des bronzes, de vieilles laques d'or, etc. C'est l'usage, lorsque l'on reçoit un personnage de distinction, de faire ainsi défiler sous ses yeux les objets d'art que l'on possède. Cette exhibition remplace, au Japon, le luxe de nos ameublements de salon. Chez M. Kitagava, comme partout au Japon, le mobilier était réduit à sa plus simple expression : sur une étagère basse, un vase destiné à recevoir quelques fleurs ; une table et trois chaises : voilà tout, et je crois bien que l'on s'était procuré ces derniers meubles à mon intention.

Assurément, j'étais le premier Européen reçu dans cette famille ; de la part de chacun de ses membres, j'étais l'objet d'une curiosité sympathique et respectueuse. La bonne vieille grand'mère surtout ne cessait de me sourire, ce qui est la suprême politesse des Japonais, et semblait partager son admiration entre son petit-fils et moi.

Après le dîner, qui nous fut servi par la jeune femme, et auquel prirent part seulement les hommes, l'oncle de Takayama, qui me paraît avoir une autorité prépondérante dans la maison, veut me faire lui-même les honneurs de Kioto. Nous partons pour le quartier des théâtres, brillamment illuminé, et dont les rues sont sillonnées par une foule joyeuse et animée. Nous entrons au théâtre des femmes : tous les rôles, même ceux d'hommes, sont remplis par des femmes fort bien grimées; seulement elles ne parlent jamais : elles font les gestes avec une grande précision, ainsi que les jeux de physionomie, tandis qu'un homme, placé dans une loge de côté, récite, en variant les intonations de sa voix, le rôle de tous les acteurs. C'est toujours le même personnage qui continue à déclamer jusqu'à la fin de la pièce; il se démène comme un diable, et je ne sais comment il peut résister à une pareille fatigue.

La pièce est très dramatique : un fils, croyant venger son père, a tué sa mère par erreur. L'agonie interminable de la victime est représentée avec un réalisme effrayant. Ce peuple si policé, si doux en apparence, semble se complaire à la vue de scènes atroces; on ne fait grâce au public d'aucun détail; ce qui, sur une scène française, exciterait l'horreur universelle, est ici souligné et accompli lentement, avec une cruauté incroyable; le tout entremêlé, sans rime ni raison, d'épisodes comiques.

Comme je l'ai déjà dit, il n'y a pas de réjouissance japonaise sans musiciennes et danseuses. L'oncle a tenu à bien faire les choses. Après le spectacle, il nous a menés chez un courtier où l'on nous a servi à souper, tandis qu'une demi-douzaine de guéchas et de chanteuses exécutaient à notre intention leurs danses les plus gracieuses, avec l'accompagnement obligé du samicen, du *koto* [1] et du tambourin. C'est à Kioto que se trouvent les artistes les plus renommées en ce genre ; elles sont célèbres dans tout le Japon pour leur talent et leur beauté, et, de fait, elles m'ont paru bien supérieures à celles que j'avais eu l'occasion de voir à Nagasaki.

Le lendemain, nous allons demander à la préfecture (*Foutchô*), ancien château de Nijo, la permission nécessaire pour visiter le palais du mikado. Malheureusement, c'est aujourd'hui dimanche ; les Japonais, dans leur manie d'imitation, observent, avec toute la rigueur anglaise, le repos dominical : aucun employé n'étant à son bureau, je dois renoncer à la visite projetée.

Pour me consoler de cet échec, j'entreprends une tournée générale des temples ; le nombre en est si considérable, que je me bornerai à citer les principaux :

Dans la partie méridionale de la ville, les deux grands monastères de Nishi Hon-gwan-ji et de Higashi Hon-gwan-ji, le temple de Honkokudji et celui de To-ji, avec sa pagode à cinq étages, haute de 53 mètres, non compris la flèche de bronze qui la surmonte.

Dans les faubourgs de l'est : San-giu-san-gen Dô, immense galerie renfermant un Bouddha colossal et 1000 statues dorées du même dieu, toutes de grandeur naturelle et placées sur dix rangs de gradins. — Le monastère de Kennin-ji, avec ses grands et beaux jardins contenant les habitations des moines bouddhistes. — Le temple de Ghion, célèbre par son antiquité, et sa pagode entièrement peinte en rouge. — Maruyama, avec ses restaurants et ses élégantes maisons de thé. — Chi-on-In, grand et splendide édifice, fondé en 1211, mais détruit plusieurs fois par l'incendie et toujours reconstruit sur le même plan. On y re-

---

1. Sorte de harpe horizontale.

marque une énorme cloche du poids de 74 tonnes, fondue en 1633. Le *hon-dô* (salle principale) est la plus vaste construction de ce genre, à Kioto ; elle mesure 50 mètres de long, sur 42 de large et 28 m. 50 de hauteur. — Nan-zen-ji, avec ses beaux jardins et ses érables séculaires. — Kurodani, son cimetière peuplé de statues, et sa pagode d'où l'on domine toute la cité. — Shin-nio-dô, et ses admirables sculptures sur bois. — Yoshida, avec sa chapelle octogonale, peinte en blanc et en vermillon. — Gin-kaku-dgi, « le pavillon d'argent », le plus ancien des temples de Kioto.

Voilà une énumération bien longue ; elle est loin cependant d'être complète, car le temps m'a manqué pour aller visiter les temples situés au nord et à l'ouest de la ville ; toutefois, je crois avoir vu les plus remarquables.

Cette journée si bien remplie se termina d'une façon non moins intéressante pour moi. Voulant rendre à mon hôte la politesse que j'avais reçue de lui la veille, je l'avais invité à venir dîner au restaurant, avec toute sa famille, puis à passer le reste de la soirée au grand théâtre.

A six heures, nous partons tous en djinriksha ; nous sommes sept personnes, car la grand'mère aussi a voulu être de la fête. J'ai dit à Takayama que j'entendais être bien traité, mais absolument à la japonaise, comme, du reste, nous l'avions fait tout le long de la route.

Nous entrons au restaurant Minochiti, l'un des plus renommés de Kioto, et l'on nous donne une grande chambre, avec balcon sur la rivière. Une servante croit devoir m'apporter une chaise, mais à peine suis-je assis qu'elle s'effondre sous mon poids. Les Japonais, qui cependant travaillent le bois avec tant d'habileté, réussissent fort mal lorsqu'ils veulent confectionner des meubles européens. Peu désireux de renouveler l'expérience, je prends place sur les nattes, à côté de mes convives. Déjà quelque peu familiarisé avec le cérémonial japonais, je m'efforce de répondre aux politesses qui me sont faites. Je commence par offrir le saki à chacun de mes invités, et comme, à chaque fois, ils me rendent leur tasse pleine et que je dois la boire avant de la passer à un autre, je me trouve avoir vidé six tasses avant de commencer le repas; heureusement elles sont fort petites!

Voici, par ordre, le menu qui nous fut servi : confitures et fruits, *taï* sur le gril, omelette à l'anguille, carpe en matelote (*améni*), soupe aux herbes aquatiques, lotus aux anguilles (*amo*), poisson cru, petits oiseaux rôtis (*tsoumoughi*), radis, cornichons, riz et saki.

Nous allons ensuite au théâtre (*dojo*). Il est huit heures; la première pièce est commencée depuis longtemps : nous arrivons juste à temps pour voir l'assassinat de la fin. La deuxième, à laquelle je n'ai rien compris, représentait, à ce qu'il paraît, les amours d'un rossignol et d'une fleur de prunier. Quant à la troisième et dernière pièce, elle avait trait aux aventures d'un *gotobé* ou buveur de saki. L'acteur chargé du rôle principal était assurément un artiste de grand talent. Il a épuisé le sujet en simulant les gradations successives de l'ivresse, ses divers caractères, et toutes les scènes possibles auxquelles elle peut donner lieu; deux heures consécutives il est resté en scène, se livrant à toutes les contorsions imaginables et aux jeux de physionomie les plus extravagants, sans que ni lui ni le public parussent fatigués. Je commence à comprendre le théâtre japonais, tant méprisé des Européens, mais si populaire ici. Assurément il est bien supérieur à ce que j'ai pu voir autrefois du théâtre chinois, en Californie et au Pérou.

A minuit et demi, le spectacle est terminé. La bonne grand'mère, qui n'a perdu ni une bouchée au restaurant ni une grimace au théâtre, remonte gaillardement en djinriksha; et, par une nuit étoilée qui me promet un beau temps pour demain, nous regagnons la maison de mon hôte, au trot alerte de nos kouroumas, à travers les rues désertes et mal éclairées de la grande ville [1].

26 septembre. — A huit heures, je fais mes adieux aux braves gens qui m'ont reçu si cordialement. On m'a comblé de petits cadeaux; de mon côté, j'ai offert aux dames quelques-uns de ces jolis rubans de soie crêpée, que j'ai rapportés d'Arimatsou. Je m'incline une dernière fois devant la grand'mère et toute la famille, réunie au seuil de la porte pour me voir partir; nous échangeons des *sayonara* affectueux.

A ce moment, Takayama me confie que son beau-frère sollicite la faveur de nous accompagner un bout de chemin, pour me faire voir quelques temples que je n'ai pu visiter la veille; j'y consens très volontiers. Je quitte, non sans regret, cette intéressante cité de Kioto, que j'espère du reste revoir dans quelques jours, car le bateau pour la Chine ne partant de Kobé que le 2 octobre, je pense bien avoir le temps de revenir ici par le chemin de fer.

Je pourrais, si je le voulais, arriver au terme de mon voyage en quatre heures; mais, par l'itinéraire que je me suis fixé, j'aurai encore deux longues journées en djin-riksha pour me rendre seulement à Ozaka : c'est que je tiens à visiter Nara et ses temples célèbres. Le chemin direct qui y conduit est de 48 kilomètres; mais, avec un détour d'une douzaine de kilomètres, je pourrai voir divers points intéressants et la petite ville d'Oudji, située sur la rivière qui sort du lac Biva.

---

1. Si l'on veut savoir ce que m'a coûté cette petite fête, voici la note exacte de mes déboursés :

Dépenses au restaurant	8 yen 50 sen.
Places au théâtre, rafraîchissements, etc..	4 yen 70 sen.
Total (7 personnes). . . .	13 yen 20 sen.

Soit environ 40 francs, au cours actuel du yen papier.
On voit que l'on peut encore se divertir à Kioto, à bon marché.

Après avoir traversé le pont de Sanjo, la route, se dirigeant droit au sud, passe devant plusieurs temples que j'ai visités hier; sur une longueur de plus de deux lieues, jusqu'au bourg de Fousimi, elle est bordée de maisons habitées en grande partie par des fabricants de poterie et de porcelaine commune.

Fousimi, peuplée de 23 000 habitants et que l'on peut considérer comme un faubourg de Kioto, en est le port principal sur le Yodo-gava. Des bateaux à vapeur font un service régulier entre cette ville et Ozaka. C'est dans ses environs que fut livrée, en 1868, la bataille décisive qui mit fin au pouvoir des shoguns.

Nous quittons à cet endroit la grande route pour prendre le chemin d'Oudji, qui serpente sur le flanc d'une colline couverte de plantations de thé, dont les produits passent pour être d'une qualité supérieure [1].

On redescend ensuite dans la vallée de l'Oudji-gava. En passant, nous visitons un fort beau temple nommé Obakousan, dont les piliers massifs, au nombre de quarante, sont en bois provenant de la Chine.

A Oudji, nous déjeunons dans une gentille yado-ya. La véranda de la chambre des étrangers est suspendue au-

---

[1]. La culture du thé est une des plus importantes et des plus lucratives de toutes les industries japonaises. On ne fabrique au Japon que des thés verts, très parfumés, mais un peu âpres au goût. L'usage n'en est pas répandu en Europe; les Américains, au contraire, leur donnent la préférence sur les thés chinois.

La production, en 1878, a été de 35 millions de kilogrammes. Le commerce d'exportation s'accroit d'une façon étonnante : la quantité exportée, en 1880, est évaluée à 17 250 000 kilog.

La superficie des champs de thé augmente rapidement et augmentera encore, tant qu'il y aura des demandes de l'étranger. Les meilleurs thés viennent sur les versants des collines abritées du vent de la mer, qui sèche les feuilles et leur donne une mauvaise saveur.

Le thé commence à paraître sur le marché vers le milieu du mois de mai. Les qualités supérieures atteignent des prix très élevés, de 6 à 8 yen (18 à 24 francs) la livre anglaise (453 grammes).

dessus des eaux limpides du large fleuve, qui s'écoulent avec rapidité.

Non loin de la ville est l'ancien temple de Bio-do-In, dont certaines parties fort curieuses remontent au onzième siècle, mais, sauf un bâtiment converti en école, il est abandonné : une eau verdâtre croupit dans les étangs sacrés, et tout le reste est dans un état de délabrement qui fait peine à voir.

M. Kitagava ne parle plus de retourner à Kioto. Par l'intermédiaire de son beau-frère, je lui fais observer que, puisqu'il nous a accompagnés jusqu'à Oudji, il peut bien aller jusqu'à Nara; et, de fait, il se décide aussitôt à continuer la route avec nous. On voit que les négociants japonais, voire les banquiers, ne se préoccupent pas outre mesure de leurs affaires, lorsqu'il s'agit de leurs plaisirs.

A Nagaïké, nous rejoignons la grande route qui, pendant plusieurs ri, longe une haute digue à travers une plaine bien cultivée, mais sans intérêt; puis elle redevient montagneuse.

Sur ces entrefaites, la nuit arrive, et c'est à neuf heures seulement que, au milieu de l'obscurité la plus complète et par d'abominables chemins de traverse, souvent barrés par des arbres énormes que le dernier typhon a déracinés, nous nous arrêtons enfin devant l'hôtel Mounashino, sur les premières pentes de la colline sacrée, hors de la ville de Nara. Plusieurs fois, à la vue des sentiers que nous suivions, je me suis cru égaré, d'autant plus que les réponses ambiguës de Takayama étaient loin d'éclaircir la situation; et je crois bien que nous avons dû faire une bonne lieue de plus, toujours par suite de l'amour-propre excessif des Japonais, qui, dans la crainte de passer pour des ignorants, ne veulent demander aucun renseignement aux gens du pays. Quoi qu'il en soit, nos hommes ont fait aujourd'hui au moins 60 kilomètres, dont la moitié dans de mauvais chemins.

L'hôtel où nous sommes logés reçoit quelquefois la visite de touristes européens; nous y trouvons des chambres séparées, des chaises et des tables, et enfin, ce dont j'avais grand besoin, un dîner plus réconfortant que d'habitude.

Nara a été la capitale du Japon sous sept empereurs, de 709 à 784, époque à laquelle le siège du gouvernement fut transporté dans la province de Yamashiro. La ville, aujourd'hui réduite à 21 000 habitants et simple chef-lieu du ken de Yamato, couvre à peine le dixième de la surface qu'elle occupait autrefois. Mais si Nara est tombée au rang d'une petite ville de province, si ses anciens palais n'existent plus, tous ses temples cependant n'ont pas été détruits; il lui en reste encore assez pour perpétuer sa gloire. Bien que tant soit peu blasé par les merveilles de Kioto, j'ai consacré toute une matinée à la visite de ses principales curiosités, qu'un long chapitre ne suffirait pas à décrire.

« Que dire de Nara! — s'écrie, dans son enthousiasme, un voyageur qui l'a récemment visitée. — Bien à plaindre sont ceux qui n'ont pas visité cette capitale du huitième siècle. Là, des collines enchanteresses dominent la vallée la plus pittoresque du monde et enserrent des ravins, où des mélèzes au sombre feuillage et des camélias aux vives couleurs ombragent les tombeaux et les temples des shoguns et des mikados. Les avenues qui leur servent de péristyles, bordées de milliers de lanternes de pierre, impressionnent l'âme aussi sérieusement que l'Escurial de Madrid, tandis que, quelques pas plus loin, de charmants cerfs se promènent en toute liberté dans ces bois sacrés et vous ramènent à la bonne humeur, dont il est impossible de s'éloigner longtemps dans l'empire du Soleil levant [1]. »

1. Jacques Siegfried, *En voyage*. — *La nouvelle revue*, 15 août 1882.

Le Todaïji mérite une mention particulière. Il contient une statue de Bouddha colossale, en bronze, plus gigantesque encore que celle de Kamakoura; elle a 16 m. 50 de hauteur et 82 mètres de circonférence. Le dieu est représenté assis sur une énorme fleur de lotus à double rang de pétales, également en bronze, les jambes croisées sous lui, la main droite levée à la hauteur de l'épaule, la gauche reposant sur le genou, la paume tournée en haut. Çà et là, on remarque des traces de dorure qui laissent supposer qu'autrefois le colosse était entièrement recouvert d'une couche du précieux métal. Il date de 749; la tête, détruite par un incendie et refaite à la fin du seizième siècle, est d'un moins bon style que le reste. D'autres statues plus modernes l'environnent, divinités secondaires et gardiens à l'aspect féroce, armés de pied en cap; on y voit aussi des brûle-parfums et des vases de fleurs artificielles, en bronze.

Le Daïboutz de Nara cause certainement une grande impression au visiteur : on y retrouve l'expression de calme souverain et d'abstraction que comporte le type de Bouddha; mais je le trouve inférieur à celui de Kamakoura, bien qu'il ait sept pieds de plus que ce dernier. Il est vrai qu'ici le colosse est abrité sous un grand bâtiment qui l'écrase, tandis que son rival, exposé à l'air libre au milieu d'un gracieux paysage, produit un effet bien plus saisissant.

Les marchands de curiosités abondent à Nara; on peut encore s'y procurer à bon compte d'assez jolis bibelots, mais les pièces exceptionnelles sont toujours chères, au Japon comme ailleurs.

A mon passage, une exposition d'art était ouverte autour du grand Daïboutz : parmi d'admirables bronzes niellés, des cloisonnés, des porcelaines et des laques de la plus haute antiquité, quel n'a pas été mon étonnement de voir une collection de timbres-poste!

Un peu avant midi, je quitte l'hôtel, où nous laissons M. Kitagava se disposant à retourner à Kioto. Me voici en route, avec Takayama, pour notre dernière étape en djinriksha. Il nous reste encore 52 kilomètres pour atteindre Ozaka ; nous n'avons donc pas de temps à perdre.

Cependant je fais une courte halte au pied de la colline, pour visiter un petit temple octogonal, orné de peintures curieuses, et construit sur un monticule d'où l'on embrasse une belle vue sur Nara et sa riche campagne. Près de là se trouvent une antique pagode à cinq étages, et un pin gigantesque, dans le genre de celui de Karasaki. Je ne mesure pas moins de 25 pas, du pied de l'arbre à l'extrémité de l'une de ses énormes branches horizontales, soutenues par une infinité d'étais.

Nous traversons, sans nous y arrêter, les rues animées de la jolie ville de Nara, et nous retrouvons bientôt la campagne. Aux collines de la veille, couvertes de buissons de thé plantés en échiquier, succède aujourd'hui une immense plaine. Le riz et le coton en sont les cultures dominantes ; on y voit aussi des bosquets de bambous, des champs de navets, de millet, de patates et de haricots. A chaque pas, on rencontre des travailleurs, traînant eux-mêmes de petites charrettes, ou bien pliant sous le poids de lourds fardeaux suspendus aux extrémités d'un long bambou, qu'ils tiennent en équilibre sur leurs épaules ; d'autres plus fortunés se servent, pour transporter leurs récoltes, de petits chevaux de bât dont le sabot, au lieu d'être ferré, est garni d'une espèce de chaussure de paille qui, dans les chemins pierreux, doit être renouvelée deux fois par jour.

Le bétail est très peu nombreux au Japon, et presque tout le travail des champs se fait à l'aide de bêches et de pioches, comme notre culture maraîchère. Les engrais [1] sont

---

[1] Le plus souvent, on se sert d'engrais humains et de déchets de

délayés et soigneusement versés au pied de chaque plante. Le riz est d'excellente qualité et d'un fort bon rapport pour les agriculteurs : il donne en moyenne le centuple de la semaille ; son prix a décuplé depuis l'ouverture des ports.

Le temps est superbe ; nos djinrikis font allègrement leurs dix kilomètres à l'heure, sur une belle route bien entretenue. Au delà de Koriyama, ville de 15 000 habitants, nous prenons à peine le temps de visiter Ho-riu-ji, l'un des sept grands monastères des environs de Nara. Il est cependant très ancien et d'un grand intérêt, mais ma curiosité est émoussée : quelle que soit leur magnificence, tous ces grands monuments de bois finissent par devenir monotones.

Parfois je rencontrais des hommes à peu près nus, courant sur la route, et chargés d'un léger paquet suspendu à un bâton. Je savais que ces gens étaient les facteurs de la poste. Or je me rappelle que ce jour-là, ayant remarqué l'un d'eux qui courait avec une rapidité vraiment extraordinaire, j'eus avec Takayama la conversation suivante :
« En voilà un qui ne pourra pas aller bien loin de la sorte.
— Je vous demande pardon, monsieur, il ira jusqu'à Tokio.
— Je ne crois pas, mon ami ; cet homme va jusqu'au village prochain, où il remettra ses dépêches à un collègue.
— Vous vous trompez, monsieur ; il courra ainsi jusqu'à Tokio. — Sans boire ni manger ? — Oui, monsieur. » Puis il ajouta en se rengorgeant : « Vous ne savez pas de quoi les Japonais sont capables. » Or nous étions en ce moment à 600 kilomètres de Tokio.

Je cite cet incident, entre mille, pour donner une idée du degré de confiance que je pouvais accorder aux assertions de mon guide. Si j'avais noté toutes les réponses qu'il me

poissons. Sur les côtes de l'île d'Yéso, le poisson est si abondant qu'on expédie dans les autres provinces des cargaisons de poissons pourris, pour fumer les terres.

Coureur de la poste.

fit pendant la quinzaine que je passai avec lui, je pourrais écrire un volume du plus haut comique. Takayama, c'est une justice à lui rendre, était un garçon honnête, intelligent, poli et bien élevé; de plus, il parlait parfaitement le français et était l'un des meilleurs élèves en droit de M. Boissonade; ce sera probablement, un jour, un magistrat distingué, peut-être une des lumières de son pays. Mais, comme guide dans le voyage que j'avais entrepris, il était absolument insuffisant. N'ayant pas voyagé, n'ayant jamais quitté les grandes villes, il ne connaissait rien aux choses de la campagne. De plus, il n'osait demander aucun renseignement à ses compatriotes, et répondait à mes questions les plus simples d'une manière tellement ambiguë, que j'avais fini par ne plus l'interroger. Je me trouvais avec lui dans la situation d'un Japonais venu en France et qui, pour faire une tournée en province, aurait pris pour compagnon un jeune Parisien, bon élève dans un lycée quelconque de la capitale, mais n'ayant jamais franchi les fortifications. Ce dernier, assurément, serait peu capable de fournir aucun éclaircissement sur les usages de nos paysans et les cultures du sol; il commettrait à chaque instant de grosses bévues, qu'il jugerait sans importance à l'endroit d'un Asiatique. Et je suppose bien que Takayama, au fond de sa pensée, me considère, lui aussi, comme un de ces *barbares* grossiers de l'Occident, auxquels on peut faire tout accroire. J'aurais certainement agi plus sagement en prenant à ma solde un guide de profession ; avec lui, j'aurais mieux vu le pays, j'aurais pu recueillir, sur les mœurs et coutumes des gens du peuple, bien des détails intéressants qui m'ont forcément échappé, et je n'aurais pas dépensé davantage. Dans tous les ports ouverts aux Européens, on trouve des interprètes disposés à vous accompagner dans l'intérieur pour un salaire modéré.

Après le village de Tatta, la route suit pendant longtemps

les bords très pittoresques du Yamato-gava, qu'elle finit par traverser pour s'élever quelque peu et redescendre ensuite dans une large vallée. Ce pays est superbe; je n'ai jamais vu plaine mieux arrosée, ni cultivée avec plus de soin. Des montagnes bleues bordent partout l'horizon.

Nous traversons Hirano, village curieusement fortifié. Sous les derniers rayons du soleil couchant apparaît vers le sud la grande pagode de Tennoji, qui nous annonce les approches d'Ozaka. Bientôt nous nous engageons dans les faubourgs de la grande ville. Nos hommes redoublent de vitesse, mais, comme ils ont la manie de ne jamais vouloir demander leur chemin, ils courent comme des fous, s'égarent complètement et finissent par me ramener en rase campagne. Cependant je sais que le plan d'Ozaka est d'une extrême simplicité; ses rues sont presque aussi régulièrement tracées que celles de Kioto, et, comme l'hôtellerie que nous cherchons est sur le port, il s'agit tout bonnement de descendre, droit devant nous, l'une des nombreuses avenues rectilignes qui toutes vont aboutir aux quais du Yodo-gava. J'en avais fait l'observation à Takayama; mais un Japonais trouve toujours moyen de compliquer les choses les plus simples, et ce n'est qu'après deux heures de courses insensées, dans toutes les directions, que nous parvenons à découvrir l'hôtel Kamimassa, où, pour la dernière fois, je devais vivre à la japonaise.

Mon voyage en djinriksha était terminé; il avait duré dix-sept jours, du 11 au 27 septembre. Pendant tout ce temps, nos hommes n'avaient eu que deux jours de repos, un à Nagoya, l'autre à Kioto. Ils avaient accompli, en ne comptant que le chemin effectué par terre, un trajet total de 614 kilomètres depuis Tokio jusqu'à Ozaka, ce qui donne une moyenne de 39 kilomètres par jour.

D'autres voyageurs ont obtenu des résultats beaucoup plus élevés. En 1880, un touriste italien, auteur d'une excellente relation de voyage au Japon [1], a parcouru 293 kilomètres sur le Tokaïdo, en six jours, soit 49 kilomètres par jour, avec les mêmes hommes tirant au trot une petite voiture chargée d'un homme et d'une valise; et, après avoir constaté ce fait, il ajoute : « C'est un résultat non seulement extraordinaire, mais phénoménal, auquel j'ajouterais difficilement foi, si je n'en avais fait l'expérience par moi-même. »

Le voyage que je venais d'exécuter aurait pu s'accomplir encore avec beaucoup plus de rapidité si, au lieu de garder toujours les mêmes djinrikis, j'en avais changé sur la route; en ce cas, dix jours m'auraient suffi amplement.

Le lendemain, 28 septembre, je me dispose à prendre le train de huit heures du matin pour Kobé. J'espère y trouver des lettres, et aussi, je l'avoue, j'ai hâte de me reposer enfin dans un hôtel européen. Je reviendrai un autre jour, par le chemin de fer, pour visiter Ozaka.

Mes djinrikis, dont je viens de régler le compte et auxquels j'ai distribué quelques yen de plus, me conduisent à la station. *Arrigato, sayonara!* (merci, adieu!), s'écrient-ils en souriant et en se prosternant jusqu'à terre, tandis que je leur réponds de mon mieux par les mêmes paroles [2].

Takayama m'accompagne. Deux heures après, j'étais installé à l'hôtel des Colonies, petite maison tenue par un Français, M. Boudou. J'y trouvais, avec la civilisation européenne représentée par une jolie petite chambre, un lit et des meubles, un accueil cordial, un excellent déjeuner et d'aimables compagnons de table.

---

1. *Giappone e Siberia.* Note di Viaggio del conte Luchino dal Verme, ten^te colonello di Stato Maggiore. — Milano; Hœpli Ed. 1882.

2. Voici les noms de ces braves gens :

    Obutchi Kourakitchi, traîneur. . . . . : . 46 ans.
    Ikéno Sokitchi, pousseur. . . . . 45 ans.
    Katô Santarô, kourouma de Takayama. . 25 ans.

CHAPITRE X

DE KOBÉ A SHANG-HAÏ

29 septembre — 6 octobre.

Kobé et Hiogo. — Ozaka. — Un billet d'aller et retour pour Kioto. — Le *Tokio-Maru*. — Encore la mer Intérieure. — Adieux à Nagasaki et au Japon. — Wousong. — Arrivée à Shang-haï.

Kobé m'a beaucoup plu. Après Yokohama, c'est la colonie d'étrangers la plus importante du Japon; on y compte quatre ou cinq cents Européens, vivant soit dans la ville elle-même, soit sur les pentes des collines auxquelles elle est adossée. C'est une cité nouvelle, aux rues régulières, bordées de larges trottoirs plantés d'arbres. On la confond souvent avec la vieille ville japonaise de Hiogo, qui s'étend au sud, et dont elle est séparée par le Minato-gava. Le lit sablonneux du fleuve, endigué comme celui de la plupart des cours d'eau du voisinage, s'élève bien au-dessus de la plaine et reste presque toujours à sec, sauf après de fortes pluies; ses bords ont été convertis en une fort jolie promenade, plantée de pins magnifiques.

Le port de Kobé, protégé par une jetée, est assez profond pour que les navires viennent mouiller près du rivage; aussi attire-t-il une grande partie du commerce extérieur d'Ozaka, qui ne jouit pas des mêmes avantages.

La baie, bordée par une plage de sable fin, se développe gracieusement en demi-cercle, tandis que, derrière la ville, de hautes montagnes s'élèvent en amphithéâtre, parsemées de maisons de plaisance, de temples, de tcha-ya, et couvertes, de la base au sommet, d'une puissante végétation.

Deux fois par mois, un steamer de la Compagnie japonaise *Mitsou Bichi* [1] part de Kobé pour Hong-kong, où il correspond avec la malle française. La même Compagnie entretient un service hebdomadaire de Yokohama à Shanghaï, touchant à Kobé et à Nagasaki, en connexion avec les vapeurs de San-Francisco, de sorte que Kobé se trouve en communication régulière avec l'Europe, la Chine et l'Amérique. D'autres petits steamers indigènes desservent les ports de la mer Intérieure. Enfin, une voie ferrée réunit Kobé à Ozaka, d'où elle se prolonge ensuite, comme nous l'avons vu, par Kioto, jusqu'au lac Biva.

Les environs de Kobé abondent en charmants paysages. Une des plus jolies promenades que l'on puisse faire est celle des cascades. A cinq minutes de la ville, on rencontre, au milieu d'un bois de camphriers et de cryptomérias, le temple shinto d'Ikouta, où est entretenu un cheval albinos, blanc avec des yeux rouges.

Une demi-heure de marche vous conduit ensuite, par un pittoresque sentier, au pied de la première chute — Metaki ou chute femelle, haute de 13 mètres, et formant un bassin circulaire dont l'eau limpide, immobile sur un fond de sable blanc, invite au plaisir du bain. Après avoir traversé le torrent sur un pont de bois, on s'élève un peu sur les flancs de la montagne, et l'on arrive bientôt en face de la cascade supérieure — O-taki ou chute mâle, dont la hauteur est de 25 mètres. Le sentier qui y mène est bordé de maisons de thé, desservies par de jolies fillettes, aux allures provocantes. De ce point, on jouit d'une fort belle vue, mais le panorama doit être bien plus beau

---

1. Littéralement : la Compagnie des Trois Diamants.

du sommet de la montagne. Là s'élève, à 650 mètres au-dessus du niveau de la mer, le temple de la Lune — Maya-san. Sur la route, on rencontre parfois des troupes de singes; l'ascension se fait en deux heures, à pied ou en kango, mais la chaleur est accablante, le chemin fort raide, et j'y renonce.

De retour à Kobé, j'allai visiter une manufacture où cinq cents femmes et jeunes filles sont employées à remuer, de leurs bras nus, les feuilles de thé dans des chaudrons chauffés à sec. Pour lui donner la couleur noire du thé de la Chine, on y ajoute une composition de chaux et d'indigo. Ce sont des Chinois qui surveillent les ouvrières, dirigent la manipulation et président à la confection des ballots.

Comme dans tous les ports de l'extrême Orient, les Anglais sont en majorité à Kobé; ils y ont un club très bien installé, avec beau jardin, pelouses vertes, *cricket-ground*, *lawn-tennis*, etc. Les affaires municipales sont gérées par une commission composée du préfet japonais, des consuls étrangers et de trois membres élus par la communauté.

La ville de Hiogo, par elle-même, présente peu d'intérêt; cependant le temple de Shinko-ji mérite d'être visité, à cause de son Bouddha colossal érigé au milieu d'un étang, où croissent des lotus. Près de là s'élève un curieux monument funéraire, remontant à la fin du treizième siècle; il repose sur un piédestal cubique et est composé de treize larges pierres carrées, disposées de manière à former un pilier ressemblant à une pagode.

J'ai reconduit Takayama à la gare du chemin de fer; il retourne à Kioto, où il passera quelques jours en famille; puis, la semaine prochaine, il reviendra s'embarquer ici pour rentrer à Yokohama et reprendre, sous la direction de M. Boissonade, le cours de ses études. En nous quittant, nous nous sommes serré la main à l'européenne, et je lui ai souhaité sincèrement bonne chance dans la vie. Si mon jeune compagnon n'avait pas répondu entièrement à tout ce que j'attendais de lui, au fond je ne pouvais pas trop lui en vouloir : les Japonais voient toutes choses à un point de vue si différent du nôtre, qu'il doit leur être bien difficile de nous satisfaire complètement.

J'ai eu le plaisir de retrouver à l'hôtel des Colonies un touriste français, M. Ernest Michel, dont j'avais fait la connaissance un mois auparavant, à Yokohama. Comme moi, il avait quitté la France en mai dernier, et nous nous étions rencontrés au Japon, lui venu par l'ouest, voie d'Amérique, et moi par l'est, à travers la Sibérie. Pour se rendre ici, il avait pris la voie de mer; maintenant il arrive des bains d'Arima, village situé dans les montagnes, à 24 kilomètres au nord de Kobé. Il me dit que les sources thermales sont à une température de 40°, que l'eau en est salée et assez semblable à celle de Royat, en Auvergne. Du reste, il revient enchanté du pays : nature splendide, nombreux cours d'eau, cascades, forêts de bambous et de sapins, paysages admirables, population simple, bonne, sympathique. Ses djinrikis ont fait des prodiges dans les chemins de montagne, défoncés par les dernières pluies.

Nous partons ensemble, un matin, pour visiter Ozaka. Le chemin de fer traverse, dans le voisinage de la baie, une plaine riche et populeuse, limitée au nord par de hautes collines. Le trajet, de 32 kilomètres, demande un peu plus d'une heure, y compris les temps d'arrêt à cinq ou six stations intermédiaires. Le service, confié uniquement aux indigènes, est bien fait, mais les vagons sont moins confortables que sur la ligne de Yokohama à Tokio.

A la station d'Ozaka, un employé de police, parlant anglais, vient à notre aide; il se fait expliquer l'itinéraire que nous voulons suivre, puis il appelle deux djinrikis, portant sur leur voiture des numéros en chiffres arabes, et leur transmet minutieusement nos instructions. Ces préliminaires terminés, ceux-ci nous entraînent rapidement à travers des rues propres, bien tenues et pavées de briques posées de champ, sur lesquelles nos voitures roulent comme sur des dalles de marbre. Nous allions si vite que je redoutais à chaque instant quelque collision, à l'un ou à l'autre des brusques tournants que nos hommes franchissaient imprudemment, sans jamais ralentir leur allure.

Ozaka, port maritime de Kioto, est la deuxième cité du Japon par l'importance de sa population, qui n'est pas moindre d'un demi-million d'âmes. Elle couvre une superficie de 20 kilomètres carrés, sur les bords du grand fleuve Yodo-gava, qui, non loin de là, déverse à la mer, au moyen de plusieurs bouches, les eaux du lac Biva. Comme Venise, elle est sillonnée d'innombrables canaux qui ont nécessité, pit-on, la construction de 3 500 ponts. Seulement, à Ozaka, presque tous les canaux se coupent à angle droit, et, par suite, la multitude des ponts élégamment courbés en dos d'âne produit un effet des plus pittoresques. Quelques-uns, jetés hardiment d'une rive à l'autre du Yodo-gava, sont extrêmement longs et d'une grande beauté.

Ozaka est une ville industrielle de premier ordre ; elle serait également une cité maritime sans rivale au Japon, si elle avait un bon port ; malheureusement, les bas fonds de sa rade en interdisent l'accès aux gros bâtiments. Les jonques et les barques indigènes abordent toujours à ses quais, mais les navires européens sont forcés d'aller à Kobé.

On n'a entrepris aucuns travaux pour remédier à cet état de choses ; aussi l'ouverture des ports japonais au commerce international a-t-elle causé un grand préjudice à Ozaka. Cette dernière n'en reste pas moins une fort belle ville, très animée, essentiellement japonaise, et que bien des gens préfèrent même à Tokio.

La concession étrangère n'a pas répondu aux espérances

des négociants européens et américains ; elle est à peu près abandonnée, sauf par les missionnaires.

Vingt minutes après avoir quitté la station, nous arrivons à la Monnaie. Cet édifice, bâti par un ingénieur anglais, a été inauguré en 1871 ; les machines, primitivement destinées à Hong-Kong, ont été cédées au Japon par le gouvernement anglais et perfectionnées depuis, d'après les derniers systèmes connus. On y frappe des monnaies d'or, d'argent et de cuivre, avec une perfection qui ne laisse rien à désirer [1]. Ce bel établissement est parfaitement outillé et peut soutenir la comparaison avec n'importe quelle usine similaire d'Europe ou d'Amérique : 600 personnes y sont employées, parmi lesquelles on ne compte plus aujourd'hui qu'un seul étranger, un Américain. Tout se fait dans l'établissement même ; la fabrication de l'acide sulfurique est une source de bénéfices importants pour le gouvernement.

Nous allons ensuite à l'arsenal, également tenu avec un ordre parfait ; nous sommes guidés dans notre visite par un Japonais qui parle français. On y fond des canons de bronze et on y fabrique des fusils à aiguille, d'après un système inventé par un Japonais. Dans un nouveau bâtiment, on vient d'installer de grandes machines, construites en Allemagne, et destinées à la fabrication des canons de gros calibre.

En nous rendant au Château, nous nous arrêtons pour voir un détachement de troupes manœuvrer sur l'esplanade. Les soldats font l'exercice à la baïonnette, selon la méthode française, et d'un air tout à fait martial. Nous assistons au défilé : tout se passe correctement.

Ozaka est l'une des plus anciennes villes du Japon ; sa

---

1. La monnaie actuelle est, comme je l'ai dit, semblable à la nôtre. Elle se composait autrefois d'*obang* et de *shobang* en or, longs, minces et de forme ovale, valant depuis 10 jusqu'à 450 francs ; d'*itchibou* rectangulaires en argent ; et de *tempo*, pièces de cuivre ovales, avec un trou carré au milieu.

fondation remonte au quatrième siècle de notre ère, et, pendant longtemps, elle a été la résidence favorite des shoguns. Son château fort est le plus vaste de l'empire. Le palais qu'il contenait passait pour la merveille du Japon; malheureusement il a été brûlé pendant la révolution de 1868. Il ne reste plus aujourd'hui qu'une double enceinte de fortifications de pierre, dont la masse imposante atteste la splendeur de l'édifice qu'elles étaient appelées à défendre. Ces murailles, vraiment cyclopéennes, se composent d'énormes blocs de granit, simplement ajustés et superposés sans ciment. J'en ai remarqué plusieurs, ayant au moins 10 mètres de longueur sur 4 à 5 de hauteur, avec une épaisseur de 2 mètres. Bien que les Japonais n'aient pas l'habitude d'employer la pierre dans leurs constructions, ils ont montré qu'à l'occasion ils étaient capables de remuer des masses colossales, tout aussi bien que les Égyptiens du temps des Pharaons.

Le fossé principal a 66 mètres de large et 2 kilomètres et demi de circuit. Les murailles, hautes de 16 à 18 mètres, sont gracieusement recourbées à la base et flanquées aux encoignures de tours en forme de pagode.

Maintenant, cette forteresse est occupée par le quartier général de la division militaire d'Ozaka. En présentant sa carte à l'entrée, on peut obtenir la permission de la visiter. De la plate-forme centrale, sur laquelle s'élevait autrefois le donjon, on jouit d'une belle vue sur la ville immense et la campagne arrosée par d'innombrables cours d'eau, qui viennent se joindre au Yodo-gava; de l'œil, on suit le fleuve jusqu'à son embouchure et, dans le lointain, on distingue les hautes montagnes de la grande île d'Avadji, jetée comme une barrière à l'entrée du golfe d'Ozaka et le séparant de la mer Intérieure.

Dans une autre partie de la ville, nous visitons une fabrique d'indigo. La culture de cette plante est très répandue au Japon, où il en existe plusieurs variétés. Elle est séchée, triturée, mise en cuve pendant un certain temps, puis réduite en pâte, et finalement en poudre. Ici, l'indigo sert à teindre presque toutes les étoffes ; le bleu végétal qu'elle fournit est la couleur de prédilection des Japonais.

Nous employons le reste de la journée à faire de longues promenades dans le quartier des affaires et des plaisirs. Sakaï-suji et Shin-saï-Bachi-suji sont les rues les plus commerçantes ; elles traversent la ville en droite ligne, des quais du Yodo-gava au grand canal Dotom-bori, où se trouvent les théâtres, les baraques des saltimbanques et autres lieux de divertissements populaires. Le passage des ponts offre toujours de charmantes perspectives. Des établissements publics, de grands restaurants à plusieurs étages, construits sur pilotis, s'élèvent sur le bord des canaux. Une foule de gens prennent l'air sur les balcons ; on déguste paisiblement, par petits groupes, le thé et le saki. L'air de béatitude de tout ce monde fait plaisir à voir ; du reste, au Japon, tout est propre, tout est agréable à l'œil. Les sampans qui circulent sur les canaux sont tous construits en bois de sapin bien poli, auquel on a laissé sa couleur naturelle ; ils sont garnis de nattes d'une propreté irréprochable, et plus engageants à mes yeux que les sombres gondoles vénitiennes.

Il existe à Ozaka plusieurs temples fort beaux. Le plus remarquable, le seul du reste que j'aie eu le temps de visiter, est celui de Tennoji, qui occupe une vaste étendue de terrain au sud-est de la ville. Fondé au sixième siècle de l'ère chrétienne, il a été plusieurs fois détruit par l'incendie. Les bâtiments actuels, ainsi que la grande pagode à cinq étages, datent du dix-septième siècle. Entre autres choses intéressantes, j'y ai vu une petite pagode en métal, contenant 3 000 statuettes de Bouddha.

Un autre jour, je pris, à la gare de Kobé, un *aller et*

retour pour Kioto. Cette ville est encore fermée aux Européens, qui ne peuvent y élire domicile et doivent se borner, en tout cas, à y faire de courts séjours. Mais, sur la présentation de mon passeport japonais, l'employé préposé au guichet ne fit aucune difficulté pour me délivrer un billet. Je n'aurais guère supposé, il y a une vingtaine d'années, qu'un jour viendrait où je monterais en wagon, à destination de l'antique et mystérieuse capitale des mikados, la cité sainte et inviolable des Japonais, sans plus de façons que si je prenais à Rouen un train pour Paris.

En sortant d'Ozaka, la voie ferrée remonte la vallée du Yodo-gava et, longeant à l'ouest le pied des collines, se maintient à une assez grande distance du fleuve. La plaine est cultivée en rizières entremêlées de champs de *daïko*, espèce de rave particulière au pays et qui joue un grand rôle dans l'alimentation des indigènes. Cette racine atteint souvent un mètre de longueur. Du reste, les légumes japonais se distinguent des nôtres par leur taille gigantesque et leurs formes régulières.

Je remarque aussi des bambous isolés et soigneusement cultivés, pour leur faire produire des rejetons. Les jeunes pousses bulbeuses que l'on coupe, comme les asperges, à mesure qu'elles sortent de terre, sont mangées cuites; elles ont le goût de l'artichaut.

De Kobé à Kioto, on compte 84 kilomètres, que le chemin de fer franchit réglementairement en 2 heures 26 minutes. Mon but, en revenant à Kioto, était de voir quelques fabriques, de flâner dans les rues commerçantes et enfin de visiter un bazar, où une société de marchands a exposé et mis en vente les divers produits de l'industrie du pays. A mon premier passage, cet établissement était fermé à cause du dimanche.

Je savais à peine une vingtaine de mots japonais, mais, à la station, j'eus la chance de tomber sur un djinriki intelligent, et je me tirai parfaitement d'affaire. Quand mon jargon anglo-japonais ne suffisait pas, j'avais recours aux gestes.

Au bazar, où je me rendis en arrivant, toutes les marchandises exposées sont à prix fixe et marqué. Depuis longtemps, les chiffres japonais n'étaient plus un mystère pour moi ; aussi je profitai de l'occasion pour faire quelques acquisitions, dans de bonnes conditions. C'est ainsi que je me procurai de fort jolis *foukousa* à 1 yen la pièce.

Près du bazar se trouve une fabrique où l'on tisse la soie et le coton. Le métier Jacquard est installé à côté des anciens métiers japonais. Les ouvrières que j'y vis étaient nues jusqu'à la ceinture.

Dans un autre quartier, je visitai la manufacture de porcelaine de Kinkozan, qui travaille principalement pour l'exportation. On y fabrique aussi le cloisonné en appliquant sur la porcelaine des parcelles de cuivre, ou bien en passant sur le métal le vernis porcelaine; puis on met au four, et le tout forme un seul corps. Les ornementations sont entièrement faites à la main. Pendant ces dernières années, il y a eu progrès sensible dans les dessins et les décorations. Toutefois on ne se sert nulle part de machines étrangères. L'argile est manipulée comme dans les temps les plus reculés ; les vases sont faits au tour, mais le Japonais s'accroupit au lieu de s'asseoir, et tourne la roue au moyen d'un bâtonnet, au lieu de se servir de son pied, comme nos potiers.

J'employai le reste de mon temps en promenades à travers les rues les plus commerçantes. Les boutiques des libraires m'attiraient particulièrement, avec leur étalage de vieux bouquins illustrés, d'albums coloriés, de *meisho* (description de provinces) et autres curiosités bibliographiques.

— *Ikoura?* (combien?) — demandais-je au marchand, en lui désignant le livre que je venais de feuilleter. Il me répondait ordinairement par un prix que j'étais loin de trouver élevé, mais que cependant je diminuais de moitié, et nous finissions presque toujours par nous entendre. Les commerçants japonais sont très accommodants ; si l'offre que vous leur faites est par trop faible, ils se contentent de sourire, sans jamais se montrer de mauvaise humeur. Combien j'étais heureux, en cette circonstance, de n'être pas accompagné de mon jeune mentor, qui aurait cru déroger en m'aidant à marchander, et prétendait toujours qu'il n'était pas convenable pour un homme comme moi de discuter les prix !

Je revins à la gare, chargé de bouquins. Au moment où je mets ces notes en ordre, je regrette bien de n'en avoir pas pris davantage ; car, parmi les livres achetés ainsi par moi à un bon marché fabuleux, il y en avait, comme je l'ai appris plus tard, plusieurs fort curieux et d'un grand intérêt pour les collectionneurs.

A sept heures et demie du soir, j'étais de retour à l'hôtel des Colonies, charmé de mon escapade.

Le lendemain, 1er octobre, il faut songer au départ. J'achète des photographies, j'emballe mes acquisitions et je ferme mes malles. Le *Tokio-Maru*, grand vapeur de la Compagnie *Mitsou Bichi*, vient d'arriver, et partira cette nuit pour Nagasaki et Shang-haï. Mauvaise nouvelle : à bord se trouvent 50 étudiants chinois, revenant d'Amérique ; toutes les cabines de première classe sont occupées, et, comme il n'y a pas de seconde classe sur ces bateaux, il faudra que je me contente de la troisième (*steerage*). Par bonheur, je ne serai pas seul ; j'ai un compagnon d'infortune, M. Michel, qui part également pour Shang-haï.

Après un dîner fort gai, nous prenons congé de l'excellente famille Boudou, propriétaire de l'hôtel des Colonies et des aimables pensionnaires de la maison ; des uns et des autres, j'ai gardé le meilleur souvenir. Nous montons à bord, et je passe cette première nuit un peu partout ; je finis par trouver un fauteuil vacant et je m'y endors.

2 octobre. — A cinq heures seulement on s'est mis en route. La matinée est fraîche ; le thermomètre ne marque que 13°, mais le temps est clair et me permet de revoir, dans toute leur beauté, les splendides paysages de la mer Intérieure, que j'avais admirés cinquante jours auparavant.

Le *Tokio-Maru* est un grand et beau steamer à roues, avec machine à balancier. Il n'est japonais que de nom ; tout se fait à bord à l'américaine ; le capitaine, les officiers, les mécaniciens sont tous citoyens des États-Unis ou bien Allemands. Comme passagers de première, outre les 50 Chinois dont j'ai parlé, il y a une douzaine de ministres protestants avec leurs femmes et leurs enfants, des fonctionnaires anglais de Shang-haï qui viennent de passer leurs vacances au Japon, et quelques négociants ; pas d'autre Français que Mgr Ridel, évêque de Corée, qui se rend à Nagasaki.

Heureusement il y a peu de monde à la troisième classe, ce qui me permet d'étendre ma couverture dans l'entrepont, sur une natte que me prête un *boy* japonais. Pour les repas, il a été convenu que nous les prendrions à la table des seconds officiers. M. Michel trouve tout cela bien peu confortable ; pour moi, je suis assurément mieux ici, en troisième, que naguère à la première classe des bateaux de l'Amour et de l'Oussouri.

Ce soir, admirable coucher du soleil : la mer, d'une belle couleur verte, est peuplée d'une infinité de jonques, de barques et de sampans ; de temps en temps, une sombre traînée de vapeur signale le passage de quelque petit steamer, qui disparaît bientôt derrière une île ou un promontoire volcanique. Le panorama, bien que changeant incessamment, reste toujours splendide. Dans cette ravissante mer Intérieure, on dirait que tout a été créé pour le plaisir des yeux.

3 octobre. — A cinq heures du matin, le navire ralentit sa course : nous sommes dans le Bosphore japonais, et bientôt nous jetons l'ancre en face de Simonosaki. La ville, peuplée de 20 000 habitants, se développe gracieusement sur le rivage, au pied de hautes collines boisées. Le détroit n'a pas plus d'un kilomètre de large; il est très peu profond, semé de roches et sillonné de courants dangereux. La première fois, je l'avais traversé de nuit : je suis heureux de contempler aujourd'hui ce célèbre passage, magnifiquement éclairé par les rayons du soleil levant. En face, sur l'île de Kiusiu, on distingue, à la base des montagnes, une ville populeuse au-dessus de laquelle fument des cheminées d'usine.

M. Michel et moi voudrions bien aller à terre, mais le capitaine nous dit qu'il compte repartir dans une heure et que, d'autre part, nous ne pourrions débarquer sans un passeport spécial. Contentons-nous donc de la vue, fort belle d'ailleurs, que nous avons du pont du navire.

A sept heures, nous reprenons notre marche, toujours tortueuse. On sort du détroit, mais pour s'engager au milieu d'un archipel d'îles et d'îlots, où nous rencontrons un nombre infini de jonques attendant un vent favorable, pour pénétrer dans la mer Intérieure. Quelques heures après, on double la pointe septentrionale de Kiusiu. La côte de Hondo disparaît et nous faisons route au sud-est, à 6 milles de la terre, avec quelques îles en vue.

La température est sensiblement plus élevée qu'hier : un degré vers le sud a produit cette différence. A mon dernier voyage, nous avions franchi le détroit de Spex, entre Hirado et la grande terre; cette fois, nous faisons un détour au large : c'est plus prudent, car il règne toujours dans ces parages des courants d'une violence extrême.

Vue prise à Simonosaki.

Il fait nuit close lorsque nous passons devant Papenberg ; à huit heures, le *Tokio-Maru* est mouillé en rade de Nagasaki. Nous débarquons aussitôt, M. Michel et moi, avec le bateau de la poste que l'employé japonais met gracieusement à notre disposition : une demi-heure après, nous sommes à l'hôtel Bellevue, où nous attend enfin un bon lit.

4 octobre. — A Nagasaki, je me retrouve en pays de connaissance. Je suis heureux de revoir MM. Petersen et Muller, du télégraphe danois ; je fais une dernière visite aux marchands d'images et de photographies. On m'a indiqué la demeure d'un vieux bonze, peintre de kakémonos et marchand de curiosités, et je me laisse encore tenter par quelques bibelots. La journée se passe bien vite. Il faut retourner à bord ; le départ est annoncé pour quatre heures, mais il en est près de six lorsqu'on lève l'ancre.

C'était à Nagasaki que, après une longue et pénible odyssée à travers la Sibérie, j'avais touché, deux mois auparavant, la terre promise du Japon : c'est là aussi que je la quitterai. Comme pour m'inspirer des regrets plus vifs encore, le temps est splendide ; impossible de rêver un plus beau paysage que la baie de Nagasaki au soleil couchant. Voici encore une fois Papenberg, puis les îles Goto, noyées dans la brume du soir. Charmant pays, adieu ! ou plutôt au revoir, car j'espère bien qu'un jour il me sera donné d'aborder de nouveau à tes rivages enchanteurs !

5 octobre. — De Nagasaki à Shang-haï, on compte 460 milles (852 kilomètres). Le temps se maintient au beau ; la mer est absolument calme ; nous filons 11 nœuds ; demain dans la journée, nous serons en Chine. Les jonques, les embarcations si nombreuses dans les eaux du Japon, ont disparu ; pas une voile en vue. Une haute terre s'estompe au nord, dans l'éloignement : c'est la grande île Quelpaert, dont le gouvernement de la Corée a fait un lieu d'exil ; elle est signalée de loin par ses montagnes, d'une altitude de 2000 mètres.

Des bandes de charmants enfants américains galopent sur le pont, surveillés par des bonnes chinoises ; l'une d'elles a de tout petits pieds et se donne beaucoup de mal pour suivre le turbulent troupeau confié à sa garde. Les mamans, étendues à l'arrière sur de longues chaises de rotin, lisent, causent ou *flirtent* avec les étudiants chinois ; ceux-ci, jeunes gens de dix-huit à vingt-quatre ans, sont tous vêtus à l'européenne ; ils ont néanmoins conservé leur queue, dont ils ramènent l'extrémité dans leur poche, ce qui leur donne un air assez singulier. Ils jouent au whist ou aux échecs, touchent du piano, chantent, fument, prennent des grogs, lisent des romans anglais ; en un mot, ils ont contracté toutes les habitudes américaines. On dit même que c'est pour cette raison qu'on les fait rentrer en Chine ; c'est sur un ordre venu de Pékin que tous ces jeunes gens ont été subitement rappelés ; ils ont dû interrompre leurs études dans les différentes écoles et universités où leur gouvernement les avait envoyés, et revenir immédiatement dans leur pays. Ces étudiants forment l'élite de la jeunesse chinoise ; ils avaient été choisis parmi les premiers numéros dans les examens de concours par tout l'empire. Le Fils du Ciel s'est aperçu que, en voulant former des ingénieurs, il formait aussi des républicains, et il y a mis bon ordre.

Dans la soirée, on aperçoit vers le sud un navire désemparé ; le capitaine fait changer la route pour lui porter secours, s'il est nécessaire. C'est un brick allemand qui, en revenant de Vladivostok, a eu deux de ses mâts brisés par le dernier typhon. Maintenant il navigue avec un seul mât à l'avant et quelques voiles ; il se rend à Amoy pour s'y faire réparer et nous répond par signaux qu'il n'a besoin de rien.

6 octobre. — Toujours beau temps : la mer est tellement calme que l'on pourrait se croire sur un lac. L'eau, hier d'un beau bleu, est devenue verte. Nous avons en vue, à bâbord, les premières terres chinoises : c'est l'archipel des îles Saddle, à 85 milles de Shang-haï.

La couleur de la mer change encore une fois; brusquement elle passe au jaune sale : c'est que nous sommes déjà dans le vaste estuaire du Yang-tsé-kiang. La côte reste encore invisible, mais les jonques reparaissent, rares d'abord, puis en grand nombre; elles sont plus grandes et plus massives que celles des Japonais, avec des voiles de couleur brune, carguées à l'aide de longs bambous. On jette la sonde sans discontinuer; dans ces dangereux parages, la profondeur moyenne n'est que de 10 mètres. Peu à peu, une ligne d'arbres se dessine à l'horizon, puis une côte basse : c'est la grande île de Tsoung-ming, qui s'accroît journellement par les apports du grand fleuve. Maintenant l'eau est tellement chargée de matières en suspension, qu'elle passe au rouge brun. Plus loin, la terre ferme nous apparaît, basse également et d'un aspect triste et monotone.

Depuis que nous naviguons dans les eaux chinoises, les étudiants ont repris leur costume national : petite toque noire, longue robe de soie de couleur claire, bleue, verte ou violette, pantalons de même étoffe, larges pantoufles à semelle épaisse, et l'indispensable éventail à la main. Ainsi vêtus, ils paraissent beaucoup plus grands qu'auparavant.

Voici les forts de Wousong; nous entrons dans la rivière Wang-pou, affluent du Yang-tsé-kiang. Comme la marée est basse, le *Tokio-Maru* jette l'ancre en face de Wousong, non loin de plusieurs grands bateaux à vapeur, parmi lesquels se trouvent deux navires de guerre français. Nous sommes encore à une vingtaine de kilomètres de Shang-haï; un petit steamer vient nous chercher et nous conduit à destination, après une heure et demie de navigation entre deux rives plates, absolument insignifiantes.

Que mon cher Japon est loin! et quel contraste entre ces deux pays si voisins et que nous confondons souvent, mais bien à tort, dans notre pensée : la Chine et le Japon!

CHAPITRE XI

DE SHANG-HAÏ A PÉKIN

7—16 octobre.

Les concessions européennes à Shang-haï. — Départ pour Pékin. — Le *Chin-tung*. — La mer Jaune. — Tchéfou. — Le golfe du Petchili. — Takou. — Navigation sur le Peï-ho. — Tien-tsin. — Deux jours en charrette chinoise. — Arrivée à Pékin.

Lorsqu'on arrive à Shang-haï, on a quelque peine à se figurer que l'on se trouve réellement aux extrémités de l'Asie orientale. Le Wang-pou couvert de navires européens, les cheminées d'usines qui fument sur sa rive droite, les boulevards, les palais et les jardins qui bordent sa rive gauche, tout cela ne répond nullement à l'idée que l'on s'était faite de la Chine. Il y a pourtant, derrière ce rideau de la civilisation occidentale, une ville chinoise entourée de hautes murailles, et qui ne renferme pas moins de 600 000 habitants, mais on ne la voit pas tout d'abord.

La ville européenne se divise en trois parties. En remontant le fleuve, la concession *américaine*, limitée par la petite rivière de Sou-tcheou, est la première qui se présente à la vue; puis vient la concession *anglaise*, bâtie dans un coude du Wang-pou; enfin, au delà d'un petit canal, la concession *française*, qui s'étend jusqu'aux remparts de la ville indigène.

C'est dans la concession française que se trouve l'hôtel

des Colonies, vaste établissement à plusieurs étages, tenu par un Français ; on y reçoit une confortable hospitalité à raison de 3 piastres (environ 15 francs) par jour, tout compris, même le vin.

Mon premier soin, après avoir pris possession de ma chambre, fut de courir au bureau de poste que la France entretient à Shang-haï. C'était à Irkoutsk que j'avais reçu mes dernières lettres d'Europe, datées seulement de quelques jours après mon départ. Quatre longs mois s'étaient écoulés depuis cette époque ; aussi l'on me croira sans peine, si je dis qu'après avoir parcouru à la hâte le volumineux paquet qui me fut remis, et m'être assuré qu'il ne contenait aucune mauvaise nouvelle, je me sentis plus léger et mieux disposé que jamais à poursuivre le cours de mes pérégrinations.

Après le dîner, je fais un tour de promenade avec M. Michel. Des ciceroni chinois guettent les étrangers aux abords de l'hôtel, et les accablent de leurs offres de services plus ou moins suspectes. L'un d'eux, qui s'est accroché à nos pas, nous fait visiter un immense café indigène, luxueusement établi ; dans le fond, plusieurs salles sont destinées aux fumeurs d'opium. Nous voyons un certain nombre de ces derniers étendus sur des cadres, demi-nus et déjà plongés dans un sommeil léthargique ; ils sont d'une lividité repoussante, et plus semblables à des morts qu'à des vivants. D'autres se livrent, assistés par une femme ou par un jeune serviteur, aux opérations compliquées que nécessite la satisfaction de leur triste passion : la tête appuyée sur un coussin, ils présentent à la flamme d'une petite lampe une longue pipe de bambou dont la cupule exiguë, placée vers le milieu du tuyau, ne contient qu'une parcelle d'opium, grosse à peine comme une petite lentille, et qu'il faut entretenir à l'aide d'une aiguille, pour y ménager le trou nécessaire au passage de l'air. Après cinq ou six

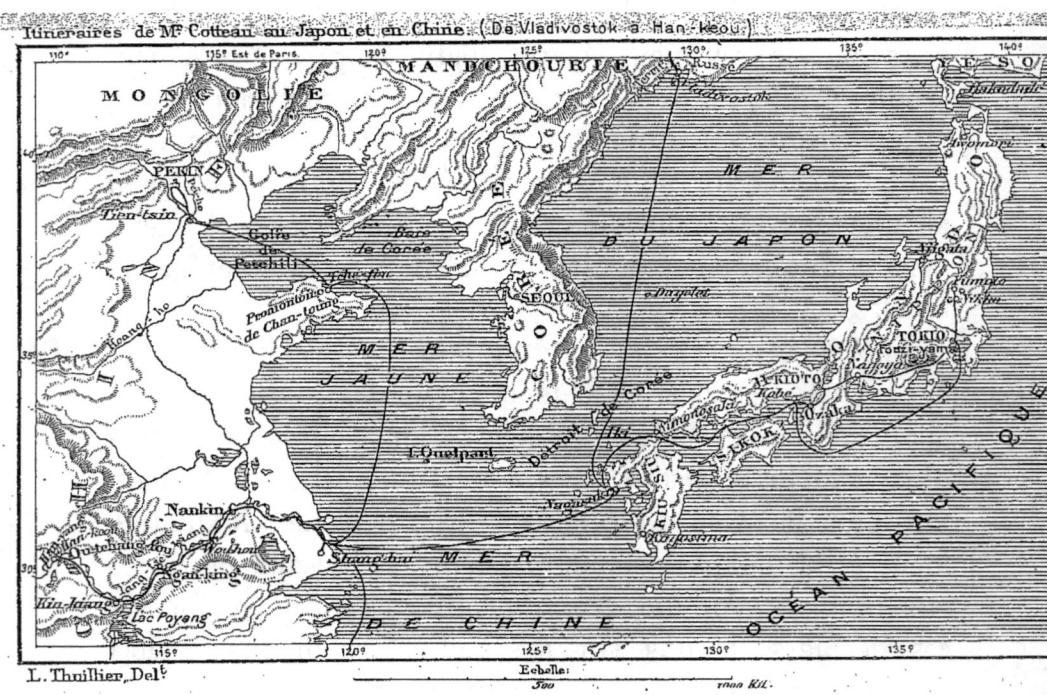

Itinéraires de Mr Cotteau au Japon et en Chine. (De Vladivostok à Han-keou.)

aspirations, la pipe est fumée. Malgré la faible quantité d'opium consommée à chaque fois, le fumeur épuise aussi bien sa bourse que sa santé, car la funeste drogue coûte fort cher (environ 200 francs le kilogramme) et, pour qu'un habitué arrive à un état suffisant de béatitude, il ne lui faut pas moins d'une vingtaine de pipes.

A une certaine distance du fleuve, on ne voit plus que des maisons chinoises. Ces quartiers indigènes sont très animés. A l'heure qu'il est, au contraire, on ne rencontre que de rares passants dans les rues habitées par les Européens; les quais, si bruyants dans la journée, sont absolument déserts.

Le Comptoir d'Escompte de Paris possède une succursale à Shang-haï; j'allai le lendemain y chercher de l'argent. Le système monétaire, en Chine, diffère complètement de celui en usage dans les autres pays civilisés. L'or n'a pas cours. L'unité de monnaie est le *taël*, qui vaut en ce moment 6 francs 44 centimes, et offre cette singulière particularité que personne n'en a jamais vu, et cela pour une bonne raison, c'est qu'il n'a jamais été frappé; c'est une monnaie fictive, servant seulement à l'établissement des comptes qui se règlent ensuite au moyen de lingots d'argent, ayant la forme d'un sabot grossier et pesant plus d'un kilogramme. A-t-on besoin de petite monnaie? c'est bien simple : on découpe ce lingot, avec des cisailles, en autant de morceaux qu'il est nécessaire, lesquels sont subdivisés à l'infini, au gré des détenteurs. Chaque Chinois appelé à donner ou à recevoir de l'argent, a toujours sur lui une petite balance destinée à peser les parcelles de métal.

La piastre mexicaine, ou dollar, frappée spécialement pour le commerce de la Chine, n'a cours que dans les ports ouverts, et représente les trois quarts du taël; sa valeur actuelle est de 4 francs 80 centimes. Le yen d'argent et la monnaie divisionnaire japonaise sont reçus également, mais avec perte. Pour les petites transactions, on se sert de sapèques, disques faits d'un alliage de cuivre et d'étain, et percés au centre d'un trou carré qui sert à les enfiler à une cordelette; mais il en faut 1140 pour une piastre, ou 1520 pour un taël, de sorte que 20 francs de cette monnaie représentent la charge d'un homme [1]. Ajoutons à cela que les valeurs relatives du taël, de la piastre et des sapèques sont différentes de province à province et souvent même de ville à ville, ce qui vient encore augmenter la confusion.

Pour remédier à cet état de choses, les banques délivrent, en échange de valeurs sur l'Europe, un carnet de chèques. C'est ainsi qu'après la présentation de ma lettre circulaire, je reçus contre ma signature pour un bon de 2576 francs, un carnet me créditant de 400 taëls. Chaque fois que j'aurai un payement à faire, je devrai signer et détacher un feuillet de mon cahier. En Chine, un Européen n'a jamais de numéraire dans sa poche; il paye toutes ses dépenses au moyen de petits papiers qui reviennent ensuite aux banques d'émission. J'ai entendu prôner ce système par de vieux résidants : assurément il facilite les transactions importantes; nul doute qu'il ne soit une source de bénéfices considérables pour les banquiers et les agioteurs. Quant à moi, simple touriste, je le trouve très incommode : les variations continuelles des cours, la différence des rapports entre les valeurs selon les localités, font que l'on ne sait jamais au juste ce que l'on possède d'argent.

Il existe aussi, depuis un temps immémorial, des espèces de billets de banque. Ce sont des chiffons de papier, signés de négociants connus; ils sont acceptés par le commerce, mais seulement dans la ville où ils ont été émis. On leur préfère généralement les lingots d'argent, dont la valeur est estampillée et qui sont toujours purs de tout alliage.

---

[1] Un millier de sapèques pèse en moyenne plus de 4 kilogrammes.

A latitude égale, le climat de la Chine est plus froid que celui de l'Europe occidentale. Shang-haï, bien que de 10 degrés plus au sud que Marseille, correspond, pour la température moyenne, au midi de la France ; seulement, les étés y sont plus chauds, et les hivers plus rigoureux. Octobre est le meilleur moment pour visiter le nord de la Chine. Les saisons, en ce pays, suivent un cours plus régulier que partout ailleurs : en automne, une atmosphère tempérée remplace les chaleurs accablantes de l'été ; le temps est presque toujours beau ; les pluies fort rares.

M. Michel et moi résolûmes de profiter de ces circonstances favorables, pour nous rendre dans la capitale du Céleste Empire. Ce voyage, actuellement, ne présente plus de difficultés sérieuses, toutefois il exige encore assez de temps. Une simple excursion à Pékin (une semaine est suffisante pour la visite de la ville et de ses environs immédiats) demande au moins une vingtaine de jours.

Plusieurs fois par semaine, des steamers, convenablement aménagés pour les passagers, partent de Shang-haï, touchent à Tchéfou, à l'entrée du golfe de Petchili, et remontent le fleuve Peï-ho jusqu'à Tien-tsin. Ce trajet de 750 milles (1388 kilomètres) se fait en cinq ou six jours, auxquels il faut ajouter deux autres journées en charrette pour atteindre Pékin.

Le 9 octobre, à huit heures du matin, après avoir laissé mon gros bagage à l'hôtel des Colonies, je m'embarque, muni d'une simple valise, sur le *Chin-tung*, vapeur à hélice appartenant à la *Steam ship chinese Company*. J'ai payé 50 taëls (322 francs) mon passage pour Tien-tsin, aller et retour.

Nous descendons avec une sage lenteur le Wang-pou ; cette précaution n'est pas inutile pour éviter une collision, sur un fleuve parsemé de navires de guerre, de vaisseaux de toute nationalité, de jonques mues par de longues rames, et d'innombrables sampans. Sur beaucoup de ces derniers, l'homme se tient assis à l'arrière, et de la main dirige le gouvernail, tandis qu'avec les pieds il met en mouvement deux avirons.

Nous franchissons la barre dangereuse de Wousong, qui chaque jour s'ensable de plus en plus, et nous entrons dans le Yang-tsé-kiang, si large qu'on n'en aperçoit pas la rive opposée. Bientôt on perd de vue la côte, basse comme celle de la Hollande, et le long de laquelle, en plusieurs endroits, on a construit des digues, afin de défendre les campagnes contre les inondations du fleuve et les tempêtes de l'Océan. Pendant plusieurs heures encore, la couleur rousse des eaux nous indique que nous sommes toujours dans l'estuaire du grand fleuve.

Toutes les cabines de la première classe sont occupées; nous avons à bord une douzaine de missionnaires protestants, anglais ou américains, nos anciennes connaissances du *Tokio-Maru*, avec leurs femmes, leurs enfants et leurs élèves. Chose extraordinaire! c'est aujourd'hui dimanche, et on ne célèbre au salon aucun service religieux; je n'entends parler d'aucun prêche : probablement ces messieurs, étant de sectes différentes, n'ont pu se mettre d'accord ; en tout cas, ils jugent inutile d'essayer de se convertir réciproquement.

Bien que le *Chin-tung* appartienne à une compagnie chinoise, les hommes de l'équipage, seuls, sont Chinois; le capitaine, les officiers et les mécaniciens sont tous des Américains du Nord.

Il n'existe pas de seconde classe. L'installation des passagers de troisième, tous Chinois, est convenable. Ils sont au moins une centaine; chacun a son cadre séparé. Plusieurs fument l'opium, ce qui me paraît fort imprudent à cause de la petite lampe, toujours allumée, dont les fumeurs sont obligés de faire usage, et que souvent ils négligent d'éteindre avant de s'endormir; d'autres, pour se distraire, jouent à différents jeux ou bien chantonnent d'un ton nasillard, en s'accompagnant d'une sorte de guitare, fort petite. Le temps est superbe, il n'y a ni roulis ni tangage; cependant, bien peu se hasardent à monter sur le pont : ils préfèrent rester immobiles dans quelque coin sombre de l'entrepont, au milieu d'une atmosphère méphitique, saturée des vapeurs de l'opium et du tabac.

La température, qui ce matin était fraîche, presque froide, s'échauffe tellement vers le milieu de la journée, que le *panka* fonctionne au salon pendant le dîner. On appelle ainsi une sorte d'écran ou de grand éventail de forme rectangulaire, fixé au plafond et mis en mouvement par un coolie qui se tient près de la porte d'entrée; ce ventilateur bienfaisant est d'un usage général aux Indes anglaises.

10 *octobre*. — Température, 24°; mer absolument calme. L'eau n'a plus la couleur café au lait que j'avais remarquée hier, elle est devenue d'un vert sale : c'est la mer Jaune. Nous faisons route droit au nord, hors de la vue de terre, avec une vitesse fort modeste de 9 à 10 milles à l'heure.

Nous sommes à la hauteur du point indiqué sur les vieilles cartes, comme occupé par l'embouchure du Hoang-ho ou fleuve Jaune. Depuis 1853, cet immense cours d'eau qui prend sa source à 3300 kilomètres dans l'intérieur, au milieu des montagnes du Tibet, a, par un de ces déplacements qui lui sont familiers, reporté son embouchure à 600 kilomètres au nord-ouest, de l'autre côté du promontoire de Chan-toung, dans le golfe du Petchili. C'est le plus considérable changement qui ait jamais été constaté, à l'époque actuelle, dans le cours d'un fleuve.

De jolis petits oiseaux, appartenant à plusieurs espèces, sautillent partout sur le pont. La haute mer les retient prisonniers à bord; ils viennent fureter au salon et s'aventurent jusque dans les cabines. Ce matin, un oiseau de proie en a saisi un, sous mes yeux.

La table, copieusement servie, est présidée par le commandant, M. Winsor, homme prévenant et causeur aimable. Trois fois par jour, à neuf heures, une heure après midi et six heures, sans préjudice du café au lait au lever et du thé à huit heures du soir, j'assiste, deux heures durant, à un cérémonieux défilé de plats de viande, de poisson et de légumes — avec des crêpes à la mélasse et des radis roses au dessert ; le tout arrosé de *claret* (vin de Bordeaux ordinaire), de sherry et d'eau glacée. Je passe, en France, pour être doué d'un bon estomac ; cependant j'avoue en toute sincérité que je suis considérablement distancé ici par les hommes du Seigneur, et même par leurs blondes épouses.

Bien avant le jour, on entend dans les cabines des cliquetis de vaisselle. Ce matin, à six heures, mon voisin portait chez lui une assiette pleine de fruits, que tout Anglo-Américain a l'habitude de manger à jeun. Une heure après, on lui a servi, en guise d'apéritif, une copieuse pâtée de gruau arrosée de lait, puis quelques œufs à la coque qu'il a proprement vidés dans un verre et lestement avalés, ce qui n'a fait aucun tort à son déjeuner ordinaire.

Rien, sauf le pain, ne trouve grâce devant l'appétit phénoménal de ces messieurs. Leurs enfants marchent sur leurs traces : j'en ai vu de tout petits, presque des bébés, prendre leur *kari*[1] complet. De mauvaises langues prétendent que la bonne cuisine du bord, jointe à la réduction de prix qui leur est accordée, n'est pas étrangère à leurs

---

1. Le *kari* est un met de haut goût, fort apprécié dans tout l'extrême Orient. Le riz en forme la base ; on l'arrose d'une sauce de couleur jaune, fortement épicée, et dans laquelle nagent de petits morceaux de viande ; puis, on y ajoute divers condiments particuliers au pays, piments, poissons secs, confiture de gingembre, etc. Le tout forme un aliment tonique, excellent, dit-on, pour la santé, dans les climats tropicaux.

fréquents déplacements. Il paraît qu'autrefois on leur donnait le passage gratuit, mais on a dû y renoncer : eux et leurs nombreuses familles semblaient avoir élu domicile à bord des steamers ; ce genre de vie économique ne leur était sans doute pas désagréable.

Pour moi qui n'ai jamais pu m'habituer à faire trois repas sérieux par jour, je trouve ces interminables séances souverainement ennuyeuses : aussi je m'abstiendrai dorénavant de paraître au festin n° 2.

La soirée est délicieuse. A huit heures, apparition de la lune, toute sanglante, au milieu de la nuit sombre; peu à peu son disque s'élève, inondant l'espace de ses rayons argentés : la mer et l'horizon semblent se confondre dans une teinte uniforme, d'un blanc laiteux.

11 *octobre*. — Au point du jour, je monte sur le pont. Température, 22°. Nos petits compagnons ailés sont tous partis ; guidés par leur instinct, ils ont regagné la terre qui est proche, et que l'on aperçoit à gauche sous la forme de hautes collines déboisées : c'est la péninsule de Chantoung, contrée fertile, riche en mines et très populeuse, qui sépare la mer Jaune du golfe de Petchili. De l'autre côté de ce promontoire formant la pointe extrême de la Chine proprement dite vers l'orient, nous sommes assaillis par un coup de vent qui retarde notre marche, et secoue rudement notre petit navire. Maintenant la route est à l'ouest, avec la terre en vue, au sud.

A trois heures, on aperçoit les îles de la baie de Tchéfou, rochers aux formes bizarres, séparés par des bas-fonds ou des bancs de sable. Un phare existe sur la première de ces îles.

Nous jetons l'ancre devant la ville. Le port est garni de navires de diverses nationalités ; sur l'un d'eux je remarque la bannière du roi de Siam : l'éléphant blanc sur fond rouge. Il y a aussi plusieurs navires de guerre, deux allemands, un hollandais, un américain et cinq canonnières chinoises. Bien que nous soyons en rade, le roulis continue à nous balancer fortement. L'état de la mer interdisant le débarquement des marchandises, nous serons forcés de passer la nuit ici.

12 *octobre*. — Ce matin, la mer est beaucoup moins houleuse; je descends à terre avec M. Michel.

La ville chinoise, l'ancienne Yentaï, plus connue maintenant sous le nom de Tchéfou, renferme une vingtaine de mille âmes. Elle est, d'ailleurs, peu intéressante; ses habitants vivent entassés dans d'horribles masures; ses rues étroites, sales et puantes, regorgent de passants vêtus de haillons, parmi lesquels je n'aperçois aucune femme et très peu d'enfants.

Le commerce de Tchéfou est considérable, grâce à la situation de son port à l'entrée du golfe du Petchili, en face de la côte méridionale de la Mandchourie, et à proximité des rivages coréens. C'est une des villes ouvertes aux Européens par les traités de 1861; la colonie étrangère compte une centaine d'habitants. L'hôtel Breach est bien situé, à proximité d'une belle plage de sable fin, émaillé de brillants galets en marbre de toutes les couleurs; de jolies maisons de plaisance s'élèvent aux environs. Un climat tempéré y attire des baigneurs de plus en plus nombreux chaque année, heureux de fuir les chaleurs accablantes de la Chine méridionale et du Japon : Tchéfou est en train de devenir un Trouville asiatique. Du haut d'un monticule couronné par un vieux fortin chinois, on découvre une belle vue sur la rade, la mer semée d'îles, la ville et les montagnes environnantes. D'autres tours semblables, érigées sur divers points élevés de la côte, servaient autrefois à signaler aux habitants l'approche des pirates.

Les missionnaires protestants ont établi ici leur quartier général; ils y possèdent de vastes établissements, un collège et des chapelles. Dans leurs voyages à l'intérieur, ils portent le costume chinois, mais ils sont toujours facilement reconnaissables à leur barbe et à leurs cheveux blonds.

A dix heures, on reprend la mer. Nous passons tout près des canonnières chinoises; elles ont été construites en Angleterre, et chacune d'elles est armée d'un énorme canon Armstrong. J'entends avec surprise résonner des airs connus : c'est que, à bord des navires de guerre chinois, les commandements se font au son du clairon, et qu'on a adopté nos sonneries françaises.

La plupart de nos missionnaires sont restés à Tchéfou. Nous avons deux nouveaux passagers : une doctoresse américaine ayant pris à Boston son brevet de médecin, et se rendant à Pékin pour y prodiguer ses soins, non seulement aux corps, mais encore aux âmes des personnes de son sexe; plus, un ingénieur anglais, constructeur de phares. Nous débarquons ce dernier, quelques heures après, sur l'une des îles qui forment, à l'entrée du golfe du Petchili, comme une chaîne réunissant la côte septentrionale du Chan-toung à la pointe terminale de la péninsule de Mandchourie.

Au sortir de cet archipel, le vent fraîchit, la température baisse. Dans la soirée, le thermomètre ne marque plus que 17°.

13 *octobre*. — Temps gris et couvert. Rien en vue; cependant la couleur jaune de l'eau indique que nous devons approcher de l'embouchure du Peï-ho. A sept heures, on aperçoit une côte basse et une douzaine de vaisseaux ancrés à quelques milles de terre : mauvais signe, nous ne pourrons passer la barre, il faudra attendre la marée montante. L'ancre tombe. Un quart d'heure après, par bonheur, le capitaine se ravise; nous reprenons lentement la route, et laissant la flotille en arrière, nous parvenons à franchir la passe, par 11 pieds de fond, en glissant sur la vase.

Nous voici en présence des fameux forts de Takou, si rapidement enlevés pas les troupes anglo-françaises en 1860. Ces imposantes fortifications, qui se développent sur chaque rive à l'embouchure du Peï-ho, ont, je crois, plus d'apparence que de force réelle. Les murailles, en terre battue, se fendillent de toutes parts; les talus, non protégés par le gazon, s'écroulent sous l'action des pluies qui les battent en brèche. On dit cependant que les remparts sont armés de puissants canons.

Au delà des forts, tout n'est que boue. Impossible de rien voir de plus triste, que cette plaine marécageuse s'étendant à l'infini, dépourvue de toute espèce de végétation. Sa parfaite horizontalité n'est interrompue çà et là que par de petits monticules coniques : ce sont des amas de sel fabriqué sur place.

Je remarque aussi des moulins à vent d'un genre nouveau pour moi : semblables à une gigantesque machine à dévider qui aurait de 8 à 10 mètres de diamètre, ils tournent horizontalement sur un pivot, absolument comme un manège de chevaux de bois. Les voiles sont posées sur les parois verticales, parallèlement à l'axe central.

Un peu plus haut, est la ville de Takou. Villes et villages sont composés de maisons de boue, incapables de résister longtemps à la pluie, et demandant une réparation après chaque averse. Les toits de paille sont recouverts de terre; les murs, les rues, la campagne, et jusqu'à l'eau du fleuve, tout est de la même teinte jaune sale. Pas un arbre, pas trace de verdure. Cependant la population est très nombreuse; des cochons noirs grouillent partout : ils sont là dans leur élément.

On voit très peu de femmes; elles se cachent généralement en nous voyant passer. Ces malheureuses créatures paraissent absolument estropiées; elles se meuvent sur leurs petits pieds, d'un pas chancelant et incertain, se balançant continuellement et tenant les bras étendus, pour conserver leur équilibre.

Le Peï-ho est un petit fleuve vaseux, à peine large comme la Seine entre Rouen et Paris. Nous devons le remonter jusqu'à Tien-tsin ; dans ce parcours d'une centaine de kilomètres, il décrit de capricieux méandres qui rendent sa navigation fort difficile aux navires d'un certain tonnage.

A mesure que nous avançons, la campagne, sans cesser d'être plate, perd son caractère de stérilité ; elle est parsemée de tombeaux ou tumulus, plus ou moins élevés, que les parents du défunt entretiennent avec soin. Au delà de Tang-kou, elle est parfaitement cultivée ; de populeux villages se succèdent sur les rives, à des intervalles assez rapprochés ; des nuées de travailleurs sont répandus dans les champs, pas un pouce de terrain n'est perdu : sur les terres où le riz vient d'être récolté, une autre culture se prépare ; le blé nouveau verdit déjà entre des plates-bandes de choux énormes en pleine croissance. Quelques arbres animent un peu le paysage, mais ils sont si poudreux qu'on distingue à peine la couleur de leur feuillage.

Nous passons devant le fort de Sintcheng, construit par les Chinois, il y a quelques années, dans la prévision d'une guerre avec le Japon : c'est un vaste camp retranché, en terre, ayant 8 kilomètres de circonférence.

Devant Kokou, village important, stationnent un nombre considérable de grandes jonques, peintes de couleurs éclatantes, ornées d'yeux gigantesques et de dragons dorés. On m'apprend qu'elles viennent toutes de Canton, et mettent un an à faire le voyage, aller et retour.

A six heures, on jette l'ancre à quelques mètres du rivage, car on ne peut songer à voyager la nuit sur un fleuve tel que le Peï-ho. Je passe ma soirée au salon ; je lis et j'écris quelques lettres.

14 *octobre*. — Ce matin, le vent souffle du nord et le thermomètre ne marque plus que 9° ; il fait froid : c'est l'hiver qui s'approche.

A huit heures, la marée montante, qui se fait sentir jusqu'ici, permet de continuer la route. Après force tours et détours imposés par les circuits du fleuve, nous apercevons enfin un vaste arsenal, de construction récente, qui nous annonce le voisinage de Tien-tsin. Peu après, nous abordons, sur la rive droite, aux quais du quartier européen, en face de *Globe's hotel*.

La concession étrangère, régulièrement percée de rues plantées d'arbres et bordées de trottoirs, ressemble à n'importe quelle petite ville occidentale. Quant à la cité chinoise, qui compte environ un million d'*estomacs* (expression pittoresque employée en Chine pour remplacer le mot *âme*), elle se trouve à une certaine distance en amont. Nous la visiterons au retour : pour l'instant, l'essentiel est de nous rendre à Pékin.

A peine débarqués, nous nous faisons conduire au consulat français, véritable palais, bâti avec une partie de l'indemnité payée par la Chine à la France, à la suite des massacres de 1870. Il est midi. Le consul, M. Dillon, allait se mettre à table; il nous invite à partager son repas, et nous présente à Mme Dillon qui nous reçoit avec une grâce parfaite.

Pendant le déjeuner, nos aimables hôtes veulent bien, selon notre désir, organiser notre départ sans perdre un instant. Un domestique du consulat fait marché avec deux voituriers chinois qui, moyennant quatre piastres et demie par personne, se chargent de nous conduire à Pékin et de nous y faire arriver le surlendemain, à sept heures du matin. Nous leur remettons deux piastres en plus, pour payer nos dépenses aux auberges. Ces hommes ne savent pas un mot de français ni d'anglais; nous, pas un mot de chinois; mais M. Dillon, qui les connaît, nous affirme que ce sont de braves gens, et nous recommande de nous laisser guider par eux, en toute circonstance, sans faire d'observations.

De leur côté, les voituriers insistent pour qu'on nous supplie d'être patients en route, et de ne jamais leur donner de coups de bâton.

A deux heures, tout est prêt. M. Dillon nous a remis des passeports spéciaux, rédigés en langue chinoise; mon compagnon et moi sommes installés chacun dans une charrette attelée d'une mule qui doit faire le voyage entier, et nous donnons le signal du départ. Impossible, on le voit, d'être plus expéditifs : nous devions ce résultat à l'obligeance de notre excellent consul.

Voyager en charrette chinoise est un véritable supplice. Dans le nord de la Chine, le véhicule en usage est tout petit, mais lourd et massif, absolument sans ressorts, et monté sur deux roues hautes, ferrées de clous à tête saillante. Il n'y a pas de siège ; il faut se glisser à l'intérieur sous un étroit grillage de fer et de bois, en forme de voûte, et recouvert d'une bâche en étoffe. Là on doit chercher, au milieu des bagages qu'on y a préalablement entassés, une position convenable que l'on ne trouve jamais. Le conducteur se place de côté sur l'un des brancards; il est assurément plus à l'aise que l'infortuné voyageur, qui, ne pouvant s'asseoir à la façon européenne, ne sait que faire de ses jambes, et n'a même pas la ressource de s'étendre de son long, vu le peu de profondeur de la voiture. Au moins, dans le *tarantass*, on a plus d'espace, et les pièces de bois flexibles, qui supportent la caisse, remplacent, jusqu'à un certain point, les ressorts absents. Je n'aurais jamais cru qu'un jour viendrait où je regretterais mon équipage sibérien : c'est pourtant ce qui m'est arrivé sur cette affreuse route de Tien-tsin à Pékin, où j'ai été tout le temps cahoté atrocement, jeté de droite et de gauche, culbuté en avant et en arrière, sans un instant de répit, au risque de me briser la tête ou quelque membre contre les parois de la charrette.

E. COTTEAU.

En quittant le Consulat, nous suivons pendant quelque temps la berge du Peï-ho. Nous franchissons sur un pont de bateaux le Grand Canal Yun-ho « Rivière des transports », puis, laissant à gauche la cité proprement dite, nous nous engageons dans le dédale des horribles et puantes ruelles qui en forment les faubourgs. Ce n'est qu'une bonne heure et demie après notre départ, que nous atteignons enfin la campagne.

Jusqu'alors, la difficulté de nous frayer un passage au milieu de la foule nous avait obligés à marcher très lentement. Je m'imaginais qu'une fois sortis de la ville, il n'en serait plus de même. Vain espoir! L'état de la route — si toutefois on peut donner ce nom à un entre-croisement de sentiers ravinés et de chemins, pleins d'ornières et de fondrières, frayés à travers champs au gré des charretiers — ne permet point une autre allure que le pas, et je vois que nous devrons nous estimer heureux, si nous parvenons à faire 4 ou 5 kilomètres à l'heure.

On traverse un pays plat et monotone, parsemé de monticules qui sont autant de tombeaux, et de cercueils attendant une sépulture. La terre n'est que poussière, sans une seule pierre. Les récoltes sont enlevées; partout les paysans labourent, sèment le blé ou battent le millet. En nous voyant passer, ils interrompent un instant leurs travaux et nous examinent avec curiosité. Heureusement, il n'a pas plu depuis longtemps; s'il y avait de la boue dans les chemins, je ne sais comment nous pourrions nous en tirer. En octobre, aux environs de Pékin, le beau temps est assuré.

A neuf heures, on nous fait entrer dans la cour d'une auberge, déjà encombrée par les voitures des charretiers qui nous ont précédés. Là, nous faisons connaissance avec les hôtelleries chinoises, si différentes, hélas! des *yado-ya* japonaises. Au lieu de gentilles mousmés, rieuses et propres, de gros Chinois sales, à la peau huileuse, couverts de haillons; une odeur écœurante, particulière à la Chine, vous poursuit partout.

Nous voulons goûter à la cuisine indigène : on nous sert de petits morceaux de viande cuite à l'oignon et assaisonnée avec de l'huile de ricin; impossible d'y toucher. M. Dillon nous avait fait prendre quelques boîtes de conserves, du pain et du vin; sans cette précaution, nous aurions été obligés de nous contenter d'œufs durs, de riz à l'eau et de thé sans sucre.

Je n'ai jamais pu savoir le nom du village où nous nous trouvions; ce qui, du reste, importe peu, car, dans l'immense plaine qui s'étend entre Tien-tsin et Pékin, toutes les agglomérations de maisons se ressemblent : ce sont toujours les mêmes pauvres cabanes de boue, n'ayant, naturellement, qu'un rez-de-chaussée. Dans les auberges, les voyageurs sont logés dans une série de petits compartiments, dont la porte s'ouvre sur la cour où sont remisées les voitures; les fenêtres sont remplacées par des grillages de bois, garnis de papier en guise de vitres. Un lit de camp, construit en briques et couvert de nattes malpropres, occupe le fond de la cellule; il est creux par-dessous; en hiver on y place des charbons qui en font une espèce de poêle. Un escabeau remplace la table; la nuit, on y dépose une lampe consistant en une simple écuelle pleine d'huile de ricin, qui répand, en brûlant, une odeur infecte.

15 *octobre*. — Ce jour-là, je n'ai eu le temps de prendre aucune note. Voici, dans tout son laconisme, l'extrait de mon carnet de voyage :

Départ à 1 h. 1/2 du matin; arrivée à l'auberge à 11 h. 1/2. — Départ à midi 1/2; arrivée à 6 h. à l'auberge. — Réveil à 11 h. 40 et départ à minuit. — Total : 15 heures de charrette.

Je me souviens que, pendant cette nuit, j'ai eu cruellement à souffrir du froid. La gelée blanche couvrait le sol, et je n'avais, pour me protéger, qu'une mince couverture sous laquelle je grelottais.

Le soleil radieux, qui vient fort à propos me réchauffer, éclaire le même paysage que la veille. Le pays est toujours fort laid, mais extrêmement peuplé [1]. Nous rencontrons souvent des mendiants presque nus; quelques-uns n'ont pour tout vêtement qu'un lambeau de natte; des vieilles femmes demandent l'aumône, accroupies au bord du chemin.

Deux ou trois fois, nous avons traversé une large chaussée rectiligne, élevée de plusieurs mètres au-dessus de la plaine : c'est l'ancienne grande route de Pékin. Les dalles qui la recouvraient ont en partie disparu; à leur place, se creusent des trous profonds, véritables précipices qui interdisent absolument le passage. Pas plus que la grande route, on n'entretient les chemins qui la remplacent; aussi nos voituriers passent-ils souvent où bon leur semble à travers champs, pour éviter les ornières trop profondes. Ils font une grande partie de la route à pied, guidant leur mule amicalement pour ainsi dire, sans jamais la brutaliser. Renonçant à trouver dans l'intérieur de la charrette une posture commode, qui me permette de me reposer, je prends le parti de suivre à pied, ou bien de m'asseoir au dehors, sur le brancard, les jambes ballantes.

Nous pensions que vers huit heures on nous ferait déjeuner quelque part; cependant les villages se succèdent, et nous les traversons sans nous y arrêter. C'est peine perdue que d'essayer de nous faire comprendre par nos hommes;

---

1. La province du Pe-tchi-li (littéralement : Dépendance directe du Nord), l'une des 18 grandes divisions administratives de la Chine propre, renferme 36 879 858 habitants, sur une superficie de 148 357 kilomètres carrés, c'est-à-dire presque autant que la France entière, sur une étendue quatre fois moins considérable. La densité de la population y est de 249 habitants par kilomètre carré; en France, elle n'est que de 68, et en Belgique, de 173.

nous sommes entièrement à leur merci : heureusement ce sont de braves gens.

A onze heures seulement, nous entrons dans la cour d'une auberge. On nous désigne une chambre pareille à celle où nous avons couché la veille. Nous demandons des œufs, et pendant que nous prenons notre maigre repas, une foule de villageois accourent pour nous voir. Nous avons beau fermer la porte : ils font avec leurs doigts des trous dans le papier, pour nous regarder manger.

A la halte du soir, nos voitures s'arrêtent dans un grand village fortifié, traversé par un petit cours d'eau sur lequel on a jeté un beau pont de pierre. Nous sommes, je le suppose, à You-kia-ouey, mais je n'en suis pas certain, car, comme je l'ai dit, il nous est impossible d'obtenir aucun renseignement de qui que ce soit.

Nous faisons une courte promenade hors du village, pour admirer à notre aise le coucher du soleil. Tous les paysages gagnent à être vus à cette heure du jour : les nuances variées qui se déroulent à l'horizon, les teintes ardentes dont se revêt la nature, font paraître presque belle cette contrée, très fertile assurément, mais totalement dépourvue de pittoresque.

En rentrant à l'hôtellerie, nous sommes suivis par une foule de gens qui observent tous nos mouvements. Leur curiosité, cependant, n'est pas trop importune; ils se tiennent toujours à une certaine distance de nos personnes. Les femmes se cachent dès qu'elles nous aperçoivent; d'ailleurs on n'en rencontre guère dans la rue, à peine une seule sur cent hommes.

16 *octobre*. — Nous sommes partis à minuit. La fatigue aidant, j'ai réussi, malgré le froid, à m'endormir dans la charrette. Au point du jour, je suis réveillé par ce bruit caractéristique qui résulte de la réunion sur un même point d'une multitude d'hommes et d'animaux. En ouvrant

les yeux, j'aperçois devant moi une imposante muraille crénelée, dominée par un portail gigantesque à quatre étages avec toits en saillie. Agréable surprise! je reconnais à l'instant les murailles de Pékin, pour en avoir vu le dessin dans le *Tour du Monde*. Je me hâte de prévenir M. Michel qui dort encore. Nous voici donc aux portes de la capitale du Céleste Empire!

Il s'agit maintenant d'y pénétrer. Les portes de Pékin ne s'ouvrent qu'à six heures, et devant nous, derrière nous, sur les côtés, s'étend une immense file de voitures, de chevaux, d'ânes, de mules et de chameaux dont les conducteurs attendent, comme nous, que l'heure ait sonné. Cependant tous ces gens, d'apparence grossière, couverts de vêtements sordides, se rangent complaisamment pour nous livrer passage. Cela ne leur est pas toujours facile, car la foule est énorme; enfin, au risque d'être culbutés et mis en pièces, nous arrivons les premiers, juste au moment où l'on ouvre la porte.

Au sortir d'une longue et sombre galerie voûtée, nous nous trouvons dans la cité chinoise qui, de ce côté, n'a guère la physionomie d'une ville, mais plutôt d'un immense baraquement. On traverse d'abord de grands espaces vides et poudreux, où l'on retrouve les mêmes ornières et les mêmes fondrières que dans les chemins de la campagne, puis on pénètre dans un quartier habité. Nous suivons la rue des Fleurs, bordée d'une double rangée de boutiques basses, où l'on vend les fleurs artificielles dont les femmes chinoises aiment à orner leur coiffure. Plus loin, se dresse la muraille tartare; nous en franchissons la porte colossale, et bientôt après, nous arrivons à l'hôtel Evrard, près de la Légation de France.

Nos voituriers, tournant leurs regards vers le soleil, me font signe de tirer ma montre: à cet instant même, l'aiguille marque précisément sept heures. Ces braves gens

Les murailles de Pékin.

ont tenu parole; ils sont tout joyeux de voir que nous sommes satisfaits. Nous leur donnons le pourboire qu'ils ont mérité, et ils nous témoignent leur reconnaissance en nous faisant *tchin-tchin*, c'est-à-dire en réunissant les deux poignets et en les portant successivement au front et à la poitrine, avec un profond salut.

CHAPITRE XII

PÉKIN

16—22 octobre.

Une semaine à Pékin. — La famille impériale. — Le Pé-tang. — La ville jaune, la ville tartare et la ville chinoise. — Les environs. — Excursion au Wan-shou-shang.

Les Chinois font remonter l'origine de Pékin à la plus haute antiquité; au douzième siècle avant notre ère, leurs annales mentionnent une ville nommée Ki, existant sur son emplacement actuel. Après bien des vicissitudes et des changements de nom, cette ville fut rebâtie sur un plan grandiose par Koublaï-Kan, petit-fils de Gengis-Kan, qui fonda la dynastie mongole des Yuen, et régna en Chine sous le nom de Che-hou; c'est l'immense cité de Kambalik, décrite par le voyageur Marco-Polo. Toutefois, ce n'est qu'en 1409 qu'elle devint la capitale de l'Empire, et prit le nom de Pei-King [1] (Résidence du Nord).

Dix ans après, l'empereur Yung-lo construisit les murailles de la ville tartare; en 1544, les faubourgs du sud

---

1. L'appellation de Pékin a été vulgarisée en Europe par les missionnaires jésuites du XVIIᵉ siècle. Les Européens continuent à l'employer, mais ce nom n'est connu en Chine que des personnes instruites; le peuple pour désigner Pékin dit simplement : Kingtcheng (la Résidence). Sur les cartes chinoises, Pékin est appelée Chun-tien-fou.

furent également entourés de remparts. Lorsque les Mandchoux, un siècle plus tard, s'emparèrent de Pékin, leur armée victorieuse s'installa dans la ville du nord, reléguant les vaincus dans celle du sud; mais avec le temps, la séparation entre les deux peuples devint moins rigoureuse, et les différences de race s'effacèrent peu à peu. Toutefois, une notable partie du peuple a conservé le type mandchou, et, pour qui vient du sud, il est facile de reconnaître que les habitants de Pékin sont généralement plus grands et plus solidement charpentés que ceux des provinces méridionales, caractère qu'ils doivent évidemment au mélange du sang mandchou.

On n'est pas d'accord sur le chiffre de la population de Pékin; tandis que les uns l'évaluent à plus de 2 000 000, d'autres la réduisent à 500 000; chacun l'établit selon le milieu où il s'est trouvé. Les Européens qui, d'ordinaire, ne voient que les quartiers marchands, doivent se trouver au-dessous du vrai chiffre. Les missionnaires lazaristes, fixés depuis de longues années dans la ville et qui, par leur genre de vie, sont journellement appelés à en visiter les divers quartiers et à pénétrer dans l'intérieur des maisons, ne la croient pas inférieure à 1 500 000 âmes. L'un d'eux m'a certifié avoir vu souvent, par exemple, dans une maison de dix chambres, grouiller jusqu'à dix-huit familles, soit une moyenne de soixante personnes. Le gouvernement chinois, qui a publié quelquefois les résultats du recensement dans les provinces, a toujours fait exception en ce qui concerne la capitale.

La superficie de Pékin égale environ les quatre cinquièmes de celle de Paris; elle est exactement de 6 341 hectares. Mais ce vaste espace n'est pas entièrement habité; il y a beaucoup de jardins, de places vides, de masures en ruines et de palais déserts.

Pékin, bien que capitale de l'empire chinois, n'est pas le

chef-lieu de la province du Petchili ; c'est à Pao-ting-fou, ville commerçante de 150 000 âmes, située à 150 kilomètres au sud-ouest, que siègent les autorités provinciales, le receveur général, le juge suprême et enfin le vice-roi Li-Hong-Tchang ; ce dernier, pourtant, séjourne plus souvent à Tien-tsin.

Placée un peu au-dessous du 40e degré, à peu près à la même latitude que New-York, Pékin jouit d'un climat à températures extrêmes, offrant une grande analogie avec celui de la côte orientale de l'Amérique du Nord. De novembre à mars, le froid prédomine ; en janvier et février, le thermomètre s'abaisse souvent à 20° au-dessous de zéro ; toute communication par eau est interrompue pendant trois mois. Le printemps fait son apparition subitement ; avril est chaud ; en mai, on a observé 35° : c'est l'époque des ouragans. Juin est un assez bon mois ; en juillet, commence la saison pluvieuse qui se prolonge jusqu'aux premiers jours de septembre, avec une chaleur atteignant parfois 40°. La seconde moitié de septembre et le mois d'octobre sont la meilleure saison : un ciel toujours sans nuage, des chaleurs tempérées dans la journée et des nuits fraîches, qui commencent à devenir froides à la fin d'octobre.

Pékin comprend deux grandes divisions : la ville tartare au nord, et la ville chinoise au sud. La première forme un carré presque parfait, écorné légèrement au nord-ouest, et dont chaque côté court exactement dans la direction des quatre points cardinaux ; la seconde consiste en un rectangle dont l'une des grandes lignes est adjacente au rempart du sud, qu'elle dépasse un peu de chaque côté.

Les deux villes sont entourées de murailles formées d'une masse énorme de terre, reposant sur des fondations de pierre, et garnie d'un revêtement de briques. De 200 en 200 mètres, elles sont soutenues par des contreforts massifs. Les murailles de la ville tartare sont plus élevées que celles de la ville chinoise ; elles se terminent, à 15 mètres de hauteur, par une plate-forme dallée, large de 12 mètres. Seize portes donnent accès à cette double enceinte ; chacune d'elles est surmontée de hautes et larges tours à triples toits, couverts de tuiles vernissées. La plus belle est la porte du milieu, Chien-men, qui fait communiquer les deux villes entre elles ; elle est percée de trois entrées. L'aspect de ces fortifications colossales, et encore très bien conservées, est réellement imposant ; leur développement extérieur n'est pas moindre de 33 500 mètres.

Au milieu de la ville tartare, se trouve la cité Impériale ou ville « jaune », qui en occupe environ la cinquième partie. Elle a la forme d'un carré irrégulier, limité par un mur de 11 kilomètres de tour et percé de quatre portes ; c'est là que sont la plupart des édifices publics, les palais des fonctionnaires et les plus belles habitations.

Cette troisième ville en renferme une quatrième, absolument inaccessible, non seulement aux étrangers, mais encore aux sujets du souverain. Cette « Ville défendue » est le Palais impérial, qui est situé exactement au centre de Pékin. Dans son enceinte, vivent une dizaine de milliers de femmes, d'eunuques et autres familiers attachés au service personnel de l'Empereur et des membres de sa famille. Les palais, les jardins et les temples sont vieux de 600 ans et datent du temps des Mongols ; ils ont tous été conservés, sans aucun changement, par les empereurs Ming et mandchoux.

Le souverain actuel, Kouang-su, est âgé de 13 ans. L'empereur Hien-fong, mort en 1861, avait eu d'une concubine un fils qui succéda à son père sous le nom de Tong-tché, et éleva sa mère au rang d'impératrice. Celle-ci vit encore et est appelée Sy-tai-heou (impératrice occidentale) parce que, au palais, elle occupait le pavillon de l'Ouest, le second en dignité; le premier pavillon, celui de l'Est, était occupé par l'épouse légitime de Hien-fong, véritable impératrice, dite Tong-taï-heou (impératrice orientale), laquelle n'a pas eu d'enfants et est morte en 1881.

Tong-tché étant mort perdu de débauches, en 1874, à l'âge de 20 ans et sans laisser d'enfants, sa mère, la Sytaï-heou, en vue de prolonger sa régence, prit le fils du septième frère de Hïen-fong, qui se trouvait être son propre neveu, et le mit sur le trône à l'âge de 4 ans. Cette proclamation, contraire aux lois fondamentales de l'Empire, est le résultat d'intrigues de palais et sert de prétexte aux mécontents, chaque jour plus nombreux, qui, en présence de l'avilissement et de la faiblesse du pouvoir central, discutent, au lieu de les exécuter, les ordres venus de Pékin. Les vice-rois des provinces tendent à se rendre indépendants, et les mandarins savent profiter du désarroi général pour pressurer le peuple et voler à qui mieux mieux.

En principe, l'empereur est le chef de la famille chinoise, et comme tel, maître absolu des personnes et des biens de ses sujets; il en est également le souverain spirituel. En Chine, il n'existe ni religion officielle, ni aucune hiérarchie religieuse subventionnée par l'Etat.

L'administration est sous la direction suprême d'un « Conseil Intérieur » composé de quatre membres, deux tartares et deux chinois, assistés de deux délégués du Hanlin ou Grand Collège, dont les fonctions consistent à examiner si tout ce qui se fait est bien conforme aux rites, et aux livres sacrés de Confucius. Sous les ordres de ce grand Conseil sont six ministères : personnel, finances, rites, guerre, justice et travaux publics. Chaque titulaire est, en outre, surveillé par un membre choisi dans la Chambre des Censeurs publics, composée de 40 à 50 personnes, ayant le droit de présenter des remontrances.

Depuis la guerre de 1860, on a institué le Tsoung-li-yamen ou conseil chargé de l'exécution des traités avec les Européens. Le prince Kong, oncle de l'empereur régnant, en est le président; tous les ministres en font partie.

L'armée se compose spécialement de Tartares, mais les Chinois aussi peuvent devenir soldats, après un examen sur

Portrait de Li-Hong-Tchang.

le maniement des armes. Les forces impériales comprendraient sur le papier un total de 850 000 hommes, mais presque tous sont armés de lances, d'arcs et de flèches, ou bien d'un gros fusil à mèche. La plupart ne sont pas casernés, mais vivent chez eux en famille, employés à la police ou à des travaux publics. Il serait donc bien difficile à la Chine de mettre en ligne des forces considérables, même sur son propre territoire. Toutefois, dans certaines provinces, des vice-rois intelligents ont pris à leur solde des officiers européens, chargés d'instruire leurs troupes qu'ils équipent avec des armes achetées en Europe. C'est ainsi que Li-Hong-Tchang[1] possède déjà 4000 hommes convenablement armés et bien formés; cet exemple a été suivi à Shang-haï, à Canton et sur d'autres points. Les arsenaux de Tien-tsin et de Fou-tcheou fabriquent de la poudre, des fusils à aiguille et des canons; ils commencent aussi à construire des navires de guerre, pourvus de bonnes machines. La Chine ne s'est pas hâtée, comme le Japon, de reconstituer ses forces militaires sur le modèle européen; elle ne procède que lentement dans cette voie et par changements graduels.

Il existe, à Pékin, deux petits hôtels tenus par des Européens. Le voyageur peut y trouver une hospitalité convenable et à un prix modéré, eu égard à la difficulté de se procurer les choses qui nous sont nécessaires. Comme on le sait, nous étions descendus à l'hôtel Evrard, à deux pas de la Légation de France, où nous nous rendîmes aussitôt après déjeuner.

En l'absence de notre chargé d'affaires M. Bourrée, alors à Shang-haï, nous sommes reçus avec cordialité par l'un des secrétaires, M. de Semallé, et par le premier interprète, M. Ristelhueber. La Légation française était autrefois un *fou* (résidence d'un prince du sang); elle occupe un vaste emplacement planté d'arbres, et renferme diverses constructions chinoises, plusieurs maisons européennes et une petite chapelle.

Notre premier soin, à notre retour à l'hôtel, est d'engager, moyennant une piastre par jour, un interprète nommé Barthélemy Ou; c'est un chrétien tartare élevé par les La-

---

[1]. C'est ce même Li-Hong-Tchang, dont il a été si souvent question depuis, au sujet des affaires du Tonkin.

Pékin. — Porte dans le jardin de la Légation de France.

zaristes et ayant servi longtemps à la Légation de France; il a le grade de lettré chinois et, ce qui est essentiel pour nous, parle assez bien le français. Nous l'envoyons chercher une voiture pour nous conduire dans la ville Jaune, au Pétang, résidence des Lazaristes. J'avais hâte de voir mon compatriote auxerrois, Mgr Louis-Gabriel Delaplace, évêque d'Andrinople et vicaire apostolique de Pékin. J'avais aussi une lettre de Paris à remettre au P. Favier, également Bourguignon.

La voiture dans laquelle nous montons est pareille à celle qui nous a amenés de Tien-tsin. M. Michel et moi, nous asseyons dos à dos sur les brancards; Barthélemy se tient dans le fond, sous la bâche, et le conducteur marche à côté de sa mule : c'est ainsi qu'on voyage en fiacre à Pékin.

La route est longue, et les chemins, en ville, sont tout aussi mauvais que dans la campagne. Nous suivons d'abord une rue solitaire qui longe le mur de la « Cité défendue ». Notre attention est absorbée par les trous, les fondrières et les profonds sillons creusés par les charrettes. Autrefois, les grandes artères étaient dallées; le marbre recouvrait les ruisseaux et dissimulait les égouts, qui s'étalent maintenant au grand jour, noirs et infects. Depuis longtemps on ne répare plus rien : en Chine, tout n'est aujourd'hui que délabrement et ruine.

Nous passons devant un mur élevé, entourant un grand jardin, dépendance du Palais impérial. Au milieu des arbres, on aperçoit les toits jaunes d'un temple : c'est là que, provisoirement, on a déposé le corps de l'impératrice de l'Est, Tong-taï-heou, morte en février dernier et qui doit être enterrée en grande cérémonie à la fin de ce mois. De nombreux soldats sont chargés de veiller sur le cadavre; leur tenue ne diffère pas de celle des autres Chinois : une simple inscription sur le vêtement indique leur profession militaire; ils ne portent point d'armes; leurs flèches et leurs lances sont rangées en faisceaux devant les tentes dressées sur le chemin de ronde extérieur; en cas d'incendie, des pompes sont préparées.

Plus loin, on traverse un magnifique pont de marbre, jeté sur un grand lac couvert de lotus, dont les rives sont embellies par des palais, des temples et des jardins. De ce point, on jouit de l'une des plus jolies vues de Pékin : vers le nord s'étend un très beau parc renfermant une colline artificielle, couverte de kiosques et de pavillons aux formes contournées; au sud, on distingue une grande partie du palais impérial lui-même, dont les diverses constructions sont toutes revêtues de tuiles vernissées, d'un jaune éclatant.

Un peu au delà du pont de marbre, notre équipage tourne brusquement, enfile une ruelle et s'arrête bientôt devant la porte du Pé-tang (église du Nord), principal siège des missions catholiques à Pékin. Nous avions employé une heure et demie pour faire ce trajet, qui, sur le plan, ne représente guère que le tiers de la longueur de l'immense ville.

Mgr Delaplace est en Chine depuis trente-cinq années; il a maintenant 63 ans, mais on ne lui donnerait certainement pas son âge. Parlant et écrivant le chinois comme un lettré, rompu aux fatigues des voyages dans l'intérieur, vigoureux au physique comme au moral, il fait de fréquentes tournées dans les chrétientés lointaines de son vicariat, jusqu'en Mongolie, et administre les quatre paroisses de la ville de Pékin, auxquelles se rattachent 8 000 chrétiens [1]. Comme l'a dit

---

[1]. La province du Petchili est divisée en 3 vicariats qui se partagent environ 85 000 fidèles. La Chine entière comprend 36 vicariats apostoliques, dirigés chacun par un évêque missionnaire. Ces diocèses sont partagés entre les Missions étrangères, les Lazaristes, les Jésuites, les Dominicains espagnols de Manille et les Capucins italiens. Le nombre des catholiques indigènes dépasse, dit-on, un million.

si bien le baron de Hübner, c'est une des gloires de l'apostolat moderne.

Je n'ai pas besoin de dire que je fus accueilli avec une bonté dont je conserverai éternellement le souvenir. Je souffrais alors d'une blessure au pied, simple écorchure négligée, qui s'était envenimée peu à peu sous l'influence du genre de vie que je continuais à mener, et menaçait de dégénérer en plaie. Mgr me conduisit, de l'autre côté de la rue, chez les sœurs de Saint-Vincent-de-Paul, qui me firent immédiatement un premier pansement; puis il exigea que, pour mieux me soigner, je vinsse loger au Pé-tang, et il m'installa dans une jolie chambre; par la même occasion, il offrit l'hospitalité à M. Michel.

Le terrain occupé actuellement par la mission catholique du Pé-tang a été donné au dix-septième siècle, par l'empereur Kang-hi, aux missionnaires jésuites. Ce qui attire tout d'abord l'attention, c'est une belle cathédrale de style gothique, bâtie sous la direction des Pères, à la même place que celle qui a été brûlée en 1864. Elle renferme un orgue construit à Pékin, quelques peintures, et de remarquables sculptures sur bois exécutées par les Chinois. La première fois que j'y entrai, je fus frappé de l'air de recueillement des fidèles indigènes, à genoux sur les nattes, les hommes d'un côté, les femmes de l'autre.

La Mission, outre les habitations des Pères et le séminaire où l'on forme des prêtres chinois [1], renferme une imprimerie, une bibliothèque et un musée d'histoire naturelle, fondation du savant abbé Armand David, qui, dans le cours de ses longs voyages dans l'intérieur, a recueilli une

---

1. Les protestants ont aussi leurs ministres, au nombre approximatif de 200 Anglais et 100 Américains; ils voyagent maintenant sans danger, avec leurs femmes et leurs enfants, dans toutes les provinces; mais les Chinois s'imaginent difficilement qu'un homme marié puisse être un prêtre.

foule d'objets intéressants. La section ornithologique, particulièrement riche, comprend des raretés et des spécimens uniques, appartenant surtout à la famille des faisans et à celle des oiseaux de proie. Quant à la collection de livres, elle est formée en partie des débris de l'ancienne bibliothèque des jésuites, malheureusement dispersée au temps des persécutions. On y voit encore nombre de beaux volumes, des atlas, de vieilles éditions hollandaises ornées de gravures, et de curieuses relations de voyages.

On comprend que, dans un pareil milieu, les heures s'écoulaient rapidement, et qu'il m'était facile de prendre mon mal en patience. J'employais une partie de mes loisirs à fureter dans la bibliothèque; puis, de temps en temps, je recevais la visite de Mgr Delaplace, du P. Favier ou bien du P. Provost. Tous, par leur situation, par leur expérience des hommes et des choses de la Chine, qu'ils habitent depuis nombre d'années et dont ils connaissent la langue à fond, étaient mieux à même que personne de me renseigner; ils se faisaient un plaisir de me donner tous les éclaircissements que je ne me lassais pas de leur demander. Avec Mgr Delaplace, la conversation, commencée sur Pékin, aboutissait infailliblement à sa chère Bourgogne, à cette petite ville d'Auxerre, où nous comptions beaucoup d'amis communs. Le P. Favier, l'homme universel, architecte, musicien, administrateur, etc., toujours plein d'esprit, aimable et serviable, me contait parfois des anecdotes fort curieuses sur les mœurs du pays. Je n'étais donc pas trop à plaindre, bien que j'aie éprouvé un cruel serrement de cœur, le jour où je vis partir mon compagnon pour une excursion de trois jours au Palais d'Été, aux tombeaux des Ming et à la grande muraille! Ma blessure allait beaucoup mieux, grâce aux soins assidus des Sœurs, mais il n'eut pas été prudent d'entreprendre une tournée aussi pénible, et je dus renoncer à accompagner M. Michel.

Cependant ma réclusion n'était pas bien rigoureuse. Un jour auparavant, nous avions fait, sous la conduite de Barthélemy, une longue tournée dans la ville tartare.

Nous avons commencé par l'ancien observatoire des jésuites, qui se trouve dans la partie orientale de la cité, adossé aux remparts. Nous entrons d'abord, non sans de longs pourparlers avec le gardien, dans une petite cour de pauvre apparence, envahie par les mauvaises herbes. Là sont exposés deux planisphères célestes et un astrolabe ; fort anciens et d'un volume considérable, ils sont supportés par des dragons d'un admirable travail. Je ne sais pas s'ils ont une grande valeur au point de vue scientifique, mais assurément, comme bronzes d'art, on ne peut rien voir de plus beau à Pékin et peut-être dans toute la Chine. Sur une terrasse dominant la muraille d'une hauteur de 3 mètres se trouvent une douzaine d'autres instruments, également en bronze et ciselés avec un soin merveilleux : ce sont ceux qui ont été exécutés sur des modèles chinois, sous la direction des jésuites, au dix-septième siècle. L'un d'eux, un grand azimuth, est un présent de Louis XIV à l'empereur Kang-hi. Tous ces bronzes, bien qu'exposés à l'air libre, sont dans un parfait état de conservation, ce qui doit être attribué au climat extraordinairement sec de Pékin.

De ce point élevé, le regard plane sur la ville, dont, alors seulement, on comprend toute l'immensité ; vue ainsi, elle paraît bien plus à son avantage. La colossale muraille se profile en ligne droite, à perte de vue, tandis qu'à nos pieds les toits des maisons basses disparaissent en partie sous les arbres d'une infinité de petits jardins, qui donnent à la cité elle-même l'aspect d'une forêt.

Non loin de l'observatoire, nous visitons le singulier établissement où les étudiants de la Chine entière viennent, tous les trois ans, subir leurs examens du second et du troisième degré. C'est un vaste emplacement clos de murs, renfermant des rangées de petites cellules construites en briques [1], dans lesquelles les candidats au mandarinat préparent leurs compositions. Pour cela, ils restent enfermés pendant quatorze jours, sans pouvoir sortir, même la nuit ; des surveillants leur apportent à manger et les empêchent de communiquer entre eux.

Notre charrette continue sa route cahin-caha, et, pendant une bonne heure, nous suivons une rue droite et large, fort sale, très mal entretenue, mais qui nous offre à chaque pas de curieux spectacles. A côté d'ignobles masures, on voit de magnifiques boutiques en bois sculpté et doré ; des enseignes colossales, laquées et dorées, sont suspendues verticalement à des mâts dressés devant la porte ; les façades sont ornées de grillages en bois découpé sur lequel on colle un papier transparent qui remplace nos vitres. Ces riches magasins sont généralement occupés par des pharmaciens, des débitants de thé ou de tabac, des marchands de meubles de mariage. Dans ces rues commerçantes on ne voit pas de belles maisons particulières ; ces dernières se cachent dans des ruelles et sont toujours entourées de murs.

Nous rencontrons souvent de longues files de chameaux à deux bosses, chargés de ballots de thé et précédés d'un petit âne, monté par quelque Mongol à la large figure, au nez épaté. Voici un cortège de mariage : d'abord douze porteurs de grosses lanternes rouges, puis autant de musiciens armés de singuliers instruments ; l'un d'eux souffle de toutes ses forces dans un tube doré, qui ressemble assez à une énorme seringue et rend un son rauque. Derrière ces gens vient la chaise rouge de la mariée, hermétiquement fermée et dont les brancards reposent sur les épaules de huit porteurs.

---

1. On dit qu'il y en a 13 000 : c'est à peu près le chiffre qui est résulté de mes calculs approximatifs.

Plus loin, une autre chaise s'avance, rapidement entraînée par quatre vigoureux coolies. Les portières abaissées nous laissent apercevoir un mandarin, que ses énormes lunettes rondes rendent parfaitement grotesque à nos yeux.

Une foule compacte se presse dans la rue. On vend des habits à la criée; des marchands ambulants promènent leur étalage; des bateleurs, des charlatans, débitent leur boniment; des mendiants, n'ayant pour tout vêtement qu'un lambeau de natte, spéculent sur d'affreuses plaies qu'ils étalent au soleil, mais avec peu de succès, car le Chinois a le cœur dur, et les souffrances de ses semblables n'ont pas le don de l'émouvoir. Partout, des cuisines en plein vent nous envoient leurs senteurs nauséabondes.

La plupart des hommes fument dans de longues pipes, au tuyau en bois noir, et dont le fourneau de cuivre ne contient qu'une pincée de tabac; des enfants courent avec des allumettes enflammées, qu'ils offrent aux passants. Il n'est pas rare de rencontrer quelque grave bourgeois tenant à la main un petit bâton, sur lequel est perché un oiseau apprivoisé. C'est une distraction fort à la mode à Pékin : on se promène ici avec un moineau ou un serin, comme, à Paris, on sortirait avec sa canne.

Au croisement des rues principales s'élève presque toujours un arc de triomphe; mais qu'on n'aille pas s'imaginer un monument de pierre ou de marbre, dans le genre de ceux qui ornent nos capitales. Les arcs de triomphe de Pékin se composent simplement de quatre poteaux vermoulus, peints en rouge, soutenant un ou plusieurs toits relevés aux extrémités et couverts de tuiles vernissées.

Les Chinois arrosent les rues, mais d'une manière très imparfaite. On en jugera par ce simple détail : les ordures et les résidus de toute sorte sont jetés dans les ruisseaux mêmes où l'on puise le liquide destiné à asperger la chaussée; aussi l'odeur qui s'en échappe est-elle insoutenable. Comme il n'a pas plu depuis longtemps, une poussière noire et fétide nous saisit à la gorge. En somme, Pékin n'est qu'un vaste cloaque, et il faut être Chinois, c'est-à-dire avoir le nerf olfactif atrophié, pour vivre au milieu d'une pareille puanteur.

Si nous ouvrons de grands yeux pour voir ce qui se passe autour de nous, nous-mêmes sommes, en revanche, l'objet de la curiosité générale. Toutefois, je dois reconnaître qu'elle ne m'a pas paru aussi malveillante que certains voyageurs l'ont dit. Je crois qu'on a un peu calomnié le peuple de Pékin. Si nous mettons pied à terre, ce qui nous arrive assez souvent, nous sommes immédiatement entourés d'une foule qui s'en va grossissant. Or je n'ai jamais remarqué le moindre geste hostile, tout au plus quelques ricanements; il est vrai que je ne comprends absolument rien aux paroles que ces gens échangent entre eux et qui, très probablement, ne sont pas toujours à notre avantage. Je n'en demeure pas moins convaincu qu'un étranger prudent et patient peut, en temps ordinaire, circuler partout sans danger dans Pékin. Assurément nous ne sommes pas aimés, mais simplement tolérés. Un Chinois se croira toujours supérieur à un Européen, mais il ne manifestera pas ouvertement ses sentiments, et, si l'on recherchait les causes des conflits qui ont eu lieu, on verrait que, dans la plupart des cas, l'Européen a manqué de modération et a été le véritable agresseur.

Nous arrivons enfin au grand temple des Lamas, situé près des remparts du nord. Barthélemy parlemente avec le portier, qui d'abord refuse positivement de nous laisser entrer : 3 ou 4 *tiao*[1] finissent par adoucir le cerbère, et nous pénétrons dans une vaste cour. A la seconde enceinte,

---

1. A Pékin, le système monétaire n'est plus le même qu'à Shanghaï. Les sapèques sont plus grosses et mieux frappées; on n'en donne que 450 pour une piastre. La monnaie courante est le *tiao*, sorte de billet de banque qui vaut à peu près 45 centimes de notre mon-

répétition de la même scène; cette fois, notre guide s'en tire moyennant deux ligatures de sapèques, que les gardiens se partagent aussitôt avec une avidité scandaleuse.

La Grande Lamaserie, Yung-ho-kung, est un monastère de Mongols bouddhistes. Elle est habitée par plus d'un millier de prêtres ou lamas; mais, en ce moment, beaucoup d'entre eux campent sous la tente, près du corps de l'impératrice défunte, en l'honneur de laquelle ils disent des prières et offrent des sacrifices.

Nous en voyons une centaine se rendre processionnellement dans une vaste salle, où ils entonnent des litanies avec accompagnement de tambours et de trompettes. Ils sont vêtus d'une longue robe jaune; leur tête rasée est couverte d'une sorte de casque en soie, de même couleur et dont la forme exagérée rappelle la coiffure des classiques pompiers de Nanterre.

Parmi les objets dignes d'intérêt, nous remarquons deux superbes lions de bronze et un brûle-parfums de même matière, de 8 pieds de haut; des idoles couvertes de riches broderies de soie; des tapis du Thibet, des vases et des chandeliers en émail cloisonné, cadeaux de différents empereurs; deux éléphants en bronze doré et enfin une statue colossale de Bouddha, en bois, haute de 21 mètres.

Après la religion, la philosophie : Confucius trône non loin de Bouddha. Dans l'enceinte consacrée à la mémoire du célèbre philosophe s'élèvent quelques beaux monuments abrités par des arbres plusieurs fois centenaires. Sous les portiques se dressent 240 tables de marbre, sur lesquelles sont gravées les œuvres de Confucius et de ses disciples. C'est là que les postulants au grade de « docteur

---

naie. Hors de la ville, le dollar mexicain perd une partie de sa valeur; les tiaos et les grosses sapèques n'ont plus cours. On doit se procurer des lingots d'argent et des petites sapèques de Tien-tsin, dont il faut environ 1 200 pour représenter la valeur d'une piastre.

en littérature », le plus élevé de la hiérarchie, subissent leur dernier examen. En commémoration de ce concours, qui n'a lieu que tous les trois ans, on érige chaque fois une tablette de pierre, qui conserve à la postérité les noms des candidats admis. Les plus anciennes inscriptions remontent à la dynastie mongole, de sorte que Pékin offre l'exemple, unique au monde, d'une académie possédant une liste complète et non interrompue, depuis cinq cents ans, de tous ceux auxquels elle a conféré un diplôme.

Je tenais à remettre moi-même au docteur Fritsche, directeur de l'observatoire astronomique européen à la mission russe du Pé-kouang, une lettre qui m'avait été confiée par un de ses amis dont j'avais fait la connaissance à Ekaterinbourg, au mois de mai dernier. Pour nous rendre chez lui, il nous faut gagner l'angle nord-est de la ville. Dans cette direction, le sol est couvert de ruines au milieu desquelles notre voiture n'avance que difficilement. Décidément Pékin est une bien grande ville, car, sur le plan que nous avons entre les mains, la distance paraît courte, tandis qu'en réalité elle est terriblement longue. Enfin, après avoir erré longtemps à travers des terrains vagues et des quartiers déserts, nous parvenons, non sans peine, à trouver le docteur, qui nous reçoit cordialement. Toutefois nous ne restons chez lui que peu d'instants : le soleil vient de se coucher, et la nuit s'approche. Nous nous remettons en route, et enfin, à huit heures du soir, par une obscurité profonde, nous rentrons au Pé-tang, où l'on ne nous attendait plus, car personne ne se risque guère la nuit dans les rues de Pékin, les Européens encore moins que les Chinois. Après cette fatigante journée, nous étions véritablement heureux de retrouver, au couvent lazariste, bon accueil, bon souper et bon lit.

Un autre jour, je dirigeai ma promenade vers la partie sud de la cité. En face du rempart qui sépare les deux villes, près de la porte de Chun-chi-men, se trouve la plus ancienne des quatre églises catholiques de Pékin, le Nan-tang (église du Sud). C'est l'ancienne cathédrale portugaise. Elle a été achevée en 1601 ; son architecture est remarquable, bien que les ornements baroques abondent, selon le goût de l'époque. Devant la façade se dressent deux superbes tables de marbre sur lesquelles sont gravées, en chinois et en tartare, des poésies composées par l'empereur Kang-hi, en l'honneur du christianisme.

Il existe, au Nan-tang, une congrégation de sœurs chinoises, qui font l'école aux enfants et dirigent un orphelinat. Elles sont habillées et coiffées comme les autres Chinoises : blouse et pantalon bleus, gros chignon traversé d'une lame d'argent. C'est une création récente de Mgr Delaplace, qui n'a eu qu'à s'en louer sous tous les rapports.

Je visite aussi, toujours au Nan-tang, l'hôpital tenu par les sœurs de Saint-Vincent-de-Paul. Je les ai vues panser d'horribles plaies et soigner avec le même dévouement tous les malades, quelle que soit leur religion. J'ai assisté à l'agonie d'un pauvre diable, tué par l'abus de l'opium. La pharmacie est parfaitement tenue ; les Sœurs distribuent, journellement et gratuitement, des médicaments à tous ceux qui se présentent.

Je suis sorti réellement ému de tout ce que je venais de voir : si l'on songe que la plupart de ces saintes filles appartiennent aux classes élevées de la société, et qu'elles ont volontairement renoncé aux joies de la famille et aux plaisirs mondains, pour mener une pareille existence et venir s'enterrer vivantes au fond de la Chine, il est impossible de ne pas éprouver pour elles un sentiment de respectueuse admiration.

Après cette intéressante visite, je parcours la ville chinoise. M. Michel étant parti et Barthélemy l'ayant accompagné, je suis seul avec le charretier qui conduit ma voiture.

Cet homme ne parle pas un mot de français, mais, aidé de mon plan, je le dirige par gestes où je veux aller.

Je suis d'abord une longue avenue qui conduit au carrefour des exécutions, puis je m'engage dans un dédale de ruelles commerçantes, dont chacune a sa spécialité : ici, c'est la rue des bouchers ; là, celle des porcelaines ; ailleurs, celle des marchands d'éventails. Une des plus intéressantes est la rue des libraires, qui conduit à celle des marchands de curiosités. Chemin faisant, je remarque de beaux magasins, mais les objets les plus précieux ne sont jamais en montre : ils sont tenus sous clef, dans l'arrière-boutique, et on ne les fait voir qu'à l'amateur sérieux. J'arrive ainsi à un bazar couvert, où l'on vend principalement de menus objets, des bijoux, des pipes, des jouets d'enfants, des fleurs artificielles et même des photographies ; ces dernières sont chères et mal faites, en un mot, bien inférieures à celles des Japonais.

Je passe sur le fameux pont des Mendiants : il est en marbre, et divisé dans le sens de sa longueur en trois parties, séparées par des balustrades. Cet endroit est, depuis un temps immémorial, le rendez-vous d'une foule hideuse et affamée ; cette cour des Miracles de Pékin dépasse en horreur tout ce qu'on peut imaginer ; j'y ai vu un enfant absolument nu, agonisant, la tête sur un pavé : les Chinois passaient, indifférents ; personne ne s'est dérangé pour lui porter secours.

Au delà de ce lieu sinistre commence une large avenue qui a dû être autrefois fort belle ; mais aujourd'hui les dalles qui la recouvraient ont en partie disparu, et celles qui restent sont tellement disjointes que les voitures sont réduites à cheminer à côté, sur l'emplacement qui servirait chez nous de trottoirs. L'encombrement est à son comble : ânes, chameaux, fiacres, portefaix, marchands ambulants, restaurateurs en plein air, nous disputent le passage ; en

Pékin. — Le pont des Mendiants.

maints endroits, ma voiture ne peut plus ni avancer ni reculer. Cependant nous finissons par atteindre, vers l'extrémité sud de la ville, une grande place poussiéreuse qui s'étend, nue et déserte, entre deux terrains clos de murs élevés : à droite, c'est le temple de la Terre ou de l'Agriculture ; à gauche, le temple du Ciel. Je me dirige vers ce dernier ; la porte est ouverte, et je prépare déjà les tiaos destinés à apaiser le gardien. Mais celui-ci a bien vite reconnu un étranger ; à mon approche, il ferme brusquement la porte, et mes objurgations restent sans réponse. Au temple de l'Agriculture, répétition de la même scène. J'ai appris plus tard la raison de ce refus, qui m'avait étonné tout d'abord, car je savais qu'en Chine il n'y a guère de consigne qu'on ne parvienne à forcer, au moyen d'un pourboire : un homme s'étant pendu récemment dans l'enceinte sacrée, les anciens gardiens avaient été exilés, et, en installant les nouveaux, on les avait prévenus qu'ils auraient la tête tranchée, si pareil fait se reproduisait.

Avant de regagner le Pé-tang, je passai par la légation russe, où j'avais à remettre une lettre au chargé d'affaires, M. Koyander. Elle est parfaitement installée au milieu d'un beau jardin, non loin de la légation française, où je me rends ensuite. Je trouve le péristyle de la maison de M. de Semallé converti en un bazar improvisé. Les marchands de bibelots de Pékin ont l'habitude de venir ainsi étaler, à de certaines heures, des objets plus ou moins curieux qu'ils colportent ensuite de légation en légation. C'est un sujet de distraction pour les diplomates étrangers ; ils en usent, car ici, en fait de distractions, on n'a pas beaucoup de choix.

Le lendemain, je passai la journée entière au Pé-tang. J'en profitai pour visiter en détail le séminaire et les écoles des Lazaristes, ainsi que les établissements dirigés par les Sœurs. Ces dernières élèvent 300 petites filles et 100 petits garçons de tout âge; on leur apporte souvent des nouveau-nés, dont elles se chargent également. C'est un plaisir de voir tout ce petit monde, proprement habillé, jouant et babillant dans les cours, ou bien travaillant silencieusement dans des salles bien aérées. Les petites filles exécutent de charmants travaux de broderie, sous la direction de leurs compagnes plus âgées. Les Sœurs ont aussi un pensionnat, un externat, et une pharmacie leur permettant de soigner un grand nombre de Chinois qui viennent journellement frapper à leur porte. Elles m'ont raconté qu'un vieux bonze (prêtre bouddhiste), affligé d'une plaie dégoûtante, venait régulièrement, depuis un mois, se faire panser chaque matin. En somme, leur maison est parfaitement tenue et fait le plus grand honneur à la mission.

Cependant, grâce aux soins que je recevais, ma blessure au pied était en bonne voie de guérison. Aussi, comme je m'étais cru obligé, par mesure de prudence, de renoncer à accompagner M. Michel dans sa longue et fatigante excursion à la grande muraille, je résolus de consacrer au moins une journée à la visite des environs immédiats de Pékin. Mgr Delaplace me traça mon itinéraire et donna ses instructions au voiturier, qui était un de ses catéchumènes.

Le 21 octobre, à huit heures du matin, je franchissais l'une des trois portes occidentales de la cité tartare; un quart d'heure après, j'arrivais à une grande ferme, appartenant aux Lazaristes. Les Pères y entretiennent une centaine d'orphelins et, tout en les employant à des travaux agricoles, leur apprennent divers métiers. J'ai vu là de florissantes cultures, irriguées au moyen de norias, et un grand jardin potager, où prospère une espèce de chou, particulier au nord de la Chine, excellent et de taille colossale. Il y a aussi des vignes qui produisent de très bons raisins, avec lesquels on fabrique un vin capiteux, dont le goût rappelle celui du vin d'Espagne. Du reste, à Pékin, les fruits sont très savoureux; le *kaki*[1] est plus gros et meilleur qu'au Japon; il en est de même des pommes et des poires. J'ai eu l'occasion d'apprécier une variété de poire fondante, inconnue en Europe, et dont la saveur rappelle celle du coing. Enfin, le miel est délicieux, et blanc comme la neige.

A côté de la ferme se trouve le cimetière portugais, l'un des trois cimetières catholiques des environs de Pékin; il remonte au commencement du dix-septième siècle. On y voit les tombes des premiers missionnaires venus en Chine; les plus remarquables sont celles des PP. Ricci, Shaal et Verbiest, principaux fondateurs du christianisme dans l'empire du Milieu. L'ensemble de ces tombeaux présente un aspect réellement imposant. Au temps des persécutions, les Chinois les ont toujours respectés, probablement à cause des attributs bouddhistes qui se trouvent reproduits sur plusieurs de ces monuments funéraires.

Je me remets en route. La campagne, arrosée par des eaux limpides, est plus intéressante que celle de l'est, que j'ai traversée en venant de Tien-tsin. Après avoir passé devant le temple des Cinq-Pagodes, on arrive à Haï-tien, populeux village, à 3 kilomètres au sud du Yuen-ming-yuen (Palais d'Été). Laissant de côté le chemin qui y conduit, nous obliquons à l'ouest, dans la direction du parc et des temples de Wan-shou-shan. Pendant quelque temps, on suit une chaussée dallée, longeant un canal sur lequel est jeté un pont de marbre, en dos d'âne, aux formes exagérées et bizarres. Un peu plus loin, nous arrivons à la porte du Wan-shou-shan (Montagne des dix mille siècles), devant laquelle sont placés deux superbes lions de bronze.

---

1. Le *kaki* (*Diospyros Kaki*) est un arbrisseau ayant pour fruit une baie globuleuse et charnue, de la grosseur d'une pomme, qui mûrit à la fin de l'été et prend alors une belle couleur jaune orange ou rouge cerise. En Chine et au Japon, il en existe de nombreuses variétés; on le trouve dans tous les jardins.

Les gardiens mal vêtus qui se trouvent dans le voisinage me laissent entrer sans difficulté. Le parc comprend dans son enceinte une colline autrefois couverte de constructions ornementales, qui ont été incendiées, en 1860, par les troupes alliées de la France et de l'Angleterre. Après avoir traversé des cours bordées de maisons en ruines, franchi des amoncellements de briques et de poutres à demi consumées, on se trouve sur la rive d'un joli lac, qui vient baigner la base de la montagne, du côté du sud. A chaque pas, on rencontre quelque objet digne d'attention : ici, c'est un énorme rocher, dressé sur un piédestal de marbre; plus loin, des tables de pierre couvertes d'inscriptions, des colonnes délicatement fouillées; ailleurs, de gros arbres croissant dans de gigantesques vases de bronze.

J'arrive ainsi au pied d'une haute terrasse, que l'on gravit au moyen d'un superbe escalier. A droite et à gauche existaient plusieurs grands temples, dont il ne reste plus que des murs branlants et des amas de débris de tuiles vernissées. Parmi ces ruines, je ramasse deux ou trois échantillons que je me propose de conserver comme souvenir. Les gardiens qui m'accompagnent me font signe de les jeter, s'efforçant de m'expliquer qu'il est défendu de rien emporter; mais, en même temps, ils se mettent à la recherche d'objets mieux conservés et me rapportent triomphalement plusieurs tuiles surmontées de chimères, à peu près intactes; puis ils les cachent sous leurs vêtements, et, d'après leur pantomime, je comprends qu'ils me proposent de les porter à ma voiture, en échange d'un certain nombre de sapèques : ce qui fut fait à notre satisfaction réciproque [1].

Au sommet de la colline existe un petit temple encore

---

[1]. Aujourd'hui, ces briques authentiques du Wan-shou-shan, vieilles de plusieurs siècles et d'un certain mérite artistique, figurent honorablement dans la collection céramique de mon frère, à Auxerre.

assez bien conservé et entièrement recouvert de briques émaillées. C'est là que je m'installai pour déjeuner, avec des provisions apportées de Pékin. J'avais sous les yeux un admirable panorama : en face, à une quinzaine de kilomètres dans la direction du sud-est, je distinguais parfaitement l'immense quadrilatère de Pékin, avec ses principaux monuments, les tours de ses pagodes et les grandes lignes de ses remparts; plus près, à l'est, je dominais le Yuen-ming-yuen, entouré de murs et semblable à une forêt. Vers l'ouest, la vue est bornée par une chaîne de collines, aux sommets couronnés de temples et de pavillons; du côté du nord, elle embrasse un chaos de montagnes dénudées, aux pics aigus, brûlées par le soleil, au milieu desquelles se creusent de profondes vallées qui remontent vers la grande muraille et conduisent aux hauts plateaux de la Mongolie. Enfin, à mes pieds, s'étend un beau lac couvert de lotus; une île artificielle, sur laquelle on a bâti un temple, est réunie à la terre ferme par un magnifique pont de 14 arches, aux courbures élégantes.

Je suis très satisfait de mon guide; bien qu'il ne parle que le chinois, nous nous comprenons suffisamment par signes. Au retour, il me fait prendre un autre chemin. Nous visitons, en passant, le temple de la Grande Cloche (Ta-chang-sou), construit en 1578. La cloche que l'on vient y admirer date du commencement du quinzième siècle; elle a 5 mètres de hauteur et est couverte, au dedans comme au dehors, d'inscriptions en relief, tirées des livres bouddhistes. On dit que c'est la plus grande cloche du monde : je la crois cependant moins grosse que celle que l'on voit au Kremlin, à Moscou, mais cette dernière est brisée, tandis que la cloche chinoise est intacte.

Nous franchissons l'ancien mur de terre, encore parfaitement visible, qui, sous la dynastie mongole, limitait au nord la cité, à 3 kilomètres au delà des remparts actuels, et nous rentrons dans la ville tartare par la porte de la Victoire (Ti-cheng-men). A cinq heures, j'étais de retour au Pé-tang, fort satisfait de mon excursion.

22 octobre. — M. Michel est rentré hier soir, très fatigué, mais ayant vu des choses intéressantes. Comme nous devons partir le lendemain, nous allons dans la journée faire notre visite d'adieu à la légation française et nous promener une dernière fois en ville. Parfois nous sommes obligés de faire d'immenses détours, faute de pouvoir traverser les chaussées qu'une foule d'ouvriers sont occupés à construire et à couvrir de sable jaune, couleur impériale. Cette sollicitude inusitée pour le service de la voirie me frappe d'étonnement; mais Barthélemy m'explique que la route, à laquelle on travaille si activement, n'est nullement destinée au public : elle ne doit servir qu'une fois, et seulement pour le transport des restes de l'impératrice défunte. Entre autres idées superstitieuses, les Chinois attachent une grande importance à ce que le corps conserve toujours, après la mort, une position parfaitement horizontale; c'est pourquoi on édifie, à grands frais, une avenue bien nivelée, depuis le palais jusqu'à Toung-ling, sépulture de la famille impériale, à 130 kilomètres de Pékin. Construire une route uniquement pour un cadavre, et ne jamais combler une ornière dans les rues les plus fréquentées d'une ville de plus d'un million d'âmes, voilà qui est assurément bien chinois!

Le hasard me mit à même d'assister à une répétition des manœuvres qui doivent s'exécuter le jour de l'enterrement. Près des murs du palais impérial, plusieurs centaines de gens, vêtus de robes rouges, s'agitent autour d'une énorme machine peinte en jaune : ce sont des soldats qui s'exercent à porter le palanquin funéraire. A un signal donné, 90 d'entre eux le soulèvent et placent sur leurs épaules les 90 bâtons qui soutiennent tout l'appareil, puis ils font quelques pas en mesure et s'arrêtent sur un nouveau commandement. A la place où sera le cercueil, on a disposé plusieurs vases pleins d'eau : aucune goutte ne doit s'en échapper ; sinon, gare le bambou ! D'autres porteurs prennent la place des premiers, et les exercices continuent à la grande satisfaction des badauds de Pékin, qui, partageant leur curiosité entre ce spectacle et nos personnes, ne tardèrent pas à former un attroupement compact autour de nous.

Le 31 octobre, époque fixée pour la cérémonie, neuvième jour de la neuvième lune, toute la population sera consignée ; les Européens ont déjà été invités à ne pas sortir de chez eux ce jour-là. Des tentures seront posées sur le parcours du cortège, de manière à en intercepter la vue au public ; les soldats ont ordre de décocher des flèches sur les gens trop curieux. Dans la campagne, le convoi sera soustrait aux regards des villageois, au moyen de paravents mobiles ; malheur aux indiscrets ! Il faudra plusieurs jours pour arriver au lieu de sépulture, et le cortège comptera des milliers de personnes, plus deux mille porteurs.

Au retour, nous visitâmes, dans la partie orientale de la cité tartare, les travaux de la nouvelle cathédrale que l'on bâtit sur un plan grandiose, sous l'habile direction du P. Favier, qui en a fait lui-même les dessins et les devis.

Cette promenade était la dernière que je devais faire dans cette curieuse ville de Pékin, autrefois si magnifique, maintenant cloaque immonde, mais à laquelle il serait facile de restituer sa splendeur passée, grâce au plan, empreint tout à la fois de grandeur et de simplicité, qui a présidé à sa construction première.

CHAPITRE XIII

DE PÉKIN A SHANG-HAÏ

23—31 octobre.

Départ de Pékin. — Tong-tcheou. — Descente du Peï-ho. — Tien-tsin. Le *Haë-ting*. — Retour à Shang-haï.

23 octobre. — Le moment du départ est arrivé. Adieu ma chambre si tranquille, où j'ai passé une de ces semaines qui font époque dans la vie! M. Michel et moi prenons congé, non sans une réelle émotion, de Mgr Delaplace et de toutes les personnes qui, dans ce petit coin de la France qu'on nomme le Pé-tang, nous ont donné l'illusion de la patrie lointaine.

Peu désireux de renouveler connaissance avec la charrette chinoise, nous avons résolu cette fois de nous rendre à Tien-tsin par eau. Barthélemy, chargé d'organiser le voyage, est parti en charrette, deux heures avant nous, avec les bagages. Il nous attendra à Tong-tcheou, port d'embarquement sur le Peï-ho, à 24 kilomètres à l'est de Pékin, et là fera prix avec des bateliers qui se chargeront de nous faire descendre le fleuve. Pour nous, nous ferons le trajet à âne, sous la conduite d'un petit garçon.

A onze heures, nous enfourchons nos montures. De la ville tartare nous passons dans la ville chinoise, dont nous longeons intérieurement les murailles, en côtoyant des flaques d'eau où s'ébattent, par milliers, des canards domestiques. Nous franchissons la même porte par laquelle nous sommes entrés, huit jours auparavant. Au sortir de la ville, je m'attendais à suivre une certaine route dallée, dont j'avais conservé un souvenir peu flatteur; mais je suis agréablement surpris en voyant que notre gamin nous fait prendre, à droite, un sentier serpentant au pied des grands roseaux, des bambous et des ricins, qui forment bordure aux champs cultivés.

Chemin faisant, nous sommes rejoints par une douzaine de Chinois et un Coréen, ce dernier habillé de blanc et coiffé du large chapeau de crin particulier aux hommes de son pays. Ces gens sont montés sur des ânes; ils se montrent convenables et polis. Nous trottons tous, de conserve, dans la même direction, suivis dans chaque village par une nuée de mendiants et surtout d'enfants. Ces derniers, si on a le malheur de leur jeter quelques sapèques, nous accompagnent avec un acharnement sans pareil, se bousculant, poussant des cris et faisant des cabrioles, pendant des heures entières. Nos vigoureux petits ânes, pris d'émulation, font des prodiges. A quatre heures, un peu avant d'arriver à Tong-tcheou, nous rejoignons la route de pierre, qui s'élève comme une digue au-dessus de la campagne. Elle a dû être fort belle autrefois, mais son état de délabrement, ses dalles souvent brisées et qu'on ne remplace jamais, la rendent dangereuse; elle est cependant très fréquentée par les piétons, les mulets, les convois de chameaux, les véhicules de toute sorte, et aussi par de grandes brouettes à marchandises, remorquées par un âne et poussées par deux ou trois Chinois.

Tong-tcheou, port de Pékin sur le Peï-ho, est une cité considérable, très commerçante, et renfermant plusieurs centaines de milliers d'habitants. Ses remparts de briques, disloqués, crevassés, éventrés en maints endroits, ses tours qui ont glissé tout d'une pièce sur leur base, attestent l'incurie d'un gouvernement qui, depuis bien des années, ne répare plus rien.

Nous mettons une heure entière à traverser la ville, et nous arrivons enfin sur le quai, si toutefois on peut donner ce nom à une berge boueuse, le long de laquelle se presse une telle quantité de barques et de jonques, que l'on pourrait traverser la rivière en sautant de l'une à l'autre.

Cependant la multitude nous entoure, curieuse, mais nullement hostile; des bateliers nous font bruyamment leurs offres de service, auxquelles, naturellement, nous ne comprenons pas un mot. Notre petit bonhomme s'est esquivé, emmenant ses deux ânes. Le port s'étend en longueur à perte de vue; où trouver Barthélemy, et que faire?

La situation se prolongeait, et nous commencions à être fort en peine, d'autant plus que la nuit allait venir, lorsque, tout à coup, la bonne grosse figure de notre guide nous apparaît au milieu de la foule. J'avoue que jamais face de Chinois ne me fit plus de plaisir que celle de Ou (Barthélemy de son prénom chrétien), en cette circonstance.

Notre sauveur nous explique que sa voiture a failli être réquisitionnée pour transporter les bagages des gens qui doivent suivre le convoi de l'impératrice, et que, d'autre part, le mauvais état de la route a occasionné de nouveaux retards; puis, sans perdre de temps, il arrête une jonque et y fait transporter nos malles et nos provisions. Nous aurons à payer à notre équipage (deux hommes et un enfant) la somme de 7 piastres, moyennant laquelle ces gens s'engagent à ramer jour et nuit, de façon à nous conduire à Tientsin en trente-six heures.

En somme, nous avions été satisfaits des services de notre guide; aussi nous nous séparons de lui en ajoutant à ses émoluments un pourboire raisonnable. Il va retourner à Pékin, où il est marié et heureux père de cinq filles. Nous voici encore une fois seuls et à la merci de bateliers avec lesquels il nous est impossible de correspondre autrement que par signes.

Au commencement, tout va bien. Nos hommes rament avec ardeur. Notre jonque est grande ; cinq ou six personnes pourraient s'y loger commodément. Nous soupons gaiement, puis nous étendons nos couvertures sur les planches, à l'abri du toit de nattes qui recouvre la partie centrale de l'embarcation ; nous fermons les volets, et nous éteignons notre bougie. Mais le froid, les courants d'air, la dureté de notre couche et les innombrables cancrelas qui courent partout, nous empêchent de dormir. Vers dix heures, nous nous apercevons que les rames ne marchent plus. Mon compagnon va trouver nos hommes, qui se reposent en prenant un maigre repas de riz ; il les gronde et s'efforce de leur faire comprendre que, d'après leurs conventions, ils doivent manger et dormir à tour de rôle, sans que la marche du bateau soit jamais interrompue. Les pauvres diables obéissent aussitôt, et cette première nuit se passe sans autre incident.

24 octobre. — Le paysage est d'une tristesse et d'une monotonie désespérantes. Le Peï-ho n'a pas plus de 100 mètres de largeur ; ses eaux bourbeuses s'écoulent lentement entre deux rives sinueuses, plates et nues ; la campagne s'étend à l'infini, desséchée, poussiéreuse et sans arbres. Les villages devant lesquels nous passons sont misérables ; leurs habitants, en haillons. Pour toute distraction, nous avons le lever et le coucher du soleil, ou bien la rencontre d'un convoi de jonques, naviguant toutes voiles déployées. Celles qui remontent le courant ont une corde attachée, d'un bout, au sommet du mât ; sept ou huit hommes, marchant le long du rivage, s'attellent à l'autre extrémité et tirent de toutes leurs forces.

Nos rameurs s'acquittent consciencieusement de leur besogne. Parfois ils descendent à terre et nous font avancer à la cordelle. Vers la fin de la journée, ils prennent un homme de renfort : ils en ont besoin, car, depuis vingt-quatre heures, ils ne se sont guère reposés.

25 octobre. — Rien à noter pendant cette dernière nuit. Malgré le froid et les vents coulis qui sifflent à travers les planches disjointes, j'ai pu reposer quelques heures. Au lever du soleil, toujours splendide, je reprends mon poste d'observation à l'avant : un léger brouillard estompe les objets lointains et ajoute encore à la tristesse du paysage. L'eau est devenue tout à fait jaune. De grandes jonques se succèdent presque sans interruption, remorquées par des escouades de coolies, qui s'avancent péniblement sur la berge, courbés sur la corde tendue. Nous devrions déjà être arrivés, mais nous n'avons pas le courage d'adresser des reproches à nos hommes, qui ont fait tout ce qu'il était humainement possible de faire.

Cependant le Peï-ho présente un spectacle de plus en plus animé; nous approchons évidemment de Tien-tsin. A dix heures, nous entrons dans les faubourgs de la grande ville. Nous avons peine à nous frayer un passage, au milieu de la quantité inouïe de jonques qui obstruent littéralement le cours de la rivière ; aux ponts de bateaux notamment, l'encombrement dépasse tout ce qu'on peut imaginer. L'activité commerciale n'est pas moindre sur la berge, où une foule compacte d'ouvriers, nus jusqu'à la ceinture, sont constamment occupés à charger ou à décharger des marchandises. Enfin, après avoir longé, sur une étendue de plusieurs kilomètres, d'énormes amas de sel, hauts de 10 à 15 mètres, qui forment sur la rive gauche comme une chaîne de collines, nous débarquons à midi devant le consulat de France. Nous avions employé quarante-deux heures pour descendre les 200 kilomètres de la rivière, avec

Tien-tsin. — Vue prise sur le Peï-ho.

toutes ses sinuosités; la route, en ligne droite, serait d'un tiers plus courte.

Tien-tsin est la cité la plus commerçante du nord de la Chine. Depuis trente ans, le nombre de ses habitants a quintuplé; il atteint aujourd'hui le chiffre d'un million et tend sans cesse à augmenter. C'est le principal port de la fertile et populeuse province du Petchili, si riche en coton et en céréales; c'est de là que se répandent dans l'intérieur les 600 000 tonnes de marchandises que l'étranger y déverse annuellement, et dont plus de la moitié est importée maintenant sous pavillon chinois.

La ville se compose d'une cité murée, de forme carrée, et de faubourgs très étendus, longeant les rives du Peï-ho et celles du Grand Canal. La concession européenne est à 3 kilomètres au sud-est de la ville chinoise; elle est comprise, comme cette dernière, dans l'immense enceinte récemment construite par les Chinois, laquelle n'a pas moins de 32 kilomètres de tour et consiste en un rempart de terre protégé, du côté de la plaine, par un fossé plein d'eau, et dont le sommet est assez large pour que l'on puisse y circuler en voiture.

M. Dillon, que nous allons voir aussitôt après notre arrivée, nous apprend que, le surlendemain matin, deux vapeurs partiront pour Shang-haï, l'un sous pavillon anglais, l'autre sous pavillon chinois. Ainsi, nous n'avons que l'embarras du choix, et il nous reste un jour et demi pour visiter Tien-tsin, ce qui est bien suffisant, car, sauf Pékin, toutes les villes chinoises se ressemblent, et ici il n'y a rien que nous n'ayons vu ailleurs.

Je me disposais à aller me loger à l'hôtel anglais, lorsque le P. Cokset, lazariste, pour lequel Mgr Delaplace nous avait chargé d'une commission, nous retient à dîner et, par la même occasion, met une chambre à notre disposition.

Le lendemain matin, notre excellent consul vint nous

chercher pour nous faire visiter la ville. Il amenait avec lui trois djinrikshas. Ces véhicules japonais étaient alors une nouveauté à Tien-tsin; on venait de les y introduire. A peine avais-je pris place dans ma petite voiture, avec laquelle j'étais tout heureux de renouveler connaissance, que mon Chinois me laissa verser, ou plutôt renverser en arrière. A la vérité, je n'eus aucun mal; mais il paraît que, dans les efforts infructueux que je faisais pour me dégager, j'offrais à mes compagnons un spectacle assez comique. Du reste, nos conducteurs, peu familiarisés avec leur nouveau métier, étaient incapables de soutenir une allure rapide; aussi nous ne tardons pas à les renvoyer, et nous continuons notre promenade à pied.

Nous traversons un grand terrain vague, coupé de canaux et parsemé de tombeaux; la municipalité anglaise vient de l'acheter pour le transformer en parc. Puis, nous suivons la crête des nouveaux remparts; de ce point élevé, on jouit d'une vue très étendue sur une campagne marécageuse, dont les flaques d'eau sont utilisées pour l'élevage d'innombrables canards. Nous arrivons ainsi à la pagode des Traités, ainsi nommée parce que c'est là que furent signées les conventions de 1861 avec les puissances occidentales. Attenant au temple se trouve un petit arsenal renfermant une fabrique de cartouches, de capsules et aussi de torpilles.

Un peu plus loin se dressent les murailles de la ville chinoise. Pour y pénétrer, on s'engage, comme à Pékin, sous une longue voûte sombre, au risque d'être écrasé par les animaux, les charrettes et les lourdes voitures attelées de bœufs, qui encombrent l'étroit passage. Nous traversons la cité de part en part, jouant des coudes et nous frayant avec difficulté un chemin, au milieu d'une cohue d'êtres humains, hâves et déguenillés.

Les maisons des mandarins et celles des riches sont toujours dissimulées derrière de hautes murailles. A la porte de l'une d'elles, M. Dillon me fait remarquer les préparatifs d'un enterrement. Sous le vestibule sont rangés des mannequins, des ornements et des attributs en carton peint; des guirlandes de papier argenté ou doré représentent des lingots de métal : tout cela est destiné à être brûlé, lors de la cérémonie définitive. Deux individus accroupis sur le seuil font entendre, à l'aide d'une espèce de clarinette, une phrase musicale, triste et toujours la même; d'autres musiciens les accompagnent, frappant à tour de bras sur des tambours, des cymbales et des triangles. J'aurais bien voulu assister à la fin de la cérémonie, mais le consul me prévint qu'elle pouvait durer plusieurs journées.

Les faubourgs sont moins sales, plus commerçants et encore plus populeux que la ville elle-même; c'est là que se trouvent les plus belles boutiques. Nous entrons chez des marchands de curiosités, d'objets en jade, de pipes à eau, de bijoux confectionnés avec les plumes bleues d'une espèce de martin-pêcheur. J'achète quelques statuettes en terre coloriée, fort bien exécutées : c'est une spécialité de Tien-tsin.

Les librairies ont partout le don de m'attirer. Mais ici, elles sont bien moins intéressantes qu'au Japon : depuis longtemps, en Chine, on n'édite plus de nouveaux livres; on se borne à réimprimer les anciens.

Nous traversons le grand canal impérial, qui faisait autrefois communiquer le centre de la Chine avec le nord, par le fleuve Bleu et le fleuve Jaune (le Yang-tsé-kiang et le Hoang-ho). Maintenant, il est en partie hors de service; faute d'entretien, cette œuvre colossale des anciens empereurs est devenue à peu près inutile.

Nous voici devant l'emplacement où se trouvaient autrefois le consulat de France, la cathédrale et l'établissement des Lazaristes. La haute tour de l'église et quelques pans de murs sont seuls debout; tout le reste a été détruit par l'incendie. Le 21 juin 1870, ces lieux ont été témoins des scènes sanglantes connues sous le nom de *massacres de Tien-tsin*. Le baron de Hübner, dans son beau livre qu'il est impossible de ne pas citer lorsqu'on parle de la Chine, a retracé en détail cette lugubre histoire.

M. Dillon nous montre l'endroit où ont été massacrés M. Fontanier, consul de France, le père Chevrier et deux jeunes époux, M. et Mme Thomassin; ces derniers étaient arrivés la veille et devaient se rendre à Pékin le jour même. Dix sœurs de charité, un Allemand, un Russe et sa jeune femme, furent également mis à mort sur d'autres points de la ville, avec des raffinements inouïs de cruauté.

Aujourd'hui, les tombeaux des victimes sont alignés dans la cour, convertie en cimetière. Ils ont été construits aux frais du gouvernement chinois, qui, en outre, a payé une indemnité de deux millions à leurs familles. Mais on attend toujours le monument expiatoire qui devait être érigé en ce lieu; le piédestal seul est posé.

Au retour, nous suivons les quais de la rive gauche du Peï-ho. Quels quais, grands dieux! Des ruelles infectes, un sentier étroit et glissant, tracé sur l'extrême bord de la berge escarpée, et interrompu à chaque instant par des fossés pleins de vase, qu'il faut traverser sur une planche branlante!

Dans la journée, j'allai voir M. Wœber, consul de Russie. J'avais une lettre à lui remettre de la part de M. de Skatschkoff [1], son prédécesseur, avec lequel j'avais parcouru le nord de l'Inde en 1878, et qui m'avait donné de précieux renseignements pour mon voyage à travers la Sibérie. M. Wœber m'invite à dîner, et j'ai le plaisir de

---

1. M. Constantin de Skatschkoff, ancien consul général de Russie en Chine, dont je m'honore d'avoir été l'ami, est mort le 7 avril 1883, à Saint-Pétersbourg, où depuis son retour de Chine il était attaché au ministère des affaires étrangères.

faire la connaissance de Mme Wœber, qui parle le français comme une véritable Parisienne; ses jeunes enfants, à l'éducation desquels elle se dévoue, sont gracieux comme leur mère. J'ai passé là une excellente soirée. Le consul de Russie est un géographe distingué; il me donna sur le pays, qu'il habite depuis longtemps et connaît à fond, beaucoup de détails intéressants; il voulut bien aussi m'offrir une grande carte de la province de Petchili, œuvre remarquable, à laquelle il a consacré plusieurs années de travail; puis, à onze heures du soir, il me fit conduire à bord du *Haë-ting*, de la Compagnie *China merchants*, que l'on nous avait recommandé, de préférence au *Petchili*, de la maison Jardine.

27 *octobre*. — Nous éprouvons de grandes difficultés à virer de bord. Un radeau, amarré le long de la rive, nous barre en partie le passage déjà bien étroit, car, à Tien-tsin, le Peï-ho n'a guère que 120 mètres de large. Plusieurs fois nous touchons, mais sans avarie, le fond étant partout de vase. Tout cela n'en donne pas moins lieu à des retards considérables; il faut débarquer des hommes qui vont attacher de grosses cordes à des arbres ou à d'énormes pieux, plantés de distance en distance sur le rivage; puis faire machine en arrière, stopper, reprendre la marche, tantôt d'un côté, tantôt de l'autre. Nous parvenons enfin à nous dégager. Un peu plus loin, nous rencontrons le *Petchili*, qui nous a dépassés pendant que nous étions dans l'embarras, mais qui maintenant est pris par le travers, sur un banc de boue, sans pouvoir ni avancer ni reculer; il nous lance un câble, et nous essayons, mais en vain, de le remettre à flot, au risque d'aller échouer à côté de lui. De guerre lasse, le capitaine ordonne de stopper et vient déjeuner avec nous.

Lorsque nous remontons sur le pont, le *Petchili* a disparu; il est parvenu à se tirer tout seul de ce mauvais pas, mais nous avons perdu deux heures à cause de lui : il n'en faut pas plus pour nous occasionner un retard d'une journée, à cause de la barre de Takou que l'on doit franchir à marée haute.

Cependant nous avons regagné une partie du temps perdu. A la chute du jour, nous approchons de Takou ; nous revoyons les moulins à vent, les montagnes de sel, les cahutes de boue des villages. Le temps, du reste, est superbe ; le soleil se couche sur un panorama d'une suprême mélancolie. L'eau, la terre, le ciel, les roseaux, les maisons, tout est jaune autour de nous ; le soleil lui-même n'est qu'un énorme globe, jaune comme la nature entière, et que l'on peut regarder fixement sans en être incommodé, malgré la netteté de ses contours.

Après le dîner, on jette l'ancre. Il n'y a pas assez d'eau, et nous devons attendre la marée pour franchir la maudite barre de Takou : nous sommes là pour toute la nuit, sinon davantage, car un de nos compagnons, le baron de Bulow, capitaine de dragons dans l'armée allemande, me raconte que trois semaines auparavant il est resté deux jours et demi à cette même place. Je l'avais rencontré au mois d'août dernier à Yokohama ; maintenant, il arrive de Pékin, et nous ferons route ensemble jusqu'à Shang-haï.

Nous sommes seulement quatre passagers de première classe, y compris un *tao-taï* ou préfet chinois, homme fort aimable et qui voudrait bien converser avec nous, mais nous ne pouvons nous entendre que par signes.

Matériellement, je me trouve fort bien à bord du *Haëting*. J'occupe seul une spacieuse cabine, avec un lit deux fois large comme les couchettes des Messageries. Les passagers de troisième classe sont peu nombreux ; l'emplacement qui leur est habituellement réservé est encombré de tas de choux et autres légumes ; ces produits de la plaine fertile qu'arrose le Peï-ho sont expédiés dans le sud de la

Chine, où le climat plus chaud est moins favorable à la culture maraîchère.

28 *octobre*. — Ce matin, nous avons heureusement franchi la barre. A peine sommes-nous en pleine mer, que le vent fraîchit; notre steamer, ballotté, inondé par les lames, n'avance plus que lentement. Mes compagnons sont malades; le tao-taï reste invisible : les allées et venues de son domestique indiquent suffisamment la nature de son indisposition. Dans la soirée, la mer devient très mauvaise.

29 *octobre*. — La tempête a duré toute la nuit; cependant nous avons assez bien marché, car, à neuf heures du matin, nous mouillons dans la rade de Tchéfou; près de nous, les navires à l'ancre sont horriblement secoués. Le soleil brille, mais le vent souffle toujours avec violence, et il fait froid. Malgré le mauvais état de la mer, M. de Bulow et moi nous rendons à terre, avec le bateau de la douane. L'embarquement et le débarquement sont très difficiles : il faut saisir, pour sauter, l'instant précis où la barque, soulevée par le flot, se trouve au niveau de l'échelle.

Nous allons faire une promenade dans la ville chinoise, et, au retour, nous achetons, dans un magasin allemand, des serviettes et des foulards de soie grège, d'une belle couleur jaune, fabriqués spécialement à Tchéfou.

Dans l'après-midi, on se remet en route. La mer se calme peu à peu. De l'autre côté du promontoire de Chantoung, nous retrouvons le beau temps. Nous sommes maintenant dans la mer Jaune, qui n'a jamais été mieux nommée qu'aujourd'hui.

30 *octobre*. — Ce matin, une caille s'est abattue devant moi, sur le pont, et s'est réfugiée dans l'escalier; je l'ai prise et lui ai rendu la liberté quelques minutes après. Elle a immédiatement repris son vol et s'est dirigée sans hésiter du côté de la terre, qui cependant n'est pas en vue.

La table se garnit de nouveau; le tao-taï, toujours poli

et souriant, revient prendre sa place. Nous apprenons qu'il a fait un voyage au Japon; grâce aux bribes de japonais que nous avons retenues de part et d'autre, nous parvenons, non sans peine, à échanger quelques idées. Nos cartes géographiques et nos livres l'intéressent vivement. Nous nous offrons réciproquement nos cartes de visite; la sienne est un carré de papier rouge, sur lequel il a tracé son nom en gros caractères, avec un pinceau. Son serviteur est presque toujours avec lui; le matin, il l'aide à faire sa toilette, lui rase la tête et tresse sa longue queue, qui retombe jusqu'à terre; dans la journée, il nettoie et entretient la pipe à eau de son maître, ou bien joue avec lui une partie d'échecs.

31 octobre. — La température, sensiblement plus douce, nous avertit que nous avons déjà fait beaucoup de chemin vers le sud. En même temps, la couleur plus brune de l'eau indique les approches des bouches du Yang-tsé-kiang et le voisinage de la côte. Toutefois, il est plus de midi, lorsque nous entrons dans le Wang-pou.

A quatre heures, le *Haë-ting* jette l'ancre à une lieue de Shang-haï; il a un chargement de cartouches à mettre à terre en cet endroit. Enfin, à la tombée de la nuit, un petit sampan nous débarque au quai de la concession française.

J'avais quitté l'hôtel des Colonies le 9 octobre; j'y rentrais le 31 : mon excursion à Pékin m'avait demandé vingt-trois jours seulement.

CHAPITRE XIV

DE SHANG-HAÏ A HAN-KEOU

3-6 novembre.

Navigation sur le Yang-tsé-kiang. — Le *Kiang-yung*. — Chin-kiang. — Nankin. — Wou-hou. — Ngan-king. — Le lac Poyang. — Kiu-kiang. — Arrivée à Han-Keou.

3 *novembre*. — Me voici de nouveau à bord d'un steamer. Cette fois, je suis seul : M. Michel est resté à Shang-haï[1]. J'ai vainement tenté de l'entraîner avec moi sur le Yang-tsé-kiang, que je me propose de remonter jusqu'au point extrême desservi par les bateaux à vapeur ; mais, ne disposant que d'un temps très limité pour accomplir son tour du monde, et désireux de visiter l'Hindoustan avant de rentrer en Europe, il a résolu de partir très prochainement pour Hong-kong. Je le regrette ; je perds en lui un excellent compagnon, dont j'avais été à même d'apprécier les sérieuses qualités, pendant plus d'un mois d'une existence dont nous avions partagé les joies comme les fatigues.

Plusieurs compagnies chinoises et anglaises entretiennent des bateaux à vapeur, qui remontent et descendent

---

1. En quittant la Chine, M. Michel s'est rendu par Singapour et Penang, à Calcutta ; puis, après avoir visité le nord de l'Inde, il s'est embarqué à Bombay pour rentrer directement en France, où il est arrivé à la fin de janvier 1882. Dans le cours de la même année, il a publié à Nice, en 2 volumes, son journal de voyage sous le titre de : *Le Tour du monde en 240 jours*.

le Yang-tsé-kiang. Comme ces navires sont principalement destinés au transport des marchandises, les départs n'ont pas lieu à jour fixe; toutefois il y en a plusieurs par semaine, dans chaque sens, et le public en est suffisamment prévenu par les journaux et les affiches. Les principales escales du fleuve sont desservies, de sorte que maintenant on peut se rendre rapidement et commodément de Shang-haï aux villes du Yang-tsé, jusqu'à I-tchang-fou, cité récemment ouverte au commerce étranger, à 1760 kilomètres dans l'intérieur de la Chine.

Le *Kiang-yung*, sur lequel j'ai pris passage [1], appartient à la Compagnie *China merchants*. Il a été construit à Glascow, sur le modèle des steamers qui sillonnent les rivières d'Amérique; la machine, dissimulée derrière un système de cloisons, reste invisible; le premier pont, ouvert sur les côtés, est affecté aux marchandises. Au-dessus sont les cabines, s'ouvrant sur une galerie couverte qui fait le tour du bâtiment; une large plate-forme couronne l'édifice et sert de promenoir. Nous ne sommes que cinq passagers de première classe; j'occupe une petite chambre confortable et bien aérée : j'y serai aussi à l'aise qu'à l'hôtel.

Pour la quatrième fois, je franchis la barre de Wousong, qui sépare le Wang-pou de l'estuaire du Yang-tsé. Cette passe difficile s'est beaucoup envasée dans ces dernières années, et, si les négociants de Shang-haï n'y prennent garde, elle deviendra impraticable. Le gouvernement chinois, peut-être à dessein et dans le but de paralyser le commerce étranger, n'y fait aucun travail de curage.

Nous entrons dans le bras méridional du Yang-tsé, protégé contre la mer par la grande île de Tsung-ming, qui n'était, il y a un siècle, qu'un banc de sable, et qui nourrit

[1]. J'ai payé 50 taëls (322 francs) pour un billet d'aller et retour de Shang-haï à Han-keou. La distance, pour le voyage simple, est de 602 milles (1115 kilomètres).

aujourd'hui un million d'habitants. Pendant plusieurs heures, on navigue dans la direction du nord-ouest, entre deux rives invisibles à cause de leur éloignement et du peu d'élévation du sol. La largeur du fleuve est alors de 10 à 20 kilomètres; si ce n'étaient ses eaux fangeuses, on pourrait le confondre avec la mer.

Dans ces parages, la navigation présente de grandes difficultés pour les navires d'un fort tonnage. Les cartes et les observations astronomiques sont également inutiles, car le chenal praticable change fréquemment de place, et il faut se guider uniquement sur les signaux flottants, placés par la douane pour indiquer la route.

Nous dépassons la pointe N.-O. de Tsung-ming; la côte apparaît : c'est une plaine d'alluvion, bordée, sur le rivage, d'arbres et de cottages. Peu à peu, le fleuve se rétrécit et finit par ne plus conserver qu'une largeur normale de 4 kilomètres. La rive nord, qu'on longe d'assez près, est bien boisée; les arbres sont plus grands, la végétation plus riche que sur les bords du Peï-ho. La campagne est coupée d'innombrables canaux formant, à leur entrée dans le fleuve, autant de ports où s'abritent une infinité de jonques.

Nous avions quitté Shang-haï au point du jour; vers trois heures de l'après-midi, on s'arrête à Kiang-yin pour prendre quelques passagers. Aux abords de cette ville, la rive droite se relève en collines pittoresques, dont les sommités sont couronnées de batteries, reliées entre elles par un vaste système de fortifications communiquant avec un camp retranché, dissimulé sur le versant opposé. Ce ne sont plus de ridicules forts de boue, comme les Chinois en élevaient autrefois, mais de belles et bonnes redoutes à parapets cuirassés, armées, dit-on, d'excellents canons européens.

Les eaux du Yang-tsé se brisent avec violence au pied de la montagne. Leur couleur jaune sombre est due à l'énorme quantité de limon et de sable qu'elles charrient constamment. Le « Grand Fleuve », Ta-kiang, comme les Chinois l'appellent, draine un bassin trois fois et demie grand comme la France et, de beaucoup, le plus populeux de la terre ; car le nombre de ses habitants n'est pas évalué à moins de 200 millions. Le développement de son cours est approximativement de 4 650 kilomètres, dont les deux cinquièmes sont ouverts à la navigation maritime. Inférieur en longueur aux grands fleuves glacés de la Sibérie, il l'emporte sur eux par le volume de ses eaux. C'est bien véritablement le roi des fleuves de l'Asie.

Le capitaine Knights est Anglais ; c'est un homme fort aimable, naviguant depuis de longues années dans les mers de Chine, et parlant bien le français. Il met à ma disposition ses cartes et ses livres, et me donne avec complaisance tous les renseignements que je lui demande.

Le régime du bord est luxueux : mets nombreux et recherchés, quatre ou cinq espèces de vins, thé et liqueurs entre chaque repas, service irréprochable. Les *boys* chinois, propres, attentifs et silencieux, préviennent tous vos désirs : on n'a pas la peine de dire un mot, ni même de faire un geste ; tout est réglé comme dans un ballet. La plus grande partie du temps se passe à table. Si, après avoir fumé un cigare sur le pont, je descends au salon pour écrire, je vois de nouveau la nappe mise. J'étais tout fier d'avoir sensiblement maigri, à la suite de ma traversée de Sibérie ; au Japon, la chaleur et mes voyages dans l'intérieur m'avaient entretenu dans le même état satisfaisant, mais je crains bien qu'en Chine il n'en soit plus de même.

Dans la soirée, nous arrivons à Chin-kiang (288 kilomètres de Shang-haï), sur la rive droite du Yang-tsé, très resserré en cet endroit et n'ayant guère plus de 1500 mètres de large ; aussi le courant, d'une extrême rapidité, donne-t-il naissance à des tourbillons et des remous dangereux. Sa profondeur moyenne est de 60 mètres, avec une différence de niveau considérable, selon les saisons.

Notre steamer accoste un dock flottant, à plusieurs étages, et bondé de marchandises. Nous passons là deux heures; pendant tout ce temps, les chants rythmés des coolies, transbordant d'énormes ballots, ne cessent de se faire entendre.

La situation de Chin-kiang, « garde du Fleuve », est fort belle. Deux îles gracieuses, couvertes d'une épaisse végétation et dominées par d'élégantes pagodes, l'île d'Or et l'île d'Argent, sont postées sur le fleuve, comme deux sentinelles. La cité indigène est bâtie au pied d'une chaîne de collines, sur lesquelles court une longue ligne de remparts. Elle est ouverte au commerce étranger. La concession européenne a bon air; la maison du consul anglais, construite sur une éminence, se voit de fort loin : c'est la plus belle de la ville.

Le canal impérial, venant du nord de la Chine, entre dans le Yang-tsé en face de Chin-kiang et poursuit sa route vers le sud, en passant à travers la ville. Mais, depuis que cette grande voie de communication a été mise hors de service par le déplacement du Hoang-ho et les inondations qui en ont été la conséquence, Chin-kiang a beaucoup perdu de son importance. D'autres événements ont hâté sa décadence. En 1853, elle a été saccagée par les Taï-ping; quatre ans plus tard, elle fut reprise par les impérialistes, qui la détruisirent de fond en comble et en massacrèrent les habitants.

Aujourd'hui, la malheureuse ville se relève de ses ruines; le commerce a repris une nouvelle activité; le chiffre de sa population, bien restreint en comparaison de ce qu'il était autrefois, atteint cependant 200 000 âmes. Toutefois on me dit que, nulle part en Chine, la misère n'est plus grande qu'à Chin-kiang. Comme dans la plupart des cités riveraines du Yang-tsé, l'ancienne enceinte ne renferme plus guère que des décombres ou des champs en culture; la masse de population est groupée dans des ruelles, hors des murailles.

4 novembre. — A six heures du matin, on s'arrête en face de la célèbre ville de Nankin (372 kilomètres de Shang-haï), qui, jusqu'au commencement du quinzième siècle, fut la capitale de la Chine [1]. La majeure partie de cette cité, autrefois la plus populeuse du monde, n'est plus aujourd'hui qu'un immense amas de ruines, avec quelques misérables villages autour desquels on peut chasser le faisan et même le gros gibier. Conquise en 1853 par les rebelles et devenue le siège de leur gouvernement, elle fut reprise en 1864 par les troupes impériales, qui lui firent éprouver le même sort que Chin-kiang. La ville fut rasée, ses défenseurs passés au fil de l'épée, et ses derniers habitants exterminés : c'est ainsi que l'on comprend la guerre en Chine.

De l'ancienne cité, il ne reste plus rien que les bâtiments officiels et ses énormes murailles, qui, hautes de 20 mètres et larges de 12, se développent irrégulièrement sur un pourtour de 48 kilomètres, franchissant collines, lagunes et canaux. La fameuse tour de porcelaine, qui passait pour une des merveilles du monde, a disparu si complètement, qu'aujourd'hui on a peine à en retrouver l'emplacement. M. Knights me fit voir une brique blanche qui en provenait; on n'en trouve plus maintenant sur place : elles ont toutes pris le chemin de l'Europe ou de l'Amérique.

Du pont du navire, on distingue quelques constructions importantes que l'on me dit être le yamen du vice-roi, le yamen des examens, un arsenal et une pagode. Autour de

---

1. Nankin veut dire *résidence du Sud*, par opposition avec Pékin, *résidence du Nord*.

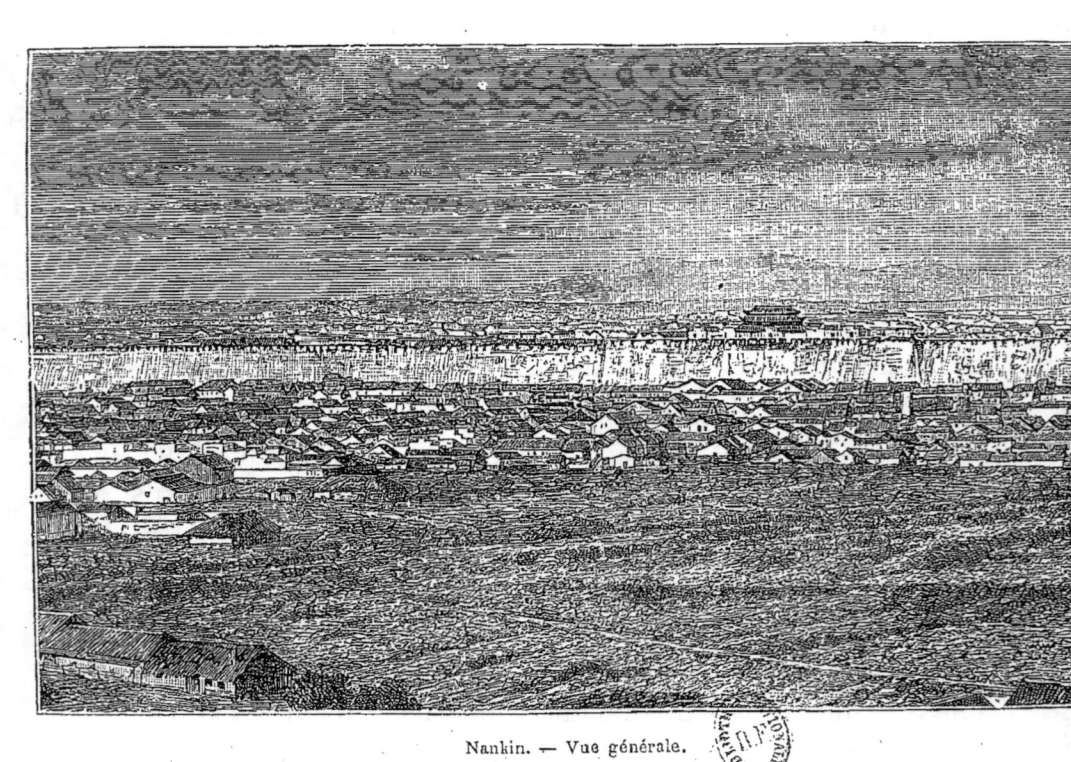

Nankin. — Vue générale.

ces bâtiments s'étend une masse assez serrée de maisons basses, couvrant une bien faible partie de l'espace compris entre les murs : c'est la ville actuelle de Nankin. Le nombre total des habitants de l'antique métropole de la Chine ne dépasse pas 150 000 ; une grande partie, pour éviter les taxes de l'intérieur des villes, s'est fixée hors des remparts, sur les bords du fleuve.

On ne s'arrête à Nankin que le temps nécessaire pour prendre et laisser les passagers. Le commerce de cette ville, jadis si florissante, a si peu d'importance aujourd'hui, que les nations européennes ont négligé de la faire comprendre au nombre des ports ouverts.

Le *Kiang-yung* continue sa route en longeant la rive sud du fleuve, qui conserve toujours sa même largeur. Nous dépassons de grandes îles basses, coupées de canaux servant de refuge à d'innombrables bandes de canards sauvages. Les roseaux qui croissent sur le rivage, et dont j'évaluais de loin la hauteur à deux mètres, en ont en réalité de six à sept ; on les utilise comme combustible.

Le trait caractéristique de ce pays, c'est la quantité inouïe de jonques que l'on aperçoit sur le fleuve, et même à travers champs ; ce dernier fait s'explique par le grand nombre de canaux qui découpent le sol.

Sur les rives, autour des maisons, je remarque souvent des cercueils simplement posés sur le sol ; ils attendent ainsi l'époque de la sépulture définitive.

Nous quittons la province de Kiang-sou, « Coulées du Fleuve », pour entrer dans celle de Ngan-hoeï, « Bourgs pacifiques ». Le fleuve s'élargit d'une manière démesurée ; son bras principal passe au pied des pittoresques montagnes de l'Est, près de la ville de Taï-ping, dont on aperçoit la haute pagode, au sommet d'une colline. Nous suivons le chenal du milieu, large de plus d'un mille.

Un peu plus loin, on franchit les portes du Yang-tsé : ce

sont deux rochers escarpés, se faisant face de chaque côté de la rivière et s'élevant isolément au-dessus de la plaine environnante. Sur celui de gauche, on distingue un ensemble de temples et de monastères, accrochés à ses flancs et à demi cachés sous les arbres.

Vers midi, on atteint Wou-hou (474 kil.), port ouvert et station de douane. La ville, peuplée d'une centaine de mille habitants, se trouve à un kilomètre et demi du fleuve. Ses faubourgs se composent, comme toujours, de sales ruelles où des bandes de cochons noirs et des chiens galeux disputent la place aux passants; sur la rive, on remarque quelques constructions à l'européenne, habitées par les résidants étrangers. Je visite un entrepôt d'opium, appartenant à la maison *Sassoun David and sons*, de Bombay : 400 caisses d'opium, contenant chacune 48 boules, de la grosseur d'un fromage de Hollande, sont entassées dans un petit magasin sans apparence; chaque caisse valant 2 500 francs, il y en a là pour un million.

Wou-hou est une ville commerçante et industrielle. On y fabrique d'excellents cordages en bambou; les ouvriers, perchés sur de légers échafaudages, à 15 ou 20 mètres au-dessus du sol, travaillent sous un abri en forme de guérite; la corde est ainsi tressée verticalement, et non horizontalement comme chez nous. Ailleurs, on décortique le riz : huit coolies rangés quatre par quatre, les uns vis-à-vis des autres, et armés chacun d'un pilon de pierre emmanché comme un marteau, frappent alternativement les gerbes; pour ne pas se heurter, il faut que leurs mouvements soient calculés avec une précision mathématique.

Près du fleuve s'élève une énorme tour à demi ruinée, mais encore solide. Des arbrisseaux ont pris racine dans les fissures de ses parois; au sommet croissent de véritables arbres. Elle est d'un bon style, et on la dit très ancienne; une légende la qualifie de reine des tours de la Chine et raconte qu'à de certaines époques toutes les autres s'inclinent pour lui faire *tchin-tchin*, c'est-à-dire la saluer.

C'est dans le pays au-dessus de Wou-hou que la rébellion des Tchang-mao, « Longs Chéveux », appelés plus communément Taï-ping, « Grande Paix », commença à prendre une extension considérable. Originaire du sud, elle se propagea rapidement dans toute la vallée du Yang-tsé et, remontant au nord, s'avança, menaçante, jusqu'aux portes de Tien-tsin. Dès 1851, ce n'était plus une simple insurrection, mais bien une terrible guerre civile. En 1862, la dynastie mandchoue était à deux doigts de sa perte, lorsque l'intervention européenne vint changer la face des choses. Les Taï-ping, repoussés de Shang-haï, perdirent rapidement le terrain qu'ils avaient conquis. Lorsque, en 1864, les débris de leur armée se rendirent aux troupes impériales, sous promesse d'avoir la vie sauve, celles-ci, au mépris de la foi jurée, massacrèrent impitoyablement non seulement les soldats, mais encore les habitants des villes qu'ils livraient aux flammes.

Le capitaine Knights, témoin oculaire de toutes ces horreurs, me raconta qu'une fois son bateau à vapeur avait navigué, pendant trente heures, au milieu des cadavres charriés par le fleuve. Il fit plusieurs voyages de Shang-haï à Han-keou en pleine guerre civile : les belligérants se canonnaient d'une rive à l'autre et suspendaient leur feu pour le laisser passer.

Lorsque la guerre civile eut pris fin par l'extermination des habitants, une proclamation de l'empereur invita les paysans de la province du Hou-pé à venir cultiver les campagnes abandonnées. Beaucoup ont répondu à cet appel, et, parmi eux, un assez grand nombre de chrétiens. Ce pays, entièrement dépeuplé il y a dix-sept ans, commence à renaître. La nouvelle population est douce et laborieuse.

A Wou-hou, le nombre des passagers de la première

classe s'est augmenté d'un Chinois de distinction : c'est le fils du fameux Li-Hong-Tchang, vice-roi du Petchili, l'homme le plus en vue en ce moment et que l'on dit être aussi le plus favorable aux étrangers. Notre nouveau commensal est un jeune homme de vingt-sept ans, déjà un peu obèse, mais d'une physionomie intelligente. Il porte de grosses lunettes et est vêtu d'une magnifique robe de velours bleu. Aimable causeur, il parle très correctement l'anglais et me donne sa carte de visite en caractères européens; sur ma demande, il consent gracieusement à y ajouter son nom en chinois.

A la chute du jour, des vols de corbeaux, des pies, des bandes de cormorans et d'oies grises, des nuées de canards sauvages, viennent s'abattre au milieu des roseaux et des flaques d'eau du rivage, pour y passer la nuit. Nulle part je n'ai vu le gibier d'eau plus abondant que dans ces parages. De distance en distance, des pêcheurs, à l'affût au bord du fleuve, abaissent et relèvent alternativement de grands filets tendus sur de légers bambous : de loin, on dirait de gigantesques toiles d'araignée. Les rayons obliques du soleil couchant illuminent merveilleusement ce paysage d'une agreste beauté.

Nous avons à bord un touriste américain, M. Libby. *Globe trotter* infatigable, il en est à son troisième tour du monde. Nous causons souvent de nos voyages; pendant des heures entières, nous arpentons ensemble le pont, à pas précipités, au grand ébahissement des Chinois, qui ne comprennent rien à un pareil manège : s'imposer ainsi une fatigue corporelle, sans but apparent, pour le seul plaisir de la locomotion, est assurément à leurs yeux une idée saugrenue, bien digne des barbares occidentaux, mais incapable de germer dans un cerveau asiatique.

5 *novembre*. — Ce matin, on a stoppé devant Ngan-king, ville importante, capitale de province. On m'assure que les étrangers y sont plus mal vus que partout ailleurs, pro-

bablement à cause du grand nombre de lettrés, de mandarins et de soldats qui y résident.

Nous rencontrons assez souvent, descendant le fil de l'eau, d'immenses radeaux d'un volume considérable, chargés de bois et de marchandises. On les construit, pendant la saison des basses eaux, sur les rives des lacs de l'intérieur; à l'époque des crues, le flot les soulève. Ce sont de véritables villages flottants, avec leurs cabanes habitées par une cinquantaine de mariniers, leurs femmes et leurs enfants. La nuit, leur énorme masse constitue un sérieux danger pour les navires à l'ancre et les steamers qui remontent le fleuve.

La rive gauche est plate et fertile; la droite se relève en collines arides, derrière lesquelles s'étagent, par plans successifs, de hautes montagnes, dont les sommités forment une série de cônes d'une grande régularité.

Les villages que l'on rencontre à chaque instant ont un aspect misérable. Les jonques, toujours aussi nombreuses que les jours précédents, sont d'un effet très pittoresque, avec leurs grandes voiles gonflées par le vent. Elles restent rarement à l'ancre dans le fleuve, mais profitent des canaux qui y aboutissent, pour aller passer la nuit dans le voisinage des lieux habités. Souvent elles remontent le courant, remorquées par une douzaine de coolies : en Chine, ce sont les hommes qui font presque tous les travaux réservés, en d'autres pays, aux bêtes de somme.

Nous dépassons Tung-liou, grande ville fortifiée. Ses murailles crénelées escaladent les montagnes qui l'environnent de trois côtés, courent à de grandes distances sur les sommets voisins et viennent aboutir au fleuve.

Plus loin, nous longeons des rochers à pic dominés par de hautes murailles, construites là on ne sait pourquoi; selon le capitaine, les Chinois ont eu l'idée étrange et naïve de les élever uniquement en vue d'arrêter les vents du nord-est.

Nous avons quitté la province de Ngan-hoeï. Maintenant, au nord, c'est le Hou-pé, « Nord du Lac » ; au sud, le Kiang-si, « Ouest du Fleuve ». La population réunie de ces deux provinces centrales dépasse 55 millions d'habitants.

Le paysage devient de plus en plus pittoresque. Le fleuve se resserre, se divise en plusieurs bras. Sur la rive droite, les collines descendent en pentes abruptes; des tourelles, des pagodes, semblent suspendues aux flancs des falaises. Des rocs bizarres affectent l'apparence d'animaux monstrueux, couchés dans l'eau. Un îlot de forme conique se dresse à une hauteur de 100 mètres au-dessus des flots : c'est le « Petit Orphelin ». Il est couvert d'une épaisse végétation et, à son sommet, qui paraît inaccessible, s'élève un petit temple bouddhiste ; à mi-côte, dans une anfractuosité du rocher, on distingue, sous les grands arbres, un monastère aux toits recourbés, couverts de tuiles vernissées. Un peu plus loin, on aperçoit le « Grand Orphelin », masse rocheuse surmontée d'une haute tour aux toits multiples. Ces deux îlots semblent garder l'entrée du lac Poyang, défendu d'ailleurs par un système de fortifications qui s'étendent jusqu'à la ville de Hou-kao et à son grand monastère, aux blanches murailles.

Cette partie de la Chine centrale est remarquable, non seulement par ses beautés naturelles, mais aussi par son importance commerciale et industrielle. D'inépuisables dépôts de kaolin existent sur les bords du lac Poyang, immense nappe d'eau huit fois grande comme le lac de Genève et parsemée d'îles nombreuses. C'est là que, depuis deux mille ans, se fabriquaient les porcelaines les plus renommées de la Chine. Malheureusement, à la suite de la dernière guerre civile, le pays fut si complètement dévasté, que les antiques traditions de l'art se sont perdues à jamais. Aujourd'hui, la fabrication a repris une nouvelle activité, mais les ouvriers ne produisent rien qui puisse être comparé, soit pour le dessin, soit pour la forme ou le coloris, aux objets anciens : aussi le Japon moderne est-il bien supérieur à la Chine, dans l'art céramique.

Kiu-kiang, où nous arrivons deux heures après avoir dépassé la bouche du lac Poyang, est située sur la rive droite du fleuve, à 835 kilomètres de Shang-haï. C'est un port ouvert au commerce international. La concession étrangère se développe sur une étendue de 5 à 600 mètres, le long d'un boulevard planté d'arbres, au bord de la rivière. Comme nous devons nous y arrêter quelques heures, je descends à terre et j'accompagne le capitaine Knights, qui se rend à la mission lazariste. Nous avons la bonne fortune d'y rencontrer Mgr Bray, vicaire apostolique de Kiang-si, dont la résidence habituelle est à Fou-tcheou, au sud du Poyang, et qui se trouve ici en tournée pastorale. Le digne évêque nous invite à dîner. En attendant, le P. Lefèvre me propose une promenade en ville, ce que j'accepte avec empressement.

Kiu-kiang, ville de 60 000 habitants, est l'entrepôt des porcelaines fabriquées dans la région du Poyang, et principalement à Kin-to-chen. On s'accorde à dire que Hou-kao, grande cité de 300 000 âmes, située à l'issue du lac dans le Yang-tsé, aurait offert plus d'avantages au commerce européen. Quoi qu'il en soit, une grande activité règne sur le quai et dans les rues principales du faubourg de l'ouest. Les plus belles boutiques sont celles des marchands de porcelaine. On peut faire ici des acquisitions à bon marché : une paire de vases, hauts de 80 centimètres, se vend 6 piastres (environ 30 francs), mais il faut marchander, et il est difficile d'acheter si l'on ne parle pas le chinois.

Après avoir erré à travers un dédale de ruelles étroites, nous entrons dans l'ancienne ville murée qui, à part quelques maisons entourées de jardins, un orphelinat catholique, une mission protestante et deux ou trois pagodes, ne renferme guère que des terrains vagues, couverts de décombres, et des champs en culture. A Kiu-kiang, comme dans les autres villes du Yang-tsé détruites au temps de la rébellion, c'est hors des remparts que se sont formées les nouvelles agglomérations, de telle sorte que c'est réellement dans l'ancienne cité qu'on retrouve la campagne.

Chemin faisant, mon guide obligeant me renseigne sur la situation des missions catholiques. A Kiu-kiang, il existe depuis peu un hôpital, dirigé gratuitement par un médecin anglais et entretenu par les souscriptions des Européens et des Chinois, sans distinction de religion. En un an, plus de trois mille malades ont été secourus, visités à domicile, ou soignés dans l'intérieur de l'établissement. La province de Kiang-si est divisée en deux vicariats ou évêchés. Mgr Bray est à la tête de celui du nord, qui renferme 12 000 chrétiens. Avec l'aide de onze missionnaires européens et d'un certain nombre de sœurs chinoises, il élève et entretient douze cents petites orphelines.

Après le dîner, Mgr me fait visiter sa jonque de voyage, que rien ne distingue à l'extérieur des embarcations voisines. L'intérieur, d'une grande simplicité, est reluisant de propreté, chose bien rare en Chine. En me faisant voir les deux petites cabines de l'arrière, Mgr, qui doit partir le lendemain pour se rendre dans le Kiang-si méridional, insiste de la façon la plus aimable pour que je m'installe dans l'une d'elles. Si j'accepte, je verrai les gracieux paysages du lac Poyang, le pays de la porcelaine, où bien peu de Français laïques ont pénétré jusqu'à présent. Avec un compagnon comme Mgr Bray, que de choses intéressantes et nouvelles je pourrais apprendre! J'hésite un instant; il me coûte de refuser une offre aussi séduisante. Mais le voyage durerait un mois; il faut donc y renoncer, car le temps me manque.

La construction de cette jolie embarcation, si bien aménagée pour le service de la mission, a coûté seulement

300 piastres (1500 francs). La solde de l'équipage, composé de quatre hommes, constitue une dépense de 12 piastres par mois; au port ou en voyage, leur salaire est le même. Les missionnaires n'ont pas à se plaindre des autorités chinoises : tandis que les jonques des indigènes paient des droits de circulation assez élevés, celles de la mission, par mesure de faveur, sont exemptes d'impôt.

En regagnant le *Kiang-yung*, j'ai la satisfaction de voir le drapeau tricolore flotter sur le Yang-tsé. La canonnière *le Lutin* est mouillée en face de Kiu-kiang. L'amiral Duperré donne ce soir, à son bord, un grand dîner, qui sera suivi d'un bal pour lequel on a fait venir des musiciens de Shang-haï. Nous partons au moment où la fête commence.

Au-dessus de Kiu-kiang, le fleuve serpente entre plusieurs chaînes de hautes collines qui projettent au loin leurs promontoires escarpés, comme pour lui barrer le passage. Les unes sont couvertes d'une luxuriante végétation; d'autres sont cultivées en terrasses, de la base au sommet. La lune se lève, et, pendant plusieurs heures, je reste sous le charme de ce magnifique paysage. On croirait naviguer sur un lac sans issue; des montagnes mamelonnées, ou bien découpées en pics aigus, se reflètent sur une nappe d'eau polie comme un miroir.

Le capitaine m'affirme que, dans cette région, le charbon de terre vient affleurer, en plusieurs endroits, la surface des pentes; mais on ne l'exploite que d'une façon superficielle et sans le secours d'aucune machine; c'est à dos d'homme que se font tous les transports.

6 *novembre*. — Il y a aujourd'hui six mois que j'ai quitté Paris, et me voici maintenant au cœur de la Chine, à plus de mille kilomètres de la mer. J'apprends que l'unique bateau à vapeur faisant le service entre Han-keou et I-tchang, à 600 kilomètres plus haut sur le Yang-tsé,

est en réparation ; on ne sait quand il pourra partir. Je suis donc forcé de renoncer à ce voyage. Le *Kiang-yung* restera trois jours à Han-keou, puis redescendra à Shang-haï ; je me décide à revenir avec lui.

Le fleuve traverse maintenant une contrée fertile et populeuse, mais nullement pittoresque ; il coule entre deux rives plates et monotones. Les jonques, encore plus nombreuses, s'il est possible, que les jours précédents, annoncent les approches du grand emporium de la Chine centrale. A onze heures, nous abordons au quai de Han-keou, en face des bâtiments de la douane.

Je suis arrivé au terme de mon voyage dans l'intérieur, à 1115 kilomètres de Shang-haï.

CHAPITRE XV

DE HAN-KEOU A SHANG-HAÏ

7-12 novembre.

Han-keou, Han-yang et Ou-tchang-fou. — Les Russes à Han-keou.
La douane chinoise.

Si Pékin est la capitale de la Chine, Han-keou, par sa position géographique et son importance commerciale, en est le véritable centre. Elle est située sur la rive gauche du Yang-tsé, juste au-dessous du point où la rivière Han, navigable sur une longueur de plus de 1000 kilomètres, vient se jeter dans le grand fleuve, après avoir traversé une contrée fertile, au climat salubre et tempéré.

De l'autre côté du Han s'élève la cité murée de Hanyang; en face de ces deux villes, sur la rive droite du Yang-tsé, large de 2 kilomètres, s'étend la grande cité de Ou-tchang-fou, capitale de la province de Hou-pé et résidence du vice-roi.

Trois villes distinctes se sont donc groupées sur ce point remarquable, d'où rayonne, à travers un pays bien peuplé, un ensemble de voies fluviales et lacustres qui établissent des communications faciles entre les différentes provinces de l'empire. Dès lors, il n'est pas étonnant qu'une immense population se soit développée en cet endroit privilégié. Le P. Huc, en 1845, n'a pas craint de l'estimer à 8 millions d'habitants. Très probablement, ce chiffre était exagéré ; mais il n'en est pas moins incontestable que, pendant longtemps, c'est là que se trouvait l'agglomération urbaine la plus considérable du monde entier.

Il n'en est plus de même aujourd'hui. La guerre civile, ici comme ailleurs, a porté un coup terrible à la prospérité des trois cités sœurs. Toutefois, leur vitalité est remarquable : Han-keou, trois fois détruite par les Taï-ping, s'est repeuplée rapidement [1] ; c'est maintenant une place de commerce de premier ordre, mais, au point de vue administratif, elle n'est que le faubourg de Han-yang et n'a pas le titre de *fou* (préfecture).

La ville indigène s'étend sur un espace de 2 kilomètres au bord du Yang-tsé et de 4 kilomètres, le long de son tributaire, le Han. Deux rues principales, coupées d'une infinité de ruelles tortueuses, la traversent en ligne droite, d'un bout à l'autre. Du côté de la campagne, on a construit récemment un mur de défense en terre, renfermant une surface de 11 kilomètres carrés.

Han-keou est l'un des dix-neuf ports de mer ou de rivière, ouverts en vertu des traités de 1860 et de 1878, et dans lesquels le gouvernement chinois a concédé aux étrangers, pour une période de quatre-vingt-dix-neuf ans, les terrains nécessaires à la construction de leurs demeures et de leurs magasins.

La concession se trouve à l'extrémité orientale de la ville chinoise ; c'est la plus belle de celles qui existent sur le Yang-tsé. Elle est percée de larges rues, plantées d'arbres ; on y voit nombre de maisons élégantes et confortables, en-

---

1. Je crois que l'on peut estimer comme suit la population des trois villes : Han-keou, 700 000 ; Han-yang, 100 000 ; Ou-tchang, 500 000. Total : 1 300 000.

C'est, du reste, le chiffre des missionnaires franciscains qui sont depuis longtemps fixés dans le pays. D'autre part, ils supposent qu'avant la rébellion il y avait bien 3 000 000 d'habitants, mais pas beaucoup plus.

tourées de beaux jardins. Un quai magnifique forme une promenade des plus agréables; il a fallu surélever le terrain et construire le parapet avec beaucoup de solidité, afin de mettre la colonie à l'abri des inondations périodiques du fleuve, qui, en été, grossi par la fonte des neiges du Tibet, s'élève à 15 mètres au-dessus de son étiage; janvier et février sont l'époque des plus basses eaux.

Située un peu plus au sud que Shang-haï, par 30° 31' de latitude, Han-keou jouit d'un climat plus sec et plus chaud, mais moins énervant que celui de la côte. La meilleure saison est de septembre à décembre; en janvier, il gèle quelquefois.

Il n'existe à Han-keou qu'un mauvais petit hôtel. Aussi, je fus heureux d'accepter l'hospitalité que m'offrit aimablement le consul de France, M. Scherzer, dont l'habitation s'élève seule au milieu d'un terrain nu, transformé par les résidants anglais en un champ de course.

Dans la journée, mon hôte me fit faire une promenade intéressante. Nous montons dans une jolie embarcation qui lui appartient, et, après quelques bordées sur le fleuve, nous mettons pied à terre à Han-yang-fou, la ville officielle, résidence des fonctionnaires et des bourgeois lettrés. Ici, tout offre un contraste frappant avec l'animation de Han-keou. La ville est presque propre; l'herbe croît entre les dalles de ses rues silencieuses et désertes, bordées de murs interminables, derrière lesquels on devine cependant de riches habitations et de beaux jardins.

Nous gravissons une colline au sommet de laquelle se trouve une pagode délabrée. De la terrasse qui l'avoisine, on jouit d'une vue remarquablement belle. A nos pieds coule majestueusement le Yang-tsé, sillonné d'un nombre infini d'embarcations de toute forme et de toute grandeur. Je ne sais pourquoi les Européens le nomment le fleuve Bleu, car la couleur jaune sale de ses eaux n'a rien qui rappelle l'azur du ciel. La rivière Han, moins large que le Yang-tsé, disparaît littéralement sous la multitude des jonques, pressées les unes contre les autres. Aussi loin que la vue peut s'étendre, la campagne est coupée d'innombrables canaux et parsemée de grands étangs, qui contribuent à donner un aspect quasi maritime à ce paysage, où l'on voit autant d'eau que de terre. A droite, Han-yang, ses maisons de campagne, ses jardins, ses remparts et ses faubourgs; à gauche, de l'autre côté du Han, la vaste fourmilière de Han-keou; en face, sur la rive opposée du fleuve, l'immense cité d'Outchang, dont les murailles crénelées, se développant jusqu'aux confins de l'horizon, enserrent des champs cultivés et toute une série de petites collines couvertes de maisons, de tours et de pagodes.

De retour à Han-keou, nous passons la soirée au club anglais, somptueux établissement comprenant plusieurs salles de jeu, une riche bibliothèque et un salon de lecture bien fourni en journaux venus de tous les points du globe.

Le lendemain, accompagné d'un domestique chinois du consulat, je visite les principales rues de Han-keou. Elles sont dallées, et si étroites, qu'il serait difficile d'y circuler autrement qu'à pied. Cependant, malgré la foule des passants affairés, on voit souvent, devant les échoppes des barbiers, des gens qui se font raser la tête en pleine rue. Comme toujours, les boutiques sont rangées par corps de métiers.

Mon guide me fait voir un club indigène, lieu de réunion des riches négociants. Il est à peine achevé. La cour d'entrée est ornée de belles colonnes carrées, en granit, supportant un toit aux extrémités relevées, couvert de tuiles émaillées affectant la forme d'animaux fantastiques. Diverses salles sont magnifiquement décorées de sculptures et de dorures sur bois; au seuil de l'une d'elles, je suis reçu par deux marchands chinois qui me font les honneurs

Une rue de Han-keou.

de l'établissement et me conduisent aux galeries supérieures, d'où l'on a une belle vue sur la ville.

Han-keou est le premier marché du monde pour le commerce du thé [1]. A la fin de mai, lorsque les feuilles nouvelles font leur apparition, plusieurs grands steamers anglais se hâtent de charger, directement pour l'Angleterre, la précieuse denrée. Il s'établit alors une lutte de vitesse entre eux : c'est à qui arrivera le premier à Londres. Un des derniers vainqueurs de ce singulier steeple-chase a franchi, en 32 jours, l'énorme distance qui sépare les rives du Han de celles de la Tamise.

Il existe aussi, à Han-keou, une colonie russe assez importante, mais dont les membres, vivant généralement en famille, frayent peu avec les autres étrangers. Une partie des thés qu'ils achètent est expédiée directement, par mer, à Odessa ou bien à Tien-tsin, où elle prend, par caravanes, la voie de Sibérie. Mais le principal négoce des Russes consiste dans la fabrication des thés en briques. J'étais porteur d'une lettre d'introduction auprès de M. Piatkoff, qui voulut bien me faire visiter son établissement, l'un des plus importants de Han-keou.

On emploie, pour la fabrication des thés en briques, des produits de qualité inférieure, des déchets et de la poussière de feuilles. Ces résidus sont exposés quelques instants à un jet de vapeur qui les humecte légèrement, en les amalgamant; puis, au moyen d'une presse hydraulique, ou simplement avec l'aide d'un bras de levier mû par un coolie, on les comprime dans un moule qui leur donne la forme voulue : il n'y a plus qu'à les faire sécher. La meilleure qualité est réduite en briquettes, ayant l'apparence de nos tablettes de chocolat; les thés grossiers sont trans-

---

[1]. En 1880, on a exporté de Han-keou 44 350 000 kilogrammes de thé, d'une valeur de 105 millions de francs.

formés en briques. On se sert de ces dernières, en Mongolie, comme de monnaie courante. Les paysans russes et sibériens ne consomment guère d'autre thé ; l'armée commence à en faire usage [1].

Mme Piatkoff, bien que née à Kiakhta, parlait parfaitement le français ; elle m'offrit une tasse d'excellent thé — car, si les Russes achètent les plus mauvaises sortes de thé, ils achètent aussi les meilleures — et voulut bien me servir d'interprète auprès de son mari, qui me donna les renseignements suivants :

Le thé en briques est expédié à Shang-haï, et de là par mer à Tien-tsin, où on le transborde sur des jonques qui remontent le Peï-ho jusqu'à Tong-tcheou. Là s'arrête le voyage par eau : on charge les paniers de thé à dos de mules ou de chameaux, et la caravane se dirige vers Kalgan, ville commerçante de 200 000 habitants, située à l'une des portes de la grande muraille, sur la frontière de Mongolie. A partir de cet endroit, on ne se sert plus que de chameaux et de bœufs, ces derniers pendant l'été seulement. Kiakhta, à 1400 kilomètres au nord-ouest de Kalgan, est la première station russe au delà du désert de Gobi. Ce pénible trajet est effectué en 45 ou 60 jours avec des chameaux, en 3 mois avec des bœufs [2].

---

1. M. Piatkoff m'a donné une de ces briques portant estampée, en creux, sa marque de fabrique en caractères chinois.
Voici ses dimensions exactes : longueur, 0 m. 210 ; largeur, 0 m. 145 ; épaisseur, 0 m. 022. Son poids est de 850 grammes.
La valeur d'une de ces briques, à Han-keou, est de 50 centimes ; rendue à Kiakhta, elle vaut un rouble (2 fr. 50). Les marchands russes de Han-keou en ont fabriqué, en 1880, 10 560 000 kilogrammes.

2. Chaque caisse de thé renferme 64 briques et pèse 133 livres anglaises (60 kilogrammes). Les caisses, réunies deux par deux, forment ce qu'on appelle un panier. Une mule porte 3 paniers, un chameau 4 ou 5. Le transport coûte par caisse, entre Tong-tcheou et Kiakhta, de 5 taëls 1/2 à 7 taëls (36 à 45 francs). Ces prix sont moins élevés si, au lieu de chameaux, on emploie des bœufs.

M. et Mme Piatkoff ont fait souvent ce voyage. De Kiakhta à Ourga, capitale de la Mongolie, il faut 3 jours en tarantass, avec les mêmes chevaux. Là, on loue des chameaux qu'on attelle à des voitures chinoises ; la nuit, on campe sous la tente ; ce sont les mêmes animaux qui franchissent, en 18 à 20 jours, les 1 100 kilomètres qui séparent Ourga de Kalgan. De cette dernière ville, on se rend à Tong-tcheou en palanquin porté par deux mules ; encore deux jours de bateau, et l'on arrive à Tien-tsin. De la sorte, en moins d'un mois, un voyageur peut aisément franchir la distance qui sépare la frontière de l'empire russe du golfe de Petchili et, si l'on considère que Kiakhta n'est qu'à 3 jours d'Irkoutsk et que cette dernière ville n'est elle-même qu'à 25 jours de Saint-Pétersbourg, on voit qu'il est possible de se rendre en deux mois, par la voie de Sibérie, de la capitale de la Russie à Shang-haï.

La poste russe franchit le grand désert de Gobi avec beaucoup plus de rapidité que les simples particuliers. Il y a deux routes d'Ourga à Kalgan : celle du gouvernement et celle des marchands ; la première est la meilleure et la plus courte. La poste légère met de 15 à 18 jours pour se rendre de Kiakhta à Tien-tsin ; de plus, trois fois par mois, une poste lourde fait le même service en 30 jours. Il faut compter 7 jours de plus pour Han-keou. Enfin, dans les cas pressés, on peut envoyer un courrier extra, qui met seulement 4 jours de Han-keou à Pékin et 6 jours de Pékin à Kiakhta. Avant l'établissement des câbles télégraphiques, les nouvelles d'Europe parvenaient de cette manière avec une rapidité merveilleuse ; elles étaient connues dans la capitale chinoise, bien longtemps avant leur arrivée dans les ports.

La meilleure époque pour traverser le grand désert de Gobi, est mai et septembre. Sur ce plateau sablonneux, d'une altitude moyenne de 1 000 mètres, les chaleurs de l'été sont accablantes, et l'hiver sévit avec une rigueur extrême.

Revenons maintenant sur les bords du Yang-tsé.

Le jour suivant, je pars de bon matin, toujours accompagné du Chinois du consulat : cette fois, le but de ma promenade est la ville de Ou-tchang. Nous entrons d'abord dans Han-keou ; nous suivons une rue parallèle au fleuve, étroite, fort sale, incessamment parcourue par une foule de coolies demi-nus qui transportent des fardeaux au pas de course, geignant et poussant en mesure des cris monotones, indéfiniment répétés : *eh-ya! eh-ya!* Plus loin, c'est le quartier des marchands de bimbeloterie ; à leur étalage, on voit une foule d'articles à bon marché, des petites boîtes, des objets dont l'usage m'est inconnu, des images coloriées et de mauvaises photographies, la plupart obscènes.

Nous arrivons à la bouche du Han. Cette rivière ne me paraît guère plus large que la Seine aux environs de Rouen, mais la flotte de jonques qui la recouvre est tellement compacte, qu'on pourrait s'en servir, comme d'un pont, pour passer d'une rive à l'autre. En cet endroit, nous prenons une barque pour traverser le Yang-tsé ; le vent est contraire ; nous marchons tantôt à la voile, tantôt à la rame, et ce n'est qu'au bout d'une grande heure que nous touchons la rive opposée, où s'étend un faubourg malpropre, habité en grande partie par des fabricants de jeux de cartes.

L'entrée de la ville de Ou-tchang n'est pas brillante. Nous nous engageons sous un couloir long et obscur, qui débouche dans une ruelle dallée, glissante, pleine de boue et d'immondices. J'ai grand'peine à me garer des porteurs d'eau, qui, chargés de leurs seaux, vont et viennent précipitamment dans l'étroit espace réservé aux passants. Un quart d'heure de marche me conduit à une pagode, adjacente à la muraille, et construite sur un monticule dominant le fleuve. Malgré la rapacité des gardiens qui exigent un nouveau pourboire à chaque étage, et qui, après l'avoir reçu, ne me laissent passer qu'en grommelant, je fais l'ascension de la tour. Du sommet, on découvre une vue très étendue sur les trois villes et les lacs dont la campagne est parsemée. J'aperçois, dans une autre partie de la cité, le bâtiment, récemment inauguré, de la mission catholique; c'est assurément le plus beau monument de la ville.

Pour m'y rendre, je traverse des rues assez bien tenues, occupées par des brocanteurs, des marchands de porcelaines et d'antiquités. La foule me regarde d'un air ébahi. On ne me dit rien en face, mais les exclamations railleuses que j'entends derrière moi, me portent à croire que la population de Ou-tchang est peu favorable aux étrangers.

A midi, je frappe à la porte de la mission. Dans les villes chinoises où il n'existe pas d'hôtels pour les Européens, tout voyageur peut hardiment se présenter chez les missionnaires : il est assuré de recevoir, sous leur toit, une hospitalité empressée. Ce sont des pères italiens, franciscains réformés, qui occupent la mission de Ou-tchang. Mgr Zanoli, vicaire apostolique du Hou-pé oriental, est un homme d'un grand air, d'une politesse exquise, et dont le caractère conciliant est universellement apprécié [1]. Je suis reçu par lui de la façon la plus affable; comme il allait se mettre à table, il me prie de prendre place à ses côtés. C'est en cette occasion que je goûtai pour la première fois du vin chinois, fabriqué avec du riz; ce vin a la couleur du madère; il en a aussi un peu le goût, quoique, assurément, il soit moins fin et moins capiteux.

Après le déjeuner, Mgr me fit visiter les divers bâtiments de la mission; le séminaire où l'on élève de jeunes Chinois, futurs missionnaires, les ateliers où les orphelins apprennent

---

1. Mgr Zanoli est mort à Ou-tchang-fou, le 17 mai 1883.

à confectionner des chaussures et des rubans. Il est fort curieux de voir les jeunes ouvriers tisser la soie, en faisant manœuvrer leurs pieds sur un clavier de chevilles de bois, avec une dextérité comparable à celle du pianiste dont les doigts courent sur les touches d'ivoire.

On me fit voir, avec orgueil, une grande horloge arrivant en droite ligne de Paris; son large cadran, placé sur la façade de l'édifice principal, s'aperçoit de fort loin et, grande nouveauté pour le pays, indique l'heure aux habitants de la ville. Mais ce qui me surprit davantage, ce fut le téléphone qui relie les nouveaux bâtiments de la mission avec les anciens, convertis en ateliers. Je n'avais pas encore eu l'occasion d'expérimenter moi-même cet instrument; il était assez original que cette première épreuve se fît à Ou-tchang-fou, au cœur de la Chine. Plusieurs fois les cris de : *Viva l'Italia! Viva la Francia!* se croisèrent à travers l'espace, à notre satisfaction réciproque.

Je quittai la mission, comblé de petits cadeaux par Mgr Zanoli, qui avait tenu à me donner de nombreux échantillons du savoir-faire de ses néophytes. Nous retournons au port, par un autre chemin. L'une des rues par lesquelles je passai était assez large, régulièrement dallée, presque propre et bordée de belles boutiques. La circulation, à Ou-tchang, est bien moins active qu'à Han-keou, où la foule pressée des piétons ne permet guère l'usage des chaises à porteur, tandis que j'en ai rencontré ici un assez grand nombre.

A quatre heures, j'étais de retour chez M. Scherzer, fort satisfait de mon excursion.

Le consul de France, à Han-keou, n'a qu'un seul justiciable, son propre frère, employé dans la douane chinoise. Ce dernier voulut bien me donner des renseignements détaillés sur cette importante administration.

Lorsque la douane était entre les mains des indigènes,

elle ne produisait presque rien au trésor. Le Gouvernement, voulant mettre un terme aux concussions effrénées et aux abus de toute sorte, chassa les employés infidèles et confia à M. Hart, Irlandais protestant, ancien directeur de l'arsenal de Fou-tcheou, le soin de les remplacer par des étrangers largement rétribués et au-dessus de tout soupçon.

M. Hart a entièrement réorganisé l'administration dont il continue à être le chef suprême. Il réside à Pékin et reçoit des appointements fabuleux, plusieurs centaines de mille francs par an. C'est lui qui choisit et dirige son personnel, composé aujourd'hui de 500 étrangers et de 1800 Chinois, ces derniers n'occupant que des postes secondaires. Les candidats aux fonctions d'employé de la douane chinoise doivent passer un premier examen, à Londres s'ils sont Européens, à Boston s'ils sont Américains; une fois admis, ils reçoivent ici un traitement de 540 francs par mois. Au bout de deux ans, ils subissent sur place un deuxième examen, et s'ils se sont suffisamment perfectionnés dans l'étude de la langue chinoise, ils avancent d'une classe, avec 150 francs de plus par mois. Après quatre ans, un employé a déjà 8 400 francs de traitement, non compris une indemnité de logement qui, pour Shang-haï, s'élève à 2 800 francs. En France, quand un employé de la douane arrive à toucher de pareils appointements, ce qui est fort rare, il est bien près de sa retraite et de ses soixante ans d'âge. Mais ce n'est pas tout : après avoir passé par les deux sections des quatre classes, l'employé est nommé délégué-commissaire, au traitement de 2 500 francs par mois; puis commissaire, avec des appointements variant de 40 à 75 000 francs par an.

La douane est chargée de la perception des droits sur les marchandises importées ou exportées, et, en même temps, de l'entretien des ports et du service des phares. Les employés n'ont que cinq heures de bureau par jour. Pour les congés et la retraite, l'administration est très large : tous les cinq ans, on a droit à un congé d'une année, avec demi-solde et le voyage de retour payé; après quinze années de services effectifs, on peut obtenir sa retraite.

Cette remarquable institution de la douane chinoise est un éclatant hommage, rendu par le gouvernement du Céleste Empire, à l'intelligence et à la probité des nations étrangères.

Le jour même de ma visite à Ou-tchang, à dix heures du soir, je prenais congé de mes aimables hôtes, MM. Scherzer, qui avaient tenu à me faire la conduite au bateau. Le *Kiang-yung* largue ses amarres par un brillant clair de lune; grâce à la double action du courant et de la vapeur, nous descendons le fleuve majestueux avec une vitesse qui n'est pas moindre de treize nœuds (24 kilomètres à l'heure). Bientôt les trois grandes cités du Yang-tsé ne sont plus pour moi qu'un souvenir.

Trois jours après, le 11 novembre, j'étais de retour à Shang-haï.

CHAPITRE XVI

DE SHANG-HAÏ A HONG-KONG

13—19 novembre.

La ville chinoise de Shang-haï. — Les théâtres. — La concession française. — Les établissements des jésuites à Zikavei. — Départ de Shang-haï. — Le *Yang-tsé*. — Ningpo, Fou-tcheou et Amoy. — Le canal de Formose. — Arrivée à Hong-kong. — Victoria. — Départ pour le Tonkin.

Jusqu'alors, je n'avais guère eu le temps de visiter Shang-haï : à peine arrivé, j'en étais reparti d'abord pour Pékin, puis pour Han-keou. Le bateau des Messageries, sur lequel je prendrai passage pour Hong-kong, partant le 15 novembre, il me restait trois jours à dépenser; je fis en sorte de bien les employer.

Parlons d'abord de la ville indigène, ovale irrégulier entouré de ces hautes et noires murailles crénelées, dont le type invariable se retrouve partout en Chine. A qui vient de visiter Pékin, Tien-tsin et les cités du Yang-tsé, elle n'offre pas grand intérêt : c'est toujours le même labyrinthe de ruelles infectes, au milieu desquelles, pour ne pas s'égarer, il faudrait avoir recours à la boussole.

Toutefois, le quartier des restaurants est assez bien tenu. Le plus renommé de ces établissements est situé au milieu d'un étang; on y arrive par de petits ponts bâtis en zigzag à fleur d'eau, et bordés de rampes élégantes en bois découpé : avec ses balcons peints et sculptés, ses cloisons à claire-voie et ses toits relevés en lignes courbes, aux tuiles multicolores, cette construction est d'un effet très pittoresque.

Autour de la pièce d'eau dont je viens de parler, s'étend une grande place où les oiseliers, les marchands ambulants, les brocanteurs de vieilles sapèques et d'antiquités à bon marché, les bouquinistes, les déclamateurs, les chanteurs forains et les saltimbanques, ont dressé leurs échoppes et leurs baraques. J'ai vu là de jolis petits oiseaux, tirant la bonne aventure avec des cartes, ou bien saisissant avec leur bec, au milieu d'une centaine d'enveloppes pareilles, celle où l'on avait caché une pièce de monnaie. Plus loin, un pédicure extirpait les cors en plein air : le patient fumait tranquillement sa pipe, tandis que l'opérateur, lui promenant son bistouri dans l'orteil, tailladait profondément les chairs. Je suis porté à croire, ainsi qu'on l'a dit souvent, que les Chinois sont bien moins sensibles que nous à la douleur physique.

Pour rentrer à la concession, j'usai d'un moyen de locomotion particulier à Shang-haï, et encore moins dispendieux que les djinrikshas, qui, du reste, ne pourraient pas circuler sur l'affreux pavé de la ville chinoise : je veux parler de la brouette. Ce véhicule se compose d'un brancard posé sur une roue, et divisé en deux compartiments, au moyen d'une planchette verticale. De chaque côté, une personne peut prendre place, de sorte qu'on se trouve assis dos à dos, et les jambes pendantes. Comme j'étais seul, et que je n'avais pas de bagages pour me faire contre-poids, mon brouetteur, afin de maintenir l'équilibre, était obligé de donner à l'appareil une inclinaison très accentuée. Ce singulier mode de transport est très employé à Shang-haï, mais seulement par les indigènes. Un Européen croirait déroger s'il montait en brouette. Pour moi, je n'avais pas le même

Shang-haï. — Brouette chinoise.

scrupule; d'ailleurs j'étais venu ici pour tout voir, et j'étais dans mon rôle de touriste.

Au Japon, je n'avais pas perdu une occasion d'aller au théâtre. Je voulus également assister, en Chine, à une représentation, bien que ce genre de spectacle soit peu apprécié des étrangers.

Les principaux théâtres de Shang-haï se trouvent dans la concession anglaise, à *Canton road*. Le soir, tout ce quartier est brillamment illuminé, et encombré par la foule des promeneurs indigènes. Je fais choix d'un établissement d'assez bonne apparence, à la façade peinturlurée et décorée d'affiches gigantesques. Moyennant un dollar payé à l'entrée, on me fait asseoir au parterre devant une table semblable à celles de nos cafés-concerts; puis un boy me verse du thé et m'apporte une demi-douzaine de soucoupes contenant des boulettes de riz, des graines de potiron grillées et diverses friandises. De temps en temps, il distribue de petites serviettes trempées dans une eau presque bouillante; les Chinois se les appliquent avec délices sur la figure pour se rafraîchir. Cela paraît absurde au premier abord, mais il est certain que ce contact brûlant provoque, immédiatement après, une réaction bienfaisante.

L'action qui se déroule sur la scène est absolument incompréhensible; je n'y vois qu'une interminable série de combats grotesques et de défilés de soldats. Les costumes sont splendides, admirablement brodés d'or et de soie, et d'une valeur considérable. Comme au Japon, les rôles de femmes sont remplis par de jeunes garçons, qui se fardent et se griment dans la perfection. Les musiciens, placés derrière les acteurs, font, sans trêve ni repos, un sabbat infernal, un tintamarre inouï. Je ne sais pas comment j'ai pu supporter ce spectacle pendant une grande heure et demie, sans un instant d'entr'acte.

J'ai fait la connaissance de M. Binos, de Toulouse, commissaire de police de la concession française. Il me fait voir l'hôtel de ville, véritable palais, avec une magnifique salle de réception; dans la cour d'honneur, se trouve la statue de l'amiral Protais, tué en 1864, en combattant les rebelles Taï-ping.

Je visite ensuite les prisons chinoises, dans le sous-sol de l'hôtel de ville; des grilles de fer remplacent d'un côté la muraille, ce qui rend la surveillance plus facile.

Plusieurs condamnés portent la cangue, mais on la leur ôte la nuit, adoucissement de peine inconnu sur le territoire chinois. Aux simples voleurs, on applique la bastonnade. Le patient reçoit sur les cuisses nues un certain nombre de coups de bâton; après quoi il se rhabille, se met à genoux pour remercier ses bourreaux, et reprend sa liberté. Les femmes ne subissent pas la peine du bambou; on se contente de les frapper sur les joues, avec une lanière de cuir. Tout cela se fait en présence d'un mandarin, et devant une foule de curieux qui se pressent aux portes.

J'assistai aussi, dans la salle des audiences du consulat français, à une séance de la cour mixte. Un mandarin procède aux interrogatoires; devant lui, plaignants et prévenus se tiennent également dans la posture la plus humble, à genoux, les mains à terre.

Dans la soirée, M. Binos me fit faire une longue promenade à travers les quartiers chinois de la concession française, habités par 35 000 indigènes. Nous visitons des établissements de bains, des théâtres populaires, des restaurants de bas étage, des fumeries d'opium et autres maisons mal famées, dont il existe un nombre considérable.

M. Michel, avant son départ, m'avait vivement engagé à ne pas quitter Shang-haï sans voir l'important établissement que les Jésuites possèdent à Zikavei, à 8 kilomètres dans la campagne. Un matin j'allai faire visite au P. Basuiau, supérieur de la maison de Shang-haï, et j'acceptai son offre gracieuse de me faire accompagner dans mon excursion projetée. Il fut convenu que le P. Tournade viendrait me prendre à l'hôtel, le jour même, après le déjeuner.

A cette époque, tout Shang-haï était en révolution à cause des courses de chevaux qui devaient avoir lieu pendant trois jours consécutifs; toutes les affaires étaient suspendues, les bureaux fermés. Cette institution chère aux Anglais, et qu'ils portent avec eux dans tous les coins du monde, n'a jamais eu le don de me passionner. Cependant, elle présente ici un intérêt particulier : ce sont des amateurs et non des jockeys mercenaires, qui montent les chevaux. C'est assurément un attrait de plus pour la fashion; quant à moi, je ne m'en inquiète guère. Tandis que les résidants européens se pressent au guichet, pour y verser leurs 3 dollars, prix d'une simple entrée dans l'enceinte réservée, et que les Chinois, plus économes, disposent sur la grande route des chaises et des bancs, pour jouir gratis du spectacle qui leur est offert par les « diables aux cheveux roux », je monte, en compagnie du P. Tournade, dans une bonne victoria de louage qui nous entraîne rapidement le long d'une avenue, sablée comme une allée de parc et bordée de chaque côté par les somptueuses villas des riches négociants.

Après avoir dépassé une pagode, près de laquelle se trouve une source d'eau gazeuse, on entre dans une campagne plate et monotone, mais cultivée avec le plus grand soin. D'innombrables pyramides de terre s'élèvent sans ordre au milieu des champs : ce sont autant de tombeaux.

On rencontre fréquemment, sur le bord de la route où dans les champs voisins, des cercueils simplement posés sur le sol, le plus souvent isolés, quelquefois réunis par groupes de trois ou quatre. Ils sont en bois très épais; beaucoup sont vernis, sculptés et dorés, semblables à des meubles de luxe. Comme ils sont hermétiquement fermés, aucune mauvaise odeur ne s'en échappe. Souvent ils restent exposés ainsi pendant de longues années ; la famille attend qu'il y en ait plusieurs, ou bien qu'elle ait réuni une assez grosse somme d'argent, pour donner une plus grande solennité aux funérailles : question si importante, aux yeux d'un Chinois, qu'elle est l'objet de ses constantes préoccupations.

Dans le lointain, nous apercevons une tour à sept étages, d'une belle architecture : c'est la pagode de Long-houa, l'une des plus célèbres de la Chine.

Nous voici à Zikavei, village habité presque exclusivement par des chrétiens qui sont venus se grouper autour des établissements religieux. Ceux-ci sont au nombre de quatre : le grand collège des Jésuites avec l'observatoire, l'orphelinat des garçons et les ateliers de travail, le couvent des Carmélites avec un petit pensionnat, et enfin la maison des sœurs Auxiliatrices. C'est cette dernière que je visite d'abord. Je ne répéterai pas ici ce que j'ai dit à propos des sœurs de Pékin. Il me suffira de constater que 400 petites filles sont élevées à Zikavei ; que la plupart sont des orphelines ou bien des enfants abandonnés par leurs parents, et seraient mortes de misère ou de maladie, si on ne les avait recueillies ; qu'on leur apprend à lire, à écrire et à travailler, et que plus tard elles deviennent de bonnes mères de famille. Celles qui ont la vocation religieuse sont établies, deux par deux, dans les villages de l'intérieur ; là, elles catéchisent, tiennent l'école et soignent les malades.

Vers l'âge de trois ou quatre ans, les petites filles ayant encore leur mère reçoivent la visite de cette dernière, qui vient leur replier les orteils en dessous et leur comprimer le pied à l'aide de bandelettes, afin de l'empêcher de se développer. Sans cette opération, d'ailleurs très douloureuse et qui rend les pauvres créatures infirmes à jamais, elles ne trouveraient que bien difficilement à se marier. Telle est la puissance de la mode, qu'il arrive souvent que

Environs de Shang-haï. — Pagode de Long-houa

des fillettes orphelines, en grandissant, demandent elles-mêmes à être martyrisées de la sorte.

J'ai visité, dans le même établissement, un asile d'aliénées, d'incurables et d'idiotes. Une de ces dernières avait eu, chez ses parents, les pieds entièrement rongés par les rats. La surveillante chinoise était un témoin vivant de la cruauté des Taï-ping : à l'âge de treize ans, on lui avait coupé les deux jambes. Je vis également les crèches où l'on vient apporter les enfants trouvés; mais ceux-ci ne sont guère abandonnés que lorsqu'ils sont déjà bien malades : aussi en sauve-t-on à peine un seul sur trente.

Les sœurs Auxiliatrices tiennent, en outre, un pensionnat qui compte une centaine d'élèves, déjà grandes demoiselles. J'assistai pendant quelques instants au cours que leur faisait un respectable Chinois, séparé par un grillage de son auditoire féminin. Avec ses grosses lunettes rondes, sa théière et son vase-crachoir placés à ses côtés, le brave homme avait l'air tout à fait comique. Cependant les jeunes filles l'écoutaient religieusement, et plusieurs prenaient des notes au pinceau.

La sœur supérieure ne voulut pas me laisser partir sans que j'emportasse, à titre de souvenir de Zikavei, de charmantes petites broderies de soie, exécutées par ses jeunes élèves; elle joignit à ces ouvrages délicats une paire de jolis souliers de femme, également brodés avec une perfection difficile à imiter [1].

A cinq minutes du couvent des Sœurs, se trouve l'orphelinat des garçons, sous la direction des Jésuites. Je visite de vastes ateliers où travaillent des charpentiers, des menuisiers, des sculpteurs et des doreurs; il y a aussi des cor-

---

[1]. Ces souliers ont à peine 10 centimètres de long. Pour que la malheureuse à laquelle ils sont destinés puisse s'en servir, il faut que son pied, absolument atrophié, ait été préalablement réduit à l'état de moignon.

E. COTTEAU.

donniers et des tailleurs. L'imprimerie est parfaitement installée dans un autre bâtiment, avec ses diverses annexes, ateliers de lithographie, de gravure, de peinture sur toile et à l'eau ; là, de jeunes Chinois exécutent des copies parfaites de tableaux et de statues de saints : très forts pour l'imitation, ils le sont beaucoup moins pour l'invention.

J'ai vu tirer un journal hebdomadaire publié par la mission. Les Chinois impriment au moyen de planches stéréotypes, gravées sur bois. Ce système est employé à Zikavei, mais on se sert aussi de caractères mobiles en plomb. L'écriture chinoise comprend plus de 80 000 caractères différents; quelques milliers seulement sont d'un usage commun, ce qui ne laisse pas que de faire un casier considérable. Quand on a besoin d'employer d'autres caractères, on est obligé de les faire graver. L'artiste spécialement chargé de ce travail est le mieux rétribué de tous : il gagne une demi-piastre (2 fr. 40) par jour, salaire considérable pour un Chinois. Les stéréotypes sur bois sont très bien exécutés; le graveur est payé à raison de 3 sapèques (un peu plus d'un centime) par caractère.

Le collège des Jésuites a été fondé au dix-septième siècle. Une centaine de jeunes gens, chrétiens ou non, y reçoivent une solide instruction et peuvent, à leur sortie, se présenter aux examens du mandarinat, comme les étudiants des écoles indigènes. Il y a aussi un séminaire, avec une quinzaine d'élèves se destinant à la prêtrise.

L'observatoire météorologique, subventionné par les États-Unis, est au courant de tous les progrès de la science, et possède d'excellents instruments. Il est dirigé par le savant P. Dechevrens qui, à l'époque de mon passage, venait d'inventer un appareil destiné à mesurer l'inclinaison des vents. On me fit voir une machine d'un volume considérable, qui enregistre, en les photographiant, de nuit comme de jour, les observations recueillies sur la variation des courants magnétiques terrestres et la déviation de la boussole. Cet ingénieux appareil fonctionne ici régulièrement, depuis quatre ans ; on me dit qu'à l'observatoire de Paris, il n'a pas encore été employé utilement. L'observatoire de Zikavei a encore une autre utilité pratique : il prévoit facilement ces ouragans si redoutables des mers de Chine, connus sous le nom de typhons, et donne des avis précieux aux navigateurs. En résumé, c'est un des établissements météorologiques les plus complets qui existent.

Les Jésuites possèdent également à Shang-haï une importante maison d'éducation, où 110 élèves de toute nationalité, la plupart fils des résidants étrangers, reçoivent l'enseignement en anglais. Il en est de même des sœurs Auxiliatrices, qui, grâce aux généreuses subventions de la colonie protestante, viennent de faire construire une vaste et belle maison, pour leur pensionnat.

15 *novembre*. — J'ai résolu de partir ce soir par le paquebot le *Yang-tsé*, des Messageries maritimes. Avec un chèque de 207 taëls, j'ai payé ma place jusqu'à Marseille, en me réservant la faculté de faire le voyage par escales. Mon itinéraire de retour n'est pas encore définitivement arrêté ; j'ai l'intention de visiter Canton, de pousser une pointe à Manille, puis de gagner Java par Singapour. Je me déciderai selon les circonstances ; en tout cas, mon billet de passage est valable pour six mois : c'est bien plus de temps qu'il ne m'en faut pour réaliser mes projets.

J'ai acheté un grand coffre chinois, en bois de camphrier, et j'y ai emballé mes souvenirs et mes acquisitions qui, depuis que je suis en Chine, ont singulièrement fait la boule de neige. Ne voulant pas traîner avec moi tous ces objets, j'expédie ma caisse en douane, directement à Paris où, plus tard, elle me servira à préserver des mites mes habits d'hiver.

Je viens de régler ma note d'hôtel, toujours avec un

chèque : toute journée commencée est payée à raison de 3 dollars, même si l'on n'a pas passé la nuit, de sorte que, si vous arrivez le soir pour dîner et que vous partiez le lendemain après déjeuner, on vous comptera deux jours complets. Il paraît que c'est l'habitude en Chine ; il ne vient ici à personne l'idée de la critiquer. Je ne crois pas qu'il y ait un pays au monde où l'on tienne moins à l'argent, — peut-être à cause de l'usage général des chèques. Les services rendus par les Européens sont hors de prix : une simple visite de médecin coûte 50 francs ; il faut être millionnaire pour aller chez un dentiste.

A onze heures du soir, je m'embarque sur un petit vapeur de rivière. La ligne imposante des quais de Shang-haï, brillant à la lumière du gaz, disparaît au premier coude du Wang-pou. Deux heures après, on accoste le *Yang-tsé* que son énorme masse retient au mouillage de Wousong.

16 *novembre*. — On a levé l'ancre à la pointe du jour. Le temps est doux et couvert, le vent faible. Vers midi, nous commençons à apercevoir les Tchousan, archipel composé d'une infinité d'îles montagneuses et d'îlots rocheux. Mgr Delaplace, qui a habité la grande Tchousan, m'en a parlé comme d'une contrée enchanteresse, remarquable à la fois par la beauté des sites, la douceur du climat et la fertilité du sol ; il évalue sa population à 1 million d'habitants.

Nous sommes par le travers du golfe de Hang-tcheou. Non loin de la côte méridionale, sur une rivière navigable, s'élève, au milieu de riches campagnes, la savante et industrieuse cité de Ningpo, connue des Européens depuis plus de trois siècles. Aujourd'hui, cette ville est comprise au nombre des ports ouverts ; mais le voisinage de Shang-haï nuit beaucoup à son commerce direct avec l'étranger.

Le vaste pont du *Yang-tsé* paraît désert ; les officiers,

enfermés dans leur carré, restent invisibles. Nous ne sommes en tout que six passagers de cabine, y compris une dame californienne, son jeune fils et le précepteur de ce dernier; je suis seul Français. L'Américaine a quitté son pays après la mort de son mari, et n'a plus de domicile fixe; elle vient de passer six mois au Japon. Son fils terminera son éducation à Londres; en attendant, elle fait son tour du monde, à petites journées, sans se presser; elle s'arrêtera un peu partout et compte bien visiter, en passant, les Philippines, Siam, la Birmanie et les Indes. Le précepteur parle bien le français; nous causons longuement.

Au coucher du soleil, je remarque un curieux effet de mirage sur les îles.

17 *novembre*. — Mer calme; température 20°. Nous sommes en vue de la petite île Alligator, à la hauteur de Fou-tcheou, grande cité de 600 000 âmes et capitale de la province de Fo-kien, « Région Prospère ». Cette ville, située dans une contrée très pittoresque, à 50 kilomètres de la mer, sur la rivière Min, est le port principal de la côte, entre Shang-haï et Canton. Elle renferme un arsenal, le plus important de l'empire, qui a été construit en 1869, sous la direction de deux Français, MM. Giquel et d'Aiguebelle.

Nous entrons dans le détroit qui sépare du continent la grande île de Formose (en chinois Taï-wan). La mer, dans ces parages, est peu profonde, 60 mètres en moyenne. Le canal de Formose, dans sa partie la plus resserrée, a encore 130 kilomètres de largeur; notre route se rapprochant de la côte de Chine, l'île est trop éloignée pour qu'on puisse l'apercevoir. Comme l'indique son nom, qu'elle a reçu des premiers navigateurs portugais qui y abordèrent, c'est une des plus belles terres du globe. Longue de 400 kilomètres et quatre fois et demie plus étendue que la Corse, elle renferme approximativement 3 600 000 habitants. Depuis deux siècles, la colonisation chinoise a fait de grands progrès dans la partie occidentale de l'île ; mais les montagnes de l'intérieur, ainsi que la côte orientale, sont encore occupées par la race primitive des indigènes, et sont peu connues. En vertu des traités, quatre ports de Formose ont été ouverts par les Chinois au commerce international [1].

La soirée est fort belle. La mer est d'une phosphorescence extraordinaire ; je ne crois pas l'avoir jamais vue plus lumineuse. Je suis seul pour admirer ce beau spectacle : les officiers continuent à faire leur whist au carré.

18 novembre. — Dans la nuit, on a dépassé Amoy dont le port, l'un des plus beaux et des plus importants de la Chine pour le mouvement des échanges, est ouvert au commerce étranger. A six heures du matin, nous sommes à la hauteur de Swateou, autre port ouvert. Le tropique vient d'être franchi, cependant la chaleur n'est pas sensiblement plus forte que les jours précédents : le thermomètre marque 23°.

Bien que la terre soit à une grande distance et à peine visible, nous apercevons un nombre considérable de jonques et de barques de pêche, ces dernières groupées deux par deux, et laissant traîner entre elles un filet. La houle, insignifiante pour nous, est très forte pour ces frêles esquifs.

On met le cap sur la côte : de hautes montagnes aux pentes arides, des promontoires escarpés, des îles rocheuses, indiquent les approches de Hong-kong. A mesure que nous avançons, le panorama devient plus vaste et plus animé. Enfin, après avoir franchi une passe étroite, le *Yang-tsé* ralentissant sa marche, pénètre dans une belle nappe d'eau enfermée entre les îles et le continent. De

---

1. En consultant le *Chronicle and directory*, sorte d'annuaire de l'extrême Orient, volumineux recueil publié à Hong-kong, je ne trouve, parmi une cinquantaine de négociants ou agents consulaires anglais, américains ou allemands résidant à Formose, aucun nom français.

nombreux navires y sont à l'ancre : nous sommes dans la rade de Victoria. En cinquante-neuf heures nous avons franchi une distance de 826 milles (1530 kilomètres), d'où résulte une moyenne fort satisfaisante de quatorze nœuds (26 kilomètres à l'heure).

Pendant les préparatifs du mouillage, on me montre un grand steamer, peint en blanc, qui chauffe le long du quai : c'est le bateau de Canton qui, en semaine, part tous les jours, à six heures précises. Je me décide aussitôt à profiter de l'occasion. Mon léger bagage est prêt; à peine l'ancre a-t-elle touché le fond que je me précipite dans un sampan. La distance est assez longue, mais mon batelier fait force de rames, et je parviens à toucher le but, juste au moment où retentit le troisième coup de sifflet réglementaire, signal d'un départ imminent. Par malheur, nous avons accosté du côté opposé à la coupée ; rapidement nous faisons le tour du navire ; j'escalade la jetée à l'instant même où se déroulent les dernières amarres. On retire la planche ; je puis encore sauter ; ma valise me retient au rivage, j'hésite une seconde : c'en est assez pour que le fossé, s'élargissant lentement, m'enlève toute possibilité de le franchir, et je reste sur le quai, faisant assez piteuse figure devant les rires moqueurs des passagers chinois, que la déconvenue d'un « diable étranger » avait mis en belle humeur [1].

On s'imagine parfois, en Europe, que Shang-haï et Hong-kong sont dans une situation identique, par rapport à la Chine : c'est une grave erreur. A Shang-haï et dans la plupart des autres ports dont j'ai eu occasion de parler, les Européens ont obtenu des concessions de terrain tempo-

---

[1]. C'est ainsi que, faute d'une demi-minute, je n'ai pu voir Canton. Je croyais bien alors que ce ne serait que partie remise ; mais les circonstances en ont décidé autrement, et j'ai eu le regret de quitter la Chine, sans avoir visité la ville chinoise par excellence, la « grande cité du Sud », la plus populeuse de l'Empire.

raires, et la permission de se livrer à des opérations commerciales. Hong-kong, au contraire, est une dépendance directe de la couronne britannique; c'est une terre politiquement anglaise, au même titre que Jersey par exemple, et le gouvernement chinois n'a pas plus de droits sur elle, que la France n'en aurait sur les îles de la Manche.

C'est en 1841, pendant la guerre dite de l'Opium, que les Anglais se sont emparés de l'île de Hong-kong, laquelle leur a été cédée définitivement par le traité de Nankin, en août 1842. Cette île, qui fait partie du groupe des *Ladrones* (ainsi nommées autrefois par les Portugais, à cause du penchant naturel de leurs habitants à la piraterie), est située à l'embouchure de la rivière de Canton, à 150 kilomètres de la ville du même nom. C'est une crête irrégulière et profondément découpée, s'étendant de l'est à l'ouest, sur une longueur de 17 kilomètres, avec une largeur variant de 4 à 8 kilomètres. Elle est séparée de la terre ferme par un détroit qui, dans sa partie la plus resserrée, n'a que 800 mètres de large. La péninsule de Kouloun, qui lui fait face, a été cédée par la Chine, en 1861, et fait partie maintenant de la colonie de Hong-kong.

L'Angleterre possède là un des plus magnifiques ports du monde; entouré de montagnes pittoresques, hautes de 3 à 4000 pieds, il réunit dans le même tableau, comme le dit un auteur anglais, l'aspect sauvage des paysages de l'Ecosse à la beauté classique de l'Italie, encore rehaussée par la splendeur de la nature tropicale.

Lorsque les Anglais en prirent possession, Hong-kong n'était qu'un rocher aride, habité par quelques centaines de pêcheurs. Tout était à créer; le gouvernement de la métropole a dépensé, dans l'origine, des sommes considérables; d'immenses travaux ont été entrepris et menés à bonne fin : l'or et le génie persévérant de l'Angleterre ont triomphé des obstacles naturels. Maintenant une cité de

100 000 âmes, Victoria, « s'élève sur la rive septentrionale de l'île, au bord de la rade formée par le détroit; des villages populeux ont surgi à l'issue de toutes les vallées; des maisons de campagne et des édifices somptueux occupent tous les promontoires, au milieu de la verdure épaisse des pins, des figuiers banians, des bambous. Une belle route s'élève en serpentant jusqu'au sommet le plus haut de l'île, d'où l'on voit, à 539 mètres plus bas, les quais de Victoria et la nappe éclatante de la rade, avec ses navires de guerre et de commerce entre-croisant leurs sillages. Par la propreté de ses rues, la solidité de ses constructions, la richesse de ses palais, la ville anglaise ressemble à une cité de la mère patrie, mais elle a de plus la beauté que donnent les vérandas ornées de fleurs, les jardins emplis d'arbustes et le ciel lumineux du Midi [1]. »

L'île de Hong-kong est plutôt un grand entrepôt commercial qu'une colonie. Elle est utile à l'Angleterre comme dépôt des marchandises échangées avec la Chine, et comme station militaire et navale pour la protection de son commerce. C'est un port libre : il est donc impossible de donner le chiffre exact de ses importations et de ses exportations. Néanmoins, on peut juger de son importance exceptionnelle par ce fait que le total du tonnage des navires entrés et sortis, dans l'espace d'une année, dépasse 2 millions de tonnes; et encore, dans ce calcul, on ne tient pas compte des 52 000 jonques chinoises et des milliers de petits bateaux qui fréquentent annuellement le port de Hong-kong [2].

Je reviens à mon journal de voyage.

---

1. Elisée Reclus, *Nouvelle géographie universelle*, tôme VII, p. 505.
2. En 1879, la part du Royaume-Uni et de ses colonies dans le commerce de la Chine s'est élevée à 898 287 150 francs, dont 545 334 760 pour Hong-kong.
En 1881, la France a reçu de Chine 145 450 000 de marchandises et ne lui en a envoyé en retour que pour 3 410 000 francs.

Pendant que le bateau de Canton s'éloignait, ainsi que je l'ai raconté plus haut, une nuée de coolies — ces gens rôdent toujours sur le quai, à l'affût des nouveaux débarqués — s'était ruée sur mon bagage; c'était une bousculade, des cris et des gestes dont on n'a pas d'idée. Je pris le parti héroïque de reconquérir ma malle, à la force du poignet; puis, m'asseyant dessus et tenant mon sac entre mes jambes, je m'en rapportai pour le reste à la Providence, laquelle ne tarda pas à se manifester sous la forme d'un majestueux policeman hindou, au teint bronzé, aux formes athlétiques. A sa vue, le tapage cesse comme par enchantement; il désigne deux Chinois, et leur intime l'ordre de me conduire à l'hôtel avec mon bagage; les autres se retirent docilement.

Chemin faisant, je remercie mon libérateur. Il m'apprend qu'il est Sikh, natif d'Amritsir; je lui réponds que je connais son pays; je lui parle du *Golden temple* que j'ai visité il y a trois ans, et j'ai soin de glisser dans la conversation quelques mots d'hindoustani qui me sont restés dans la mémoire. Le brave homme, enchanté, m'accompagne jusqu'à l'hôtel, où je trouve à mon adresse une lettre de M. Michel, parti la veille pour Singapour.

Dans la soirée, je vais au *Hong-kong Club*, où je me retrouve en pays de connaissance : d'abord M. de Champeaux, agent principal des Messageries, chez qui j'avais dîné à Calcutta, en 1878, M. Gauthier, employé au Comptoir d'Escompte, que j'ai connu à Paris, et enfin le colonel March, mon compagnon de voyage à Nikko, au mois d'août dernier. Ces messieurs me dissuadent d'aller à Manille; on me parle du choléra, des tracasseries de la douane espagnole, de la quarantaine inévitable qui m'attend aux Philippines, trois jours selon les uns, huit jours selon les autres. Que faire? La nuit porte conseil : nous aviserons demain.

19 novembre. — J'ai fait ce matin une longue et intéressante promenade sur les quais et dans *Queen's road*. Cette rue est fort animée; de grands magasins européens et chinois étalent toutes les marchandises de l'Europe et de l'Asie. Les maisons sont ornées d'arcades et de portiques, non seulement au rez-de-chaussée, mais encore aux différents étages : précaution excellente pour intercepter les rayons du soleil, et rafraîchir les appartements. Maintenant, la température est très agréable, mais, pendant les mois de juillet, août et septembre, la chaleur est étouffante.

Ici, la plupart des sampans sont conduits par des femmes ; au moins celles-là n'ont pas les pieds estropiés, honneur réservé, dans le sud de la Chine, aux classes élevées. Comme les hommes, elles portent des fardeaux et rament courageusement, ayant souvent sur leur dos, enveloppé dans un morceau d'étoffe, un bébé dont la tête ballante suit tous leurs mouvements. Le bateau sert de logement à toute la famille ; on y fait la cuisine dans un vase de terre. Des enfants grouillent dans tous les recoins ; hier, dans mon sampan, en levant la planche sur laquelle j'étais assis, j'en ai vu trois, blottis au fond d'un trou, comme des petits chiens dans une niche.

Victoria est construite en amphithéâtre. A l'exception d'un petit nombre de rues parallèles aux quais, toutes les autres voies de communication sont plus ou moins escarpées, et souvent interrompues par des escaliers ; aussi les djinrikshas ne peuvent-ils circuler que dans le voisinage de la mer. Les chaises à porteurs sont d'un usage général. Elles se composent d'un siège commode, en bambou, fixé entre deux perches parallèles ; deux robustes coolies, coiffés de grands chapeaux de paille, vêtus d'une blouse flottante et de larges pantalons, vous transportent avec rapidité, quelle que soit l'inclinaison de la route. Chaque soir, les négociants quittent ainsi la ville basse, pour regagner leurs somptueuses habitations échelonnées sur les pentes de la montagne, et respirer sur les hauteurs un air plus frais.

J'use de ce moyen de transport pour me faire conduire au Jardin public. Nos porteurs partent au pas accéléré. Je crois qu'ils m'ont compris, il n'en est rien : après bien des tours et détours, je me retrouve à la même place. Ces gens sont tous les mêmes : préoccupés uniquement de gagner leur salaire, ils s'élancent comme des fous sans savoir où ils vont. Je ne puis trop leur en vouloir ; les pauvres diables sont couverts de sueur, et, à tout ce que je leur dis, me répondent humblement dans le singulier langage [1] usité entre Chinois et Européens : « *Mi no savé* » c'est-à-dire : « Je ne sais pas. »

Le Jardin public, où je finis par arriver, est une merveille. Sur les pentes escarpées, les Anglais ont su créer de belles pelouses d'un gazon toujours vert, et faire croître sur un rocher, autrefois nu et sans eau, les arbres les plus gracieux des tropiques.

De retour dans le quartier des affaires, j'allai voir M. Marty, négociant français, pour lequel j'avais été chargé d'une commission par un de ses amis de Shang-haï. Dans la conversation, je lui fis part de mes perplexités au sujet de mes projets de voyage ultérieurs. « Pourquoi, répliqua-t-il, n'iriez-vous pas au Tonkin? C'est un pays dont on parle beaucoup maintenant, et que bien peu de personnes connaissent. Venez dîner à la maison ; je vous présenterai à M. et à Mme Constantin qui, ce soir même, retournent chez eux, à Haï-phong, où ils sont fixés depuis plusieurs années. A minuit, vous vous embarquerez tous les trois : c'est une occasion qu'il ne faut pas manquer. A votre retour ici, vous verrez Canton et Macao. »

---

[1] C'est le *piggin*, patois anglo-franco-chinois, mêlé aussi de mots portugais et malais.

Hong-kong. — Chaise à porteurs.

J'acceptai cette aimable proposition ; la soirée se passa gaiement, et mes hôtes n'eurent aucune peine à triompher de mes dernières hésitations.

Et voilà comment il arriva que, le 20 novembre 1881, par une splendide matinée, je disais adieu à la belle rade de Victoria, tournant le dos résolument aux possessions espagnoles, pour voguer en droite ligne vers le golfe du Tonkin.

CHAPITRE XVII

DE HONG-KONG AU TONKIN

20—29 novembre.

Le steamer *Haï-nan*. — Le port de Hoï-how et l'île de Haï-nan. — Les îles Norway. — Arrivée à Haï-phong. — Le fleuve Rouge. — Hanoï. — La citadelle. — Les *Pavillons noirs*. — Un théâtre chinois à Hanoï. — Retour à Haï-phong.

Le *Haï-nan*, sur lequel je suis embarqué, est un petit vapeur de 400 tonneaux, appartenant à une maison chinoise, mais commandé par des officiers anglais. Il se rend à Haï-phong, avec un chargement de coton, d'opium, de thé et de tabac; il en rapportera du riz, de la soie, de l'étain et de l'huile à laquer. En cette saison, les occasions pour le Tonkin sont fréquentes; on peut compter, chaque semaine, sur deux ou trois départs pour Haï-phong et vice versa.

Pendant quelques heures, nous jouissons d'une vue intéressante sur les promontoires escarpés, les îles et les innombrables îlots, au milieu desquels se trouvent les passes de Canton et de Macao. Peu à peu les terres s'éloignent; après avoir dépassé l'archipel des Ladrones, nous laissons à tribord la grande île Saint-John, où mourut l'apôtre François Xavier; plus loin c'est la pleine mer.

M. Constantin, sa femme et moi, sommes les seuls passagers européens. Notre bateau n'est pas aménagé pour les voyageurs, cependant je n'y suis pas mal : j'occupe sur le pont une petite cabine appartenant au capitaine. La table est assez bonne ; l'armateur chinois, gros homme toujours de bonne humeur malgré le mal de mer, nous en fait les honneurs de son mieux.

Dans la soirée, le temps se couvre et la mer grossit. Le lendemain matin, la terre nous apparaît au sud, basse et sablonneuse : c'est la grande île de Haï-nan « Sud de la Mer ». Au nord, la terre ferme, bien que peu éloignée, reste invisible. Il existe, dans ces parages, de violents courants et des bas-fonds très dangereux; les navires ne s'y risquent jamais la nuit. A quelques encâblures de notre steamer, la mer se brise avec fureur sur l'un de ces bancs sous-marins.

Haï-nan, dépendance administrative de la province de Kouan-toung (Canton), est un peu moins étendue que Formose. Sa superficie, de 36 200 kilomètres carrés, égale une fois et demie celle de la Sicile ; sa population probable est de 2 millions et demi d'habitants. Sauf aux abords du détroit, c'est une des terres chinoises les moins connues ; sur les montagnes et les cours d'eau de l'intérieur, on n'a pas d'autres renseignements que ceux fournis par les Chinois. Le bras de mer qui la sépare de la péninsule de Li-tcheou, est large de 20 kilomètres et très peu profond; au milieu de la passe, la sonde n'indique à marée basse que 11 mètres de fond.

Vers midi, nous mouillons en plein détroit, à trois milles de la côte de Haï-nan, que l'on distingue à peine, car il tombe une pluie torrentielle. Nous sommes en rade de la ville ouverte de Hoï-how, port de la capitale de l'île, Kioung-tcheou, située à une dizaine de kilomètres dans l'intérieur. La douane vient visiter à bord les bagages d'une quarantaine de passagers chinois, qui se préparent à débarquer ici. Nous sommes entourés par une douzaine de grands sampans, d'une tout autre forme que ceux de Hongkong. Ces embarcations, non pontées, sont munies d'une dérive qui remplace la quille, comme dans les anciennes galiotes hollandaises; chacune d'elles est montée par quinze ou vingt indigènes demi-nus, qui se démènent comme des diables, gesticulent, vocifèrent, font un tapage infernal. A les voir ainsi, on les prendrait plutôt pour des pirates sur le point de s'élancer à l'abordage, que pour de simples mariniers, venus pour charger et décharger des marchandises. Du reste, la population de Haï-nan ne jouit pas d'une bonne réputation, et tous ces gens-là sont, me dit-on, fort sujets à caution : leur mauvaise mine, la pluie qui ne cesse de tomber, et le peu d'intérêt que semble présenter le rivage, m'enlèvent toute velléité de descendre à terre.

Au sortir du détroit, le temps devient horrible; le roulis et le tangage sont d'une violence inouïe; des paquets de mer s'abattent sur le pont à chaque instant; ma cabine est inondée. La nuit, dans ces conditions, est totalement dépourvue de charme.

Le jour suivant, nous passons en vue des îles Norway, groupe singulier d'îlots et de rochers à pic dont les silhouettes bizarres rappellent certains paysages des fiords norvégiens. Maintenant la mer est calme, et nous approchons rapidement du but. Voici la petite île de Hon-dau, avec le phare qui en couronne le sommet, et, à mi-côte, la blanche maisonnette du gardien. Sur la terre ferme, dans le lointain, des montagnes bleues; au premier plan, un immense tapis vert, parsemé de taches sombres : ce sont des rizières avec des bois de bambous, au-dessus desquels on distingue déjà le tronc élancé des aréquiers et la cime élégante des cocotiers.

Plus nous approchons, plus le pays me paraît joli, contrastant par sa fraîcheur et la puissance de sa végétation, avec les côtes arides et dénudées de la Chine, que je viens de quitter.

Un pilote monte à bord : c'est un Français, un compagnon de l'héroïque Dupuis; il s'installe au gouvernail, et bientôt nous remontons paisiblement un large cours d'eau, encaissé entre deux rives basses. A-fong, notre patron chinois, dans sa joie d'être enfin libéré du mal de mer, veut absolument nous offrir le champagne, et c'est le verre en main que nous jetons l'ancre, à sept heures du soir, en face de Haï-phong. En deux jours et demi, y compris six heures de relâche à Haï-nan, nous avions franchi les 472 milles marins (875 kilomètres) qui séparent la colonie anglaise de Hong-kong, du delta du Tonkin.

M. Constantin m'a offert l'hospitalité. Il habite en face de l'agglomération principale, de l'autre côté de la rivière, une maison isolée, spacieuse et entourée au premier étage d'une large véranda.

Ayant l'intention de me rendre sans retard à Hanoï, la capitale, à 160 kilomètres plus haut sur le fleuve, je m'étais renseigné sur les moyens de faire ce voyage. Rien n'est plus facile : plusieurs fois par semaine, des chaloupes à vapeur, appartenant à des négociants européens ou chinois fixés dans le pays, font le trajet entier dans une seule journée. En arrivant, j'appris que le prochain départ devait avoir lieu le surlendemain, à cinq heures du matin. Tout s'arrangeait pour le mieux : j'avais une journée devant moi pour visiter Haï-phong, et je l'employai consciencieusement.

Le port de Haï-phong est situé à quelques milles dans l'intérieur, au-dessus de l'embouchure de Cua-cam, branche septentrionale du delta du Song-koï ou fleuve Rouge. Il est accessible aux navires tirant de 4 à 5 mètres d'eau, qui viennent y transborder leur chargement sur des bateaux de rivière. Un terrain concédé à la France par le traité de 1874 porte les édifices du consulat, les casernes de l'infanterie de marine, les habitations des officiers et la direction des postes; tous ces bâtiments ont fort bonne apparence. Indépendamment des constructions administratives, quelques jolies maisons de négociants entourées de jardins potagers ou d'agrément, s'élèvent çà et là, sur un sol nu, coupé de flaques d'eau et de profonds fossés; on y voit aussi des maisons plus modestes, des guinguettes et des cafés. Une rue a été tracée le long du fleuve; on l'a appelée le boulevard Marty, du nom de l'un des plus anciens négociants du pays. Il y a encore bien des espaces vides, mais certainement c'est dans cette direction que se développera la ville future. On construit beaucoup en ce moment. L'hôtel Martin, tenu par un ancien soldat, n'est encore qu'une baraque de planches, mais il est en voie de transformation.

Le village indigène se compose de misérables cabanes de boue et de bambou, couvertes de paille (c'est ce que dans les colonies on appelle paillotes); la plupart sont construites sur pilotis, le long du rivage, et serrées les unes contre les autres.

Je viens de faire mes visites officielles. Notre consul, M. de Champeau, revient d'une chasse aux pirates dans les îles Norway et au milieu des rochers qui font de cette partie de la côte un dédale inextricable. Il a eu très gros temps et est rentré chez lui très fatigué, mais émerveillé des paysages fantastiques qui se sont déroulés sous ses yeux.

J'éprouve un véritable plaisir, après six longs mois passés hors de France, à me retrouver sur une terre française ou à peu près, à parler ma langue, à bavarder avec des compatriotes, lesquels, du reste, me font le meilleur accueil. Tous m'assurent qu'on n'a pas encore vu de touriste français au Tonkin; décidément, je suis enchanté d'être venu par ici.

La plupart des personnes qui se rendent en ce pays viennent du Sud, et, ayant passé par Saigon, connaissent nécessairement déjà les Annamites; pour moi qui venais du Nord, je me trouvais pour la première fois en présence de l'une des races d'hommes qui peuplent l'Indo-Chine. Les Tonkinois, voisins des Annamites, leur ressemblent beaucoup, et on ne les distingue guère de ces derniers que par la couleur généralement blanche de leurs vêtements, tandis que l'Annamite affectionne plus particulièrement le noir ou le bleu. Ils sont petits, mais bien proportionnés ; leur visage est taillé en losange, large et plat, comme celui des Chinois ; mais le teint est plus foncé. Hommes et femmes diffèrent peu par les traits et par la voix : l'absence de barbe jusqu'à un âge assez avancé, l'habitude qu'ont les deux sexes de mâcher le bétel, de s'habiller de même avec un large pantalon et une robe, de porter les cheveux également longs et retroussés en chignons derrière la tête, de se coiffer d'une pièce d'étoffe roulée en turban et aussi d'un immense chapeau en forme de parasol, tout cela fait qu'au premier abord, il est assez difficile de reconnaître le sexe.

On s'accorde à me dire que les Tonkinois sont naturellement doux et dociles ; les Européens les préfèrent aux Annamites, en général plus paresseux et moins industrieux.

M. Brémaud, médecin de la marine, me propose un tour de promenade : j'accepte avec empressement. Nous visitons d'abord le marché aux poissons et aux légumes. Depuis l'occupation française, une assez nombreuse colonie chinoise est venue se fixer à Haï-phong. Le quartier qu'elle habite forme, à l'une des extrémités du village indigène, une rue d'assez bonne apparence, bordée de maisons plus solidement construites que celles des Tonkinois. J'y remarque des magasins bien approvisionnés. Dans l'extrême Orient, là où il y a de l'argent à gagner, on est sûr de rencontrer le boutiquier chinois. C'est lui qui, dans toutes les colonies européennes, accapare le commerce de détail. Intelligent, opiniâtre, vivant de peu, couchant dans un bouge, sachant se passer de tout ce que nous autres Occidentaux considérons comme absolument nécessaire à la vie, il lui est facile de se contenter d'un modeste bénéfice : partout où il s'établit, toute concurrence européenne devient impossible.

Nous voici dans la campagne, cheminant à travers les rizières, sur d'étroits sentiers que les dernières pluies ont rendus boueux et glissants. Les bouquets de bois que l'on aperçoit à divers points de l'horizon abritent autant de villages. Nous nous dirigeons vers l'un d'eux. Une épaisse haie d'euphorbes et de bambous entrelacés, défendue par un fossé plein d'eau, en forme l'enceinte, qui nous paraît close de toutes parts. Heureusement, un paysan nous montre un petit pont fait d'un simple tronc d'arbre et aboutissant à une porte dissimulée dans le feuillage; il vient nous l'ouvrir et nous conduit à sa cabane.

Nous entrons avec lui : peu ou point de mobilier, une seule natte sert de lit commun à la famille, quelque nombreuse qu'elle soit. Tout cela est bien pauvre, mais assurément beaucoup plus propre que je ne l'aurais supposé. D'autres paillotes du même genre sont disséminées sous les arbres fruitiers, les cocotiers et les palmiers d'arec. On circule d'une case à l'autre, au moyen de sentiers contournant des flaques d'eau. Çà et là des poules picorent; des cochons noirs, au gros ventre traînant à terre, se vautrent dans la vase; des enfants presque nus nous regardent passer, ébahis. Ces chaumières se ressemblent toutes et, comme tous les bois que nous avons en vue dans la plaine immense sont habités de même, on peut en conclure que le pays est très peuplé, bien qu'au premier abord on n'aperçoive aucune habitation. Du reste, autour de nous, tout est cultivé; pas un pouce de terrain n'est perdu. Le riz est supérieur en qualité à celui de Saigon et très estimé en Chine; on en fait deux récoltes par an.

Un peu plus loin, nous visitons une pagode à trois étages, de style chinois, et, près de là, élevé sur un soubassement de pierre, un grand bâtiment dont l'énorme toit est soutenu par de superbes piliers de bois, aux chapiteaux curieusement sculptés. Plusieurs constructions analogues existent dans les environs : c'étaient, dit-on, des magasins destinés à renfermer les denrées appartenant à l'État, les approvisionnements de riz et le produit des impôts en nature. Aujourd'hui tout est vide et abandonné.

Le pays, aux environs de Haï-phong, est parfaitement plat; à marée haute, l'eau forme de vastes étangs enclavés au milieu des rizières. La marche est fort difficile sur les étroites levées émergeant au-dessus des champs inondés, seules routes qui existent dans la campagne. D'après ce que je venais de voir, j'étais porté à croire qu'une telle contrée devait être malsaine. Il n'en est rien : M. Brémaud et avec lui tous les résidants de Haï-phong m'assurèrent que le climat était excellent et parfaitement sain.

Dans la soirée de ce même jour, je me rends à bord du petit vapeur de rivière qui doit partir le lendemain de grand matin. Il est chargé à couler. Le pont est encombré de marchandises, et il me faut escalader des montagnes de ballots pour arriver à l'unique cabine destinée aux passagers de première classe. Pour me faire place, on déloge quatre Chinois qui s'y étaient installés sans façon avec leurs bagages. Je m'étends sur une banquette et j'essaye de dormir, malgré le grincement des poulies et les discussions interminables des mariniers.

Au milieu de la nuit, un Chinois vient prendre place en face de moi, sur l'autre banquette. Nous partons au point du jour; je n'ai guère dormi, mais je me lève aussitôt, ne voulant rien perdre du paysage. Les vêtements de soie que porte mon compagnon de cabine, indiquent qu'il occupe un rang élevé parmi ses compatriotes. En le regardant de plus près, je m'aperçois qu'il conserve en dormant les yeux à demi ouverts. Sa pâleur et sa maigreur sont effrayantes;

un instant, je crois me trouver en présence d'un cadavre ; mais non, il respire : le cadavre n'est qu'un fumeur d'opium.

J'essaye de faire un tour sur le pont ; impossible : l'encombrement est tel que je suis réduit à m'installer au sommet d'une pile de colis divers, où, du reste, je suis fort bien pour ne rien perdre du panorama qui se déroule sous mes yeux. Autour de moi, tout est chinois : capitaine, mécaniciens, passagers. Le timonier et un mousse, seuls, sont Annamites. Je suis l'unique Européen à bord.

Une heure après avoir quitté le mouillage, nous rangeons de près une chaîne de montagnes aux crêtes dentelées. Des rochers de marbre surplombent le fleuve, dont le courant est très rapide et qui n'a guère que deux ou trois cents mètres de large en cet endroit, tandis qu'en face de Haïphong il en avait au moins cinq cents.

Au delà de ce défilé, on retrouve un pays plat, inondé à marée haute. Des rizières à demi submergées laissent apercevoir un sol d'alluvion, sans une seule pierre ; sous les bois de bambous, de bananiers et de palmiers se cachent de populeux villages. On voit beaucoup de monde travaillant dans la campagne : c'est l'époque de la récolte des cannes à sucre ; des enfants sont montés sur de grands buffles noirs à l'aspect sauvage ; des paysans, vêtus de haillons autrefois blancs, poussent la charrue dans ces champs. Malgré la température relativement fraîche (le thermomètre marque à peine 20 degrés), beaucoup d'hommes sont à peu près nus ; les femmes sont toujours plus vêtues.

Sur le fleuve, le tableau n'est pas moins animé. La navigation est active ; nous rencontrons souvent de lourdes jonques, des barques longues et étroites, de petits canots très légers, en rotin tressé. De distance en distance, des agglomérations de paillotes élevées sur pilotis s'alignent le long du rivage, formant de petits ports où sont amarrées des

Village tonkinois.

embarcations de toute sorte. Dans ce pays dépourvu de routes, tout le commerce se fait par eau ; de nombreux *arroyos* [1] viennent aboutir au bras principal, que nous remontons.

Vers midi, nous le quittons pour entrer dans un canal sinueux qui porte le nom de Song-chi ou de Bac-ninh. Partout la vue est récréée par une campagne verdoyante, où le bambou domine comme végétation arborescente ; au loin, vers le nord, une chaîne de montagnes bleuâtres borne l'horizon.

A trois heures, on débouche dans le fleuve Rouge, large d'au moins un kilomètre et dont les eaux profondes et jaunâtres s'écoulent avec rapidité dans la direction du sud. Nous descendons le courant tout en nous rapprochant de la rive droite. De petits jardins, des chaumières de plus en plus pressées, d'innombrables barques abritées sous les bambous du rivage, indiquent les approches de la capitale. Un peu plus loin, derrière une digue élevée contre les inondations, on distingue une agglomération considérable de maisons mieux construites, en briques et en pierres pour la plupart. Bientôt on s'arrête devant une petite place, à l'issue d'une rue populeuse : nous sommes à Hanoï, en face des bâtiments de la douane.

On sait que, depuis les derniers traités, une douane franco-annamite, placée directement sous le contrôle français, fonctionne régulièrement dans les deux ports du Tonkin où sont établis nos consulats. En débarquant, je me rends aux bureaux de l'administration ; je suis accueilli par le personnel français avec la plus franche cordialité. Un de ces messieurs se met immédiatement à ma disposition pour me conduire à la concession française, à l'autre extrémité de la ville.

---

1. *Arroyo*, canal naturel.

La distance est longue; nous suivons des rues commerçantes, droites, dallées de marbre, plus larges et plus propres que celles des villes chinoises. Chemin faisant, nous rencontrons M. le chancelier Aumoitte, à cheval et partant pour la promenade. Apprenant que j'étais touriste et Français, il revient sur ses pas et m'offre l'hospitalité chez lui. Après un dîner dont le besoin commençait à se faire sentir, car je n'avais guère usé de la cuisine chinoise du bord, nous passâmes une charmante soirée au consulat. M. et Mme de Kergaradec m'en firent les honneurs de la façon la plus aimable, et les heures s'écoulèrent rapidement en interminables causeries, au coin du feu, sur Paris, le Tonkin et les pays que je venais de parcourir. Il était plus de minuit lorsque je rentrai à la Chancellerie.

J'insisterai sur ces mots : au coin du feu; car bien des gens s'imaginent que le climat du Tonkin est le même que celui de la Cochinchine, tandis que, en réalité, les saisons y suivent leur cours régulier, comme en Europe. Le froid, à la vérité, n'est jamais bien rigoureux (le thermomètre ne s'abaissant guère au-dessous de $+ 7°$); mais il se fait encore assez sentir pour que les Européens jugent utile d'établir des cheminées dans leurs appartements. Ceux-là qui ont vécu des années sous l'énervant climat de la zone équatoriale, sans jamais aspirer une bouffée d'air frais, comprendront tout l'avantage que présente aux hommes de notre race, un pays où il existe un hiver : le corps tonifié, régénéré pour ainsi dire, est plus apte à supporter les chaleurs brûlantes de l'été.

25 *novembre*. — Température à six heures du matin, 18°. M. Messier, employé de la douane, m'a prêté son cheval; nous partons, M. Aumoitte et moi, pour une intéressante excursion dont, la veille, mon hôte obligeant a réglé tous les détails.

Nous allons droit à la citadelle, immense quadrilatère de

plus de mille mètres de côté. On sait qu'elle a été construite à la fin du dix-huitième siècle, sous la direction d'officiers français au service de l'empereur Gialong, et fortifiée d'après le système de Vauban : ce qui ne l'a pas

Hanoï. — Porte de la citadelle.

empêchée, du reste, d'être enlevée de vive force par une poignée d'hommes commandés par Garnier et Dupuis, le 20 novembre 1873 [1].

Je reconnais la porte d'entrée aux souvenirs que m'ont laissés les dessins publiés par le *Tour du monde*. Au

---

1. Et aussi, comme on sait, le 25 avril 1882, par le capitaine de vaisseau Rivière.

moment où nous la franchissons, un petit vieux, mandarin de classe inférieure, se précipite à la tête de nos chevaux et veut nous obliger à tourner bride. Mon compagnon, qui le connaît, se contente de lui donner amicalement un petit coup de cravache sur l'épaule; le pauvre bonhomme recule de quelques pas en gesticulant d'une manière désespérée et, tantôt riant, tantôt faisant la grimace, se décide à nous laisser libres de poursuivre notre chemin. Du reste, pas un soldat; pour toute garde, des chiens hargneux qui viennent se jeter dans les jambes de nos montures, ce qui ne laisse pas de m'inquiéter quelque peu, car je suis fort mauvais cavalier.

Dans cette immense enceinte que pourrait seule défendre une armée, on trouve des rues, des jardins, des maisons, toute une ville administrative. Plusieurs bâtiments sont abandonnés et tombent en ruines; tout porte la trace d'une profonde incurie. Cependant le chemin que nous suivons est dallé de marbre à l'entrée des portes et sur les ponts qui franchissent les fossés : malgré son état visible de délabrement, la citadelle, par son énorme développement, présente encore un aspect imposant.

Sortis par une porte opposée, nous suivons un sentier qui longe les fortifications et aboutit à un faubourg, à l'extrémité duquel nous mettons pied à terre pour visiter une pagode assez bien entretenue. Derrière l'autel, se dresse un gigantesque Bouddha de bronze, mais si mal éclairé qu'il faut allumer des torches pour le voir. La principale curiosité de cette pagode est une statue de pierre représentant une vieille femme assise, de grandeur naturelle. Sa physionomie est vivante; c'est un véritable chef-d'œuvre et qui me rappelle les ouvrages célèbres des anciens artistes japonais que j'admirais naguère à Kioto. Du reste, l'art tonkinois n'est pas sans présenter quelque affinité avec celui de l'empire du Soleil levant.

Nous remontons à cheval et poursuivons notre promenade par un joli chemin côtoyant un petit lac. Voici un enterrement de pauvres gens : une musique diabolique précède le cercueil porté à bras par quatre hommes ; à part une demi-douzaine de pleureuses payées, les parents et les amis qui suivent le défunt n'ont nullement l'air triste. Tout le monde mâche le bétel ; on cause à haute voix et surtout on rit beaucoup en nous regardant.

Le but de notre excursion était la visite d'une fabrique de papier, à peu de distance des bords du lac. Nous y arrivons bientôt. On nous laisse aller et venir partout, et nous pouvons suivre à notre aise tous les détails de la fabrication, qui s'exécute presque entièrement en plein air, sous les grands arbres, et avec l'outillage le plus primitif. Voici comment on opère. On laisse macérer plusieurs jours, dans des cuves, l'écorce d'un arbuste dont on n'a pu me donner le nom, puis on la broie dans un mortier ; la pâte délayée est portée dans une grande auge et tamisée par des femmes qui, dans cette besogne toute manuelle, font preuve d'une grande dextérité. Les feuilles de papier superposées sont ensuite soumises à l'action d'une presse, et enfin desséchées par leur application contre les parois d'un four ; ce qu'il y a de surprenant, c'est que le papier, ainsi pressé en masse à l'état humide, ne s'amalgame jamais, et que chaque feuille reste distincte.

C'est aux environs de cette papeterie que Garnier et son lieutenant Balny d'Avricourt succombèrent dans une embuscade, dans la néfaste journée du 21 décembre 1873 [1].

Nous rentrons à la Chancellerie par un autre chemin, ce qui nous permet de voir en passant un quartier habité par des Chinois d'assez mauvaise mine, vivant avec des femmes

---

[1]. C'est également près de là que, dix-huit mois après mon passage, l'héroïque commandant Rivière devait périr glorieusement, dans une lutte inégale.

annamites et que l'on suppose appartenir à la peu honorable corporation des *Pavillons noirs*. On désigne ainsi des bandes de brigands, débris des rebelles expulsés de Chine, qui se sont établis sur la frontière, percevant de la façon la plus arbitraire des droits exorbitants sur les marchandises, et terrorisant le pays. Le pillage de ces gens, sur le haut du fleuve, a été en quelque sorte régularisé par le gouvernement de Tu-Duc qui, ne pouvant s'en débarrasser, les a pris à sa solde; ce sont, avec les mandarins annamites, nos seuls ennemis dans le pays, mais ils ne sont pas nombreux, 1500 ou 2000 au plus.

Le gouvernement chinois aurait intérêt à leur destruction, car alors le commerce de la province limitrophe du Yun-nan prendrait une extension considérable. Les négociants de Hong-Kong ne seraient pas fâchés de nous voir occuper définitivement ces contrées; ce serait pour eux une source de nouveaux débouchés. N'oublions pas, d'un autre côté, que le Tonkin formait autrefois un Etat indépendant. Les Annamites y sont regardés comme des étrangers, et la population indigène, dont une notable partie est chrétienne, verrait sans répugnance notre administration succéder à celle des mandarins. Aujourd'hui un Tonkinois, s'il a quelques ressources, les dissimule avec soin; il n'osera même pas acheter des vêtements neufs; car, si on le croit riche, il sera en butte aux exactions de l'autorité, qui, par tous les moyens possibles, cherchera à le dépouiller de ses biens. Il n'y a donc rien d'étonnant si, malgré les fautes commises autrefois, le nom de la France inspire encore de la sympathie à ces malheureuses populations. Je ne prétends pas dire par là que les Tonkinois nous aiment pour nous-mêmes. Il est évident qu'ils préféreraient vivre indépendants; mais comme maintenant ils sont opprimés, et que nous sommes les premiers Européens venus dans leur pays, ils ne connaissent que la France et n'ont d'espoir qu'en elle pour améliorer leur sort. Quant aux Anglais de Hong-kong et de Singapour, si leurs journaux sont favorables à nos projets, c'est, bien entendu, par pur intérêt commercial. Le fait n'en existe pas moins.

La concession française à Hanoï occupe une bande de terrain longeant le fleuve, à l'extrémité méridionale de la ville. Comme à Haï-phong, les édifices élevés par l'État ont tout à fait bon air, à côté des paillotes et des maisonnettes où logent les indigènes. Seulement, à l'époque de mon passage on n'y comptait encore qu'une seule habitation appartenant à un négociant, et ce négociant était un Allemand. Il est vrai que M. Gally, représentant de la maison Oppenheimer de Paris, venait d'arriver à Hanoï avec l'intention de s'y établir.

De petits jardins ont été plantés çà et là; des légumes, des arbres fruitiers de France, y sont cultivés avec succès. J'ai vu des vignes bien venantes et promettant de donner de brillants résultats. Certains plants fournissent, dit-on, deux récoltes par an, mais ce fait mérite confirmation.

La garnison est double de celle de Haï-phong et se compose de deux compagnies d'infanterie de marine, soit 200 hommes; ce qui n'est certes pas trop pour surveiller une ville dont la population n'est pas moindre de 120 000 âmes.

Après déjeuner, mon hôte me conduit au café des officiers. C'est un Chinois qui tient ce modeste établissement que je n'ose vraiment pas qualifier du nom de cercle, mais où l'on peut se procurer, à des prix relativement modérés, de la bière de Christiania ou de Marseille, du pale-ale et autres rafraîchissements.

Nous apprenons qu'une troupe d'acteurs chinois de la province du Kiang-si vient d'arriver à Hanoï, et doit donner ce jour même une première représentation. Selon la coutume des pays de l'extrême Orient, le spectacle commencera à midi et se prolongera fort avant dans la nuit. Des places ont été retenues par les officiers, qui nous engagent à les accompagner.

Je n'entreprendrai pas de décrire cette représentation théâtrale; les acteurs étaient Chinois, le public l'était aussi en grande majorité; ce fastidieux spectacle, auquel j'avais déjà assisté en Chine, n'avait plus pour moi l'attrait de la nouveauté, et je n'en parlerais même pas, sans l'incident auquel il donna lieu.

Un des figurants portait un costume dont les couleurs dominantes étaient le bleu, le blanc et le rouge. Nous n'y avions pas fait grande attention d'abord, lorsque nous démêlâmes que le pitre en question jouait un rôle peu héroïque, et recevait à chaque instant de ses camarades quelque bourrade bien sentie. Dans ce fait, nous crûmes voir une allusion peu flatteuse pour le drapeau tricolore, et, nous étant donné le mot, nous nous levâmes tous ensemble, nous disposant à quitter la salle.

Le directeur de la troupe, voyant ce qui se passait, fit des efforts pour nous retenir; malheureusement pour lui, tout en nous parlant, poliment du reste, il avait conservé sa queue roulée autour de la tête. C'était une grave inconvenance, absolument comme si quelqu'un, chez nous, conservait son chapeau sur la tête en s'adressant à un supérieur. On le lui fit sentir assez vertement, et le pauvre diable, déroulant sa queue, mais trop tard, se retira tout penaud, humilié devant ses compatriotes. Tout cela était-il prémédité? C'est fort possible.

Nous flânons par les rues de la ville, visitant les boutiques des marchands, généralement groupées, comme en Chine, par professions de même nature. L'industrie des meubles incrustés de nacre est spéciale à Hanoï et occupe un grand nombre d'ouvriers. Cette branche de commerce a pris, dans ces derniers temps, un développement considérable, mais au détriment de la qualité des produits. Les fabricants,

Ouvriers incrustant la nacre.

pressés de satisfaire aux commandes de l'étranger, emploient des bois de qualité inférieure, insuffisamment secs, et qui ne tardent pas à se fendiller. On pourrait remédier à cet inconvénient en achetant à Canton des bois convenablement préparés, et en les faisant incruster à Hanoï; mais alors le prix de revient s'augmenterait dans une forte proportion. D'un autre côté, l'artisan tonkinois, abandonné à lui-même, est peu capable de se livrer à un travail suivi. Ces plateaux finement incrustés, ces arabesques dont nous admirons l'exquise délicatesse, sont fabriqués la plupart du temps dans quelque réduit obscur, par un individu accroupi sur une mauvaise natte et n'ayant à sa disposition que quelques outils tout à fait primitifs; il travaillera, dormira, se reposera, sans régularité, suivant le caprice du moment et sans se préoccuper de la date de livraison. Pour obvier à cet inconvénient, des négociants de Haï-phong ont engagé des ouvriers et les font travailler en atelier; mais on ne peut guère compter sur eux : à peine ont-ils gagné quelque argent, ils demandent à s'en aller.

On fabrique aussi à Hanoï des laques communes, paniers à compartiments, malles et boîtes à bétel laquées de rouge et de noir. Ces objets, légers et solides à la fois, sont faits avec goût et se vendent très bon marché.

Je ne quitterai pas le quartier commerçant sans parler des marchands de stores et d'images coloriées, chez lesquels je fis de longues stations intéressées, choisissant ici un superbe tigre aux yeux verts, là des peintures représentant des feuillages, des fleurs et des oiseaux, dans le genre des *kakemono* du Japon, plus loin une curieuse collection des supplices infernaux. Mentionnons aussi les objets en métal, statuettes de bronze, boîtes en cuivre ou en argent niellé, brûle-parfums sculptés et ciselés avec un remarquable sentiment artistique.

Rentré à la Chancellerie, pour y déposer mes acquisitions, j'en ressors presque aussitôt afin d'aller visiter, dans les environs, la fabrique de sapèques du gouvernement. Rien de commun, je me hâte de le dire, avec notre hôtel des Monnaies. Nous franchissons une porte gardée par trois ou quatre soldats sans armes, pieds nus, coiffés d'un petit chapeau conique, portant pour tous vêtements un large pantalon jadis blanc, et une robe rouge serrée à la taille. Dans une vaste cour, s'élèvent quelques hangars couverts de paille; sous l'un d'eux, le cuivre est en fusion dans des creusets. J'assiste à tous les détails de l'opération. Pas une table, pas même un banc : c'est sur le sol que se fabriquent les matrices, avec un mélange de cendre et de terre humide. Tout se fait à la main. Le métal est versé dans les moules, que l'on porte aussitôt dans une auge pleine d'eau, où ils se refroidissent; puis on les brise à coups de maillet. Il ne reste plus qu'à séparer les rondelles et à enlever les bavures.

Un millier de ces sapèques équivalent à peu près à une piastre (environ 5 fr.). Il existe aussi des sapèques en zinc, dont la valeur est six fois moins forte.

De là, j'allai faire visite au P. Landais, des missions étrangères. Un terrible typhon s'était abattu, le 5 octobre dernier, sur Hanoï et les environs. Ce matin, j'en avais vu les traces navrantes dans la campagne : gros arbres déracinés, bambous littéralement hachés, maisons renversées. Les bâtiments de la mission ont eu beaucoup à souffrir; le jardin a été absolument ravagé, des toitures ont été arrachées, toutes les cases attenantes à la maison principale, jetées par terre.

La pagode des Supplices, que j'allai voir ensuite, est l'édifice le plus intéressant de Hanoï. Indépendamment des peintures murales représentant toute la série des supplices infernaux, on y remarque un grand nombre de statues dorées en très bon état de conservation.

Mes nouveaux amis ont organisé à mon intention une petite fête tonkinoise. Dans la soirée, nous nous rendons à l'autre extrémité de la ville, dans une maison d'assez pauvre apparence, où six chanteuses et danseuses ne tardent pas à faire leur entrée, sous la conduite d'un impresario indigène. Ce sont des fillettes à la physionomie douce et modeste, plutôt sérieuses qu'enjouées. Leur toilette est d'une extrême simplicité; comme coiffure, un turban d'étoffe noire roulé dans les cheveux; peu ou point de bijoux. Leurs longs vêtements également noirs et qui retombent flottants jusqu'aux talons, dissimulent leurs formes, et les font paraître encore plus maigres qu'elles ne le sont. Leurs danses et leurs chants sont assez monotones. Cependant, à la fin, sous l'influence de l'eau-de-vie de riz, elles s'animent un peu, mais sans jamais excéder les bornes de la décence.

Vers minuit, on nous sert un souper à la mode tonkinoise : porc découpé en petits morceaux, canard fumé, tronçons de canne à sucre, oranges et gâteaux; les couteaux et les fourchettes sont remplacés par les petites baguettes en usage dans tout l'extrême Orient. Peu après, à travers les rues désertes, nous regagnons la concession française.

26 *novembre*. — A sept heures du matin, je prends congé de M. Aumoitte et de ses amis, qui m'avaient si bien accueilli à Hanoï, et je m'embarque pour Haï-phong sur le *Tonkin*, chaloupe à vapeur appartenant au négociant allemand dont j'ai parlé plus haut. Le patron, Baptiste Costa, est un ancien compagnon de Dupuis; il me raconte ses malheurs et me prend pour confident de ses espérances.

Il existe encore au Tonkin une douzaine de personnes ayant pris part à l'héroïque expédition de 1873. Ces gens, dont la situation est intéressante et qui n'ont reçu aucune indemnité, vivent honorablement de leur travail et jouissent de l'estime des nouveaux habitants. Tout le monde à Hanoï aime la vieille mère De Beyre, qui, elle aussi, a fait la fameuse campagne et tient maintenant un cabaret bien connu des sous-officiers et des soldats. J'ai eu également le plaisir de faire la connaissance du brave Cyriaque, plusieurs fois cité dans le journal de l'expédition. Grec d'origine, ancien officier de Dupuis, il commande aujourd'hui un petit steamer qui fait la navette entre Haï-phong et Hanoï.

A cinq heures du soir, je suis de retour à Haï-phong. Un vapeur, le *Wouvaërts*, chauffe pour Hong-kong : il n'y a pas de temps à perdre, si je veux profiter de l'occasion. Mais ces dernières journées ont été fatigantes. M. Constantin a mis à ma disposition une grande chambre avec un bon lit, et je me décide à prendre un peu de repos.

27 *novembre*. — Le *Washi*, petit vapeur qui fait un service à peu près régulier entre Saigon et Haï-phong, touchant à Quin-hone et à Tourane, est arrivé ce matin. Quant au *Wouvaërts*, il est parti cette nuit. On ignore absolument quand se présentera une autre occasion pour Hong-kong; et comme, d'un autre côté, mon temps limité ne me permet pas d'attendre indéfiniment, je me décide à renoncer à Canton et à Macao. Le sort en est jeté! Je partirai avec le *Washi* qui doit quitter Haï-phong après-demain, pour effectuer son voyage de retour. Cette combinaison me permettra de voir la côte annamite et me donnera tout le temps nécessaire pour me reposer, emballer mes nouvelles acquisitions, enfin mettre au courant ma correspondance et mes notes de voyage.

28 *novembre*. — Le premier mandarin de Haï-phong est venu aujourd'hui rendre visite à M. Constantin. Il était accompagné d'une suite nombreuse : porteurs de parasols, d'enseignes, de tapis ouatés, de boîtes à tabac et à bétel, etc., sans lesquels un fonctionnaire de son rang ne saurait faire

Cortège d'un mandarin tonkinois.

un pas dans la rue. C'est un Annamite de Hué, petit, maigre, et d'une physionomie désagréable ; d'ailleurs, sans aucune tenue : à peine assis, il ôte ses sandales, et, ramenant sous lui ses jambes grêles et couleur chocolat, s'amuse à se gratter les pieds ; ses ongles sont d'une longueur démesurée, signe de suprême élégance.

Quatre jonques de guerre annamites sont mouillées près de la maison de M. Constantin. Ce sont de lourdes machines, armées de canons et conduites à la rame. Des soldats, plus ou moins dépenaillés, se prélassent sur la berge ; quelques-uns font l'exercice, armés de lances ou de longs bâtons. Au coucher du soleil, un chef bat la retraite sur le tambour ; des soldats l'accompagnent en entre-choquant deux baguettes de bois sonore.

29 *novembre*. — Je viens de faire mes visites d'adieu. Il m'en coûte de quitter aussi promptement un pays où j'ai été si bien reçu. Il y a dix jours, je ne songeais même pas à venir au Tonkin, où je ne connaissais âme qui vive ; il me semble pourtant que les personnes dont je viens de prendre congé sont pour moi de vieux amis. Nous nous sommes serré la main avec la pensée de nous revoir plus tard ; on s'est donné rendez-vous à Paris : de ces engagements pris à la veille du départ, combien seront tenus ?

Au moment où je mets en ordre ces souvenirs, l'attention publique se porte sur le Tonkin, où se déroulent de graves évènements. Le trop court séjour que j'ai fait dans cette belle contrée ne me permet pas de porter avec autorité un jugement définitif. Je me bornerai à dire que toutes les personnes que j'ai eu l'occasion de voir au Tonkin, quelle que fût leur position sociale, ont été d'accord pour me vanter la salubrité du climat, la richesse du sol, la douceur et la docilité des indigènes, leur intelligence industrielle, et enfin l'extrême facilité d'une occupation sérieuse et définitive [1]. Cette unanimité est d'autant plus remarquable que les Français, en général, ont peu l'habitude, comme on sait, de faire l'éloge de la ville ou de la contrée où le sort les a jetés.

[1]. La résistance que nous rencontrons actuellement (octobre 1883) semble donner un démenti à cette dernière appréciation. Toutefois je persiste à croire qu'à l'époque de mon passage (novembre 1881), la conquête du pays eût été très facile et n'aurait demandé qu'un petit nombre d'hommes. Nos hésitations ont donné à l'ennemi le temps de se préparer à la lutte. L'armée régulière annamite s'est jointe aux *Pavillons noirs;* nos adversaires, très peu nombreux dans l'origine, se sont grossis, en outre, d'une foule d'aventuriers et de Chinois chassés de leur pays. Mais il ne faut pas oublier que la population tonkinoise ne fait nullement cause commune avec eux, qu'elle souffre cruellement de la guerre et n'aspire qu'à la voir cesser. Il en est de même des colons et des marchands chinois qui, depuis quelque temps, sont venus en grand nombre se fixer dans le pays.

CHAPITRE XVIII

DE HAÏ-PHONG A SAIGON.

30 novembre — 7 décembre.

Départ de Haï-phong. — Le *Washi*. — La baie de Tourane. —
Quinhone. — Le cap Saint-Jacques. — Arrivée à Saigon.

Entre Haï-phong et Saigon on compte 880 milles marins, soit 1630 kilomètres. Un steamer des Messageries franchirait cette distance en trois jours, mais le *Washi* n'a pas la prétention d'être un bon marcheur; de plus, il doit faire escale à Tourane et à Quinhone. Aussi dois-je compter sur une traversée de sept jours, même avec le beau temps. Heureusement, si la machine du *Washi* est mauvaise, sa coque est solide. C'est un petit navire construit primitivement pour les voyages d'agrément d'un lord anglais, puis vendu au Mikado et enfin racheté par un armateur, qui lui a fait subir d'importantes transformations. Il est maintenant subventionné par la colonie, et fait un service régulier entre la Cochinchine et le Tonkin. Ce sera son avant-dernier voyage, car, à partir du 1er janvier 1882, il sera remplacé par la Compagnie des Messageries.

Si j'en excepte deux soldats d'infanterie de marine, rapatriés pour cause de santé, je suis le seul passager européen à bord. Les cabines sont étroites et mal aérées; je préfère m'installer sur une simple banquette, au petit salon de l'arrière. Je prends mes repas à la table du capitaine

Garceau, vieux routier des mers de Chine, et qui, pendant plusieurs années, a commandé une canonnière chinoise. C'est un homme excellent et sans façon ; il m'invite à me considérer comme chez moi dans son carré, met à ma disposition sa propre bibliothèque, bien montée en revues et livres de voyage, et fait disposer à mon intention un fauteuil sur la passerelle. En somme je ne serai pas mal à bord de ce petit vapeur, bien que son moindre défaut soit de rouler et de tanguer d'une manière extravagante ; heureusement, je suis peu sensible à ces sortes de manifestations.

A peine hors de la rivière de Haï-phong, nous sommes assaillis par un coup de vent, mêlé de grains violents. La mer est absolument démontée ; aussi, pendant cette première journée, faisons-nous très peu de chemin. Bien que nous ayons une centaine de passagers annamites et chinois, le pont reste désert ; l'entre-pont, où ces malheureux sont entassés, ressemble à un champ de bataille.

Le lendemain, la mer reste toujours houleuse, mais le soleil reparaît et, avec lui, la température s'élève à 28°.

Je cause longuement avec le capitaine Garceau, qui me donne de curieux détails sur les mœurs du pays. Au Tonkin comme en Chine, les filles sont bien moins estimées que les garçons par leurs parents ; ceux-ci s'en débarrassent souvent en les vendant à des étrangers. A Haï-phong, le prix d'une fille de six à douze ans est de 15 ou 20 francs, tandis qu'il atteint communément 200 à 250 francs sur le marché de Canton ; aussi des spéculateurs cherchent-ils à se procurer, par tous les moyens, une marchandise qui leur donne de si beaux bénéfices. Si c'est le père qui vend son enfant, il n'y a rien à dire. Mais il arrive souvent que les fillettes sont volées ; alors le gouvernement s'oppose à leur exportation, et le capitaine qui se prête à ce commerce illicite, est passible d'une amende. M. Legrand, capitaine du port de Haï-phong, a trouvé dernièrement quatorze petites Tonkinoises cachées par des Chinois dans les caisses à eau d'un navire en partance pour Hong-kong.

M. Garceau me raconte aussi que la veille de notre départ, la douane française de Hanoï a mis la main sur une douzaine de fusils Remington, qui avaient été soigneusement dissimulés dans l'intérieur d'une balle de coton. Ces armes de guerre, dont l'importation est sévèrement interdite, étaient sans aucun doute destinées à nos ennemis, les *Pavillons noirs*. La cargaison du bâtiment suspect a été confisquée, et des mesures rigoureuses vont être prises pour que pareil fait ne se renouvelle pas.

Dans la soirée, nous passons au large de Touane-ane, port de Hué. La capitale de l'Annam se trouve à une centaine de kilomètres au nord-ouest de la fameuse baie de Tourane, devant laquelle nous arrivons dans la nuit ; mais le manque de phare nous oblige à louvoyer sous basse pression, et à attendre le jour pour entrer.

La baie de Tourane mérite sa réputation. C'est une petite mer intérieure, bordée de hautes montagnes boisées sauf du côté du sud où, à quelque distance dans l'intérieur, on distingue confusément le village de Tourane, au milieu d'une plaine basse et uniforme comme une plage de sable. Dans toutes les autres directions, la côte, couverte d'une végétation luxuriante, se découpe en une infinité de criques solitaires. L'ensemble du tableau est imposant.

Le *Washi* jette l'ancre non loin de l'aviso le *d'Entrecasteaux*, un des cinq bâtiments de guerre que la France a donnés à l'Annam, en 1876 ; maintenant, faute de réparations, il reste immobilisé, et probablement pour toujours, dans la baie de Tourane. Il y a aussi quelques jonques au mouillage, mais si peu nombreuses, que l'immense nappe d'eau paraît déserte ; sur le rivage voisin, on n'aperçoit aucune habitation.

Deux grosses barques annamites accostent le *Washi*. Des

coolies demi-nus, coiffés de gigantesques chapeaux coniques, chargent et déchargent des marchandises, mais lentement et sans ordre. Autour de nous, s'agitent une vingtaine de sampans montés par une nombreuse population de femmes et d'enfants.

Sachant que nous devions passer ici la journée entière, j'avais formé le projet d'aller visiter le village de Tourane; mais le capitaine me déconseille cette excursion pour plusieurs motifs, notamment à cause de la chaleur (32° à l'ombre dès neuf heures du matin) et du danger des insolations. Ici, on ne saurait trop se tenir en garde contre le soleil, ce terrible ennemi des Européens dans les basses latitudes. Tout à l'heure, j'écrivais sur le pont : abrité des rayons du soleil par une double toile à voile, goudronnée, d'un tissu épais, j'avais cru pouvoir ôter mon casque; M. Garceau est venu aussitôt me prévenir que je commettais une grave imprudence et il m'a cité, à l'appui de son dire, des exemples terrifiants. Même à l'ombre, on n'est nullement en sûreté, si l'on a la tête découverte. Mon précédent voyage aux Indes anglaises m'avait déjà familiarisé avec les précautions à prendre, mais il paraît que, nulle part, le soleil n'est aussi dangereux que dans l'Indo-Chine.

J'emploie mon temps à relire l'excellent ouvrage de M. Dutreuil de Rhins, *Le Royaume d'Annam et les Annamites*, que j'ai eu la bonne fortune de trouver dans la bibliothèque du capitaine. L'auteur, qui a commandé pendant une année un navire sous pavillon annamite, l'ancien aviso de la marine française, le *Scorpion*, était on ne peut mieux placé pour étudier ce pays encore si peu connu; aussi son ouvrage est-il plein d'intérêt. J'étais heureux de le relire dans le pays même et de contrôler, sur place, l'exactitude de ses descriptions.

Cependant, vers quatre heures, la brise s'élevant et le soleil ayant beaucoup perdu de sa force, je prends un sampan et me fais conduire à terre. Pour débarquer à pied sec, je dois monter sur les épaules de mon batelier, qui me fait gagner de la sorte une plage sablonneuse, dans le voisinage d'un poste de soldats campés sous des branchages ; quelques-uns coupent du bois et le lient en fascines, mais la plupart dorment étendus sur le sol. Non loin de là, un ruisseau murmure sous les arbres de la forêt. Je me dirige de ce côté et je découvre une cascade fraîche et limpide, sous laquelle je prends un bain délicieux.

De là, je remonte en sampan et vais visiter, dans la presqu'île de Thien-tcha, le cimetière européen où se trouvent les tombes des officiers et des soldats français et espagnols, qui ont succombé dans la première expédition de 1858-1859. Une végétation inextricable de plantes grimpantes, de lianes, de broussailles, de houx à longues épines, a tout envahi. L'endroit est éminemment pittoresque ; un isthme étroit se relève en colline entre deux anses bien abritées et bordées de sable fin ; sur le rivage, brillent une infinité de coquillages aux couleurs éclatantes et d'espèces variées.

Plus loin, à la pointe de l'Observatoire, j'aborde un îlot où, sous de magnifiques ombrages, s'élève une petite pagode abandonnée ; enfin, je rentre au *Washi*, à la nuit tombante. Peu après nous quittons la baie de Tourane.

Une pluie torrentielle ne cesse de tomber pendant tout le jour suivant. Malgré le mauvais temps, le *Washi* se comporte bien, et il fait encore jour quand nous arrivons à l'entrée de la baie de Quinhone, à 334 kilomètres au sud de celle de Tourane. La passe, étroite et sinueuse, donne accès à un vaste port intérieur bien fermé, mais qui ne mérite guère que le nom de lagune, car sa partie méridionale offre seule un bon mouillage. A l'est, la baie est protégée par une presqu'île montagneuse, se terminant par un rocher à pic, couronné d'un fortin. En face, sur une étroite langue de sable, on a édifié plusieurs maisons où sont logés le consul, les employés de la douane franco-annamite et les officiers. Des casernes occupées par une compagnie d'infanterie de marine et un hôpital en construction, complètent la petite colonie française.

Le port de Quinhone a été ouvert au commerce étranger en vertu des traités de 1874. Ce nom de Quinhone appartient réellement au chef-lieu de la province de Binh-dinh, grand village fortifié situé à une vingtaine de kilomètres dans l'intérieur; cependant le nouvel établissement français sur la côte est désigné sous la même appellation.

Entre deux averses, je me rends à terre. Comme à Tourane, je suis obligé de recourir aux épaules d'un Annamite pour débarquer; et, par une pluie battante et une profonde obscurité, je vais demander l'hospitalité au directeur de la douane, M. de la Rosière, pour lequel j'étais chargé d'une commission de la part de son fils, employé à Haï-phong dans la même administration. Avec beaucoup d'obligeance, il s'empressa de mettre à ma disposition un canapé de bambou, dans une chambre fermée seulement par des volets à claire-voie. J'y passai une nuit excellente, malgré les éléments déchaînés qui faisaient rage au dehors.

Mon hôte m'avait parlé d'un violent typhon qui s'était abattu sur Quinhone, quatre jours auparavant, dans la nuit du 28 au 29. Un navire européen a dû périr sur la côte, car nous avons rencontré, un peu avant d'arriver, un grand mât flottant au large : évidemment, c'était une épave récente.

Le lendemain matin, je me rends compte des terribles effets du typhon. Le sol est jonché de feuillages et de grosses branches brisées; des arbres sont déracinés, des toits enlevés, des paillotes indigènes effondrées; les murs de clôture du consulat sont presque entièrement renversés : le spectacle est navrant. Accompagné de M. de la Rosière, je vais faire un tour dans le village annamite, où j'achète moyennant 4 piastres et demie (21 francs) une jolie pièce de crêpe de soie jaune, longue de dix mètres : c'est une spécialité de Quinhone. Pendant que nous en débattons le prix, un orage éclate avec tant de violence, que nous restons bloqués, une heure durant, sous l'échoppe du marchand. Quand la pluie cesse, il y a tellement d'eau dans les rues, que je dois grimper encore une fois sur le dos d'un Annamite, et c'est en ce singulier équipage que je vais faire ma visite au consulat.

Comme il n'existe à Quinhone aucun négociant européen, aucun Français qui ne soit militaire ou fonctionnaire, notre consul, M. de Verneville, a de nombreux loisirs. Il les emploie à faire une guerre acharnée aux tigres, rhinocéros, éléphants et buffles sauvages, qui pullulent dans les forêts du voisinage. La plaine seule est habitée; la montagne appartient aux fauves. Les tigres sont particulièrement redoutés des indigènes; ils viennent souvent faire des visites nocturnes jusque dans la concession française; par une nuit sombre, on n'ose pas sortir de chez soi. L'année dernière, un tigre a été tué à cent mètres des casernes. Quant aux éléphants, il faut aller les chercher plus loin. Leur nombre doit commencer à diminuer sensiblement : je viens de voir sur la plage le crâne de l'un de ces animaux; il portait, juste au milieu du front, un trou indiquant quel avait été son genre de mort; c'était le soixante-deuxième animal de son espèce abattu par M. de Verneville.

Bien que, pour un chasseur intrépide, avide d'émotions, Quinhone soit une terre bénie, ce n'en est pas moins un des plus tristes séjours que je connaisse; cependant son climat est assurément meilleur que celui de Saigon.

L'arrivée et le départ du *Washi* constituent à peu près les seules distractions de la garnison; car le port de Quinhone est peu fréquenté par le commerce étranger, et, bon an mal an, on n'y voit guère qu'une vingtaine de navires de construction européenne.

Dans l'après midi, le temps s'étant remis au beau, je fais, en compagnie d'un jeune sous-lieutenant, une promenade dans les environs. Notre but était de visiter une pagode dont le nom m'échappe. Un vieux bonze nous reçoit amicalement, et nous fait voir avec complaisance les curieuses peintures qu'il exécute lui-même sur les murailles du temple, et dont il se plaît à décorer les tombeaux voisins.

A cinq heures je suis de retour au *Washi*, qui ne tarde pas à lever l'ancre. La soirée est belle ; aidés par les courants, nous filons avec une vitesse fort raisonnable.

5 *décembre*. — Nous avons marché toute la nuit à raison de 12 nœuds (22 kilomètres à l'heure), ce qui, pour le *Washi*, est phénoménal. Le capitaine lui-même n'en revient pas : il n'a jamais vu pareille chose ; selon son expression pittoresque, c'est la coque qui entraîne la machine. Si cela continue ainsi, nous arriverons facilement demain soir, car on ne compte que 400 milles (741 kilomètres) de Quinhone à Saigon.

Au salon de l'arrière, je puis me débarrasser de mon casque ; mais le thermomètre, exposé à un courant d'air, marque 33°, et on y est constamment assailli par des légions de mouches qui ne vous laissent pas un instant de tranquillité. Ces diptères voraces, appartenant à l'espèce ordinaire d'Europe, se retrouvent partout en Asie avec la même abondance et sous les climats les plus divers, de la Sibérie à la Cochinchine ; aussi je préfère le séjour du pont, où la brise les disperse et où la température est de deux ou trois degrés plus basse. J'ai de plus la distraction de voir défiler la côte, que nous longeons à quelques milles de distance. C'est d'abord la province de Fou-yêne, renommée par ses mines autant que par la fertilité de son sol, puis celle de Khagne-hoa, riche en soieries. Cette partie du littoral de l'Annam offre aux regards une série de montagnes boisées, alternant avec des plages sablonneuses. On n'aperçoit aucun village, pas une maison; le pays semble inhabité, cependant il paraît qu'on y trouve des ports nombreux et excellents, mais presque déserts.

Dans la soirée, le vent fraîchit, la mer moutonne, se creuse de plus en plus, et nous roulons fortement; mais comme nous avons vent arrière, on continue à avancer rapidement. A huit heures, par un clair de lune splendide, nous franchissons un passage difficile, entre la côte et un banc de roches sous-marines. Nous venons de doubler le cap Padaran et nous sommes en vue de la province de Binh-touane [1], limitrophe de nos possessions de la basse Cochinchine, et réputée pour ses bois précieux. Signalons, vers minuit, une éclipse totale de lune.

6 *décembre.* — Nous avons si bien marché avec le vent, que ce matin, à quatre heures, nous nous trouvons au cap Saint-Jacques, sombre promontoire, abrupt et couvert de forêts. Il est dominé par un phare de première classe, dont le feu porte à une distance de 30 milles. A sa base s'étend une plaine boisée où l'on distingue une grande maison blanche : c'est la station d'attache du câble anglais qui, par Singapour, met la Cochinchine en communication, d'un côté avec la Chine, de l'autre avec l'Europe. Il y a quelque temps, on a tué, dans le bureau même des employés, un tigre qui, s'étant acharné à la poursuite d'un chien, en avait franchi le seuil.

Le pilote, un créole de Pondichéry, vient à bord et nous commençons à remonter le Donnaï, mais fort lentement, car nous avons contre nous le courant et le jusant. Nous voici dans le domaine des palétuviers. C'est une triste et monotone

---

1. Cédée tout récemment à la France, par le traité signé à Hué le 25 août 1883.

contrée, absolument improductive, car les fortes marées qui la recouvrent périodiquement d'eau salée, s'opposent à toute culture.

Sur les rives laissées à découvert par le reflux, s'étend une épaisse couche de vase noire et gluante. Je cherche des yeux, mais bien inutilement, les crocodiles dont certains voyageurs ne manquent pas de faire mention dans leurs récits. Il est vrai que ces mêmes voyageurs s'extasient sur les innombrables bandes de singes, qui ne cessent de prendre leurs ébats sur les arbres magnifiques de la forêt vierge, au bord du fleuve! Or, en fait de singes, je n'en ai pas aperçu un seul; et j'ajouterai que ces tristes arbustes au feuillage sombre, aux racines souillées de boue, que l'on nomme mangliers ou palétuviers, ne sont guère de nature à rappeler les splendeurs de la forêt vierge.

Dans cette première partie du trajet, le Donnaï, large et profond, décrit de capricieuses sinuosités, mais le paysage reste toujours d'une monotonie désespérante.

Plus haut, apparaissent les premières rizières; leur tendre verdure, succédant aux éternels mangliers, charme le regard. Malheureusement la température devient étouffante; sur le pont, il ne règne pas un souffle d'air et le thermomètre marque 34°. A part quelques cabanes à demi cachées sous les bois et une petite église toute neuve, la campagne semble déserte. Cependant nous rencontrons assez souvent des barques cochinchinoises ayant la forme d'un gros poisson, avec un œil peint de chaque côté à l'avant et deux nageoires figurées par des appendices en bois.

Le fleuve, coupé de nombreux arroyos, continue sa course tortueuse entre deux berges plates. Les mâts des jonques, les grandes voiles s'élevant au dessus des champs de riz, nous indiquent à l'avance le chemin que nous devons suivre.

A midi, on aperçoit la flèche de la Sainte-Enfance, dominant les toits roses des édifices de Saigon. Encore un dernier détour et voici de grands navires à l'ancre, la belle construction des Messageries et le mât des signaux : nous sommes arrivés.

Il est de mode aujourd'hui de prétendre que les Anglais seuls s'entendent à créer des colonies. Bien des gens nous répètent sur tous les tons que les Français ne savent pas coloniser. A ceux-là, je conseillerai d'aller faire un tour en Cochinchine, et de revenir ensuite dire ce qu'ils auront vu ; ou simplement si, comme il est probable, ils reculent devant le voyage, de feuilleter une brochure éditée par l'imprimerie nationale de Saigon et intitulée : *État de la Cochinchine française en* 1880. Ils y verront ce que nous avons su faire en une vingtaine d'années seulement, et cela à 13 500 kilomètres de la mère patrie [1].

C'est le 17 février 1859 que le drapeau français a flotté pour la première fois sur les remparts de Saigon. Pendant les années suivantes, on s'est fortifié dans le pays. La paix

---

1. En 1880, Saigon comptait 4 boulevards, 37 rues et 3 quais présentant un développement de plus de 35 kilomètres. Le nombre de ses maisons était de 1253, parmi lesquelles figurent les établissements et édifices publics suivants :

Palais du Gouvernement, hôtel du général, hôtel du Directeur de l'intérieur, hôtel du secrétaire général, bureaux de la direction de l'intérieur, hôtel du Procureur général, trésor, poste, télégraphe, bureaux de l'enregistrement, des domaines et du cadastre; travaux publics, imprimerie, bureaux de l'Administration de la marine, direction u génie, direction de l'artillerie, gendarmerie, direction du port de guerre, arsenal (magasins, ateliers, bassins et docks), direction du port de commerce, bureaux de l'immigration, évêché, mess des officiers, magasins et ateliers des travaux publics, magasins du service local, magasins généraux de la marine, manutention, 5 postes de police, palais de justice, tribunal militaire et maritime, justice de paix, mairie, 2 marchés, 1 abattoir, magasins à pétrole, 1 hôpital militaire, 3 casernes, 1 camp, 1 prison centrale; 7 établissements d'enseignement, dont 4 laïques et 3 religieux ; 2 établissements de congrégations religieuses; 1 église, 2 mosquées, 1 pagode, 1 temple brahmanique, 1 loge maçonnique ; 2 jardins publics, 1 observatoire et 1 théâtre.

de 1862 nous a confirmé la possession des provinces de Saigon, Mytho et Bien-hoa. En 1867, trois autres provinces, Vinh-long, Chaudoc et Hatien, ont été annexées sans effusion de sang, ce qui a porté l'étendue de nos possessions de la basse Cochinchine à 60 000 kilomètres carrés, soit la neuvième partie de la superficie de la France, avec une population asiatique d'environ deux millions d'habitants.

Saigon est trop connue aujourd'hui pour que j'en fasse la description. Je me bornerai à dire qu'elle m'a produit une impression extrêmement favorable : c'est une ville française et, de plus, une jolie ville.

Il n'entrait pas dans mes intentions d'y faire un long séjour ; je comptais m'embarquer le plus tôt possible pour gagner Singapour et me rendre ensuite à Java. D'autre part, M. Gambet (que le lecteur n'a sans doute pas oublié) devant quitter le Japon le 26 novembre pour rentrer en Europe, j'avais l'espérance de le retrouver sur le paquebot des Messageries attendu le 8 décembre. Aussi, dès que le *Saghalien* fut signalé au mouillage, je m'empressai de monter à bord. Une triste nouvelle m'y attendait : le commissaire me remit une lettre de M. Boissonade, m'apprenant que notre malheureux ami était mort à Tokio, huit jours avant la date qu'il avait depuis longtemps fixée pour son départ.

Cet évènement contribua à modifier mes projets. La veille, j'avais été voir le gouverneur de la colonie, M. Le Myre de Vilers, qui m'avait vivement engagé à ne pas quitter Saigon sans faire une excursion dans le Cambodge et aux ruines d'Angkor. Justement, un steamer doit partir ce soir même pour Pnom-penh, le Grand Lac et Battambang : je me décide à profiter de l'occasion.

CHAPITRE XIX

DE SAIGON A ANGKOR

8 — 17 décembre.

Le *Battambang*. — Le Mékong. — Mytho. — Le royaume de Cambodge. — Pnom-penh. — Le Grand Lac. — Une province siamoise. — Siem-réap. — Angkor-wat et Angkor-tom. — Retour au Cambodge. — Une fête de nuit dans la capitale du roi Norodom. — Retour à Saigon.

8 décembre. — Je vais voir M. Roque, armateur du *Battambang*; gracieusement, il m'offre sur le prix du passage une réduction de 30 pour cent, égale à celle que j'ai obtenue sur les Messageries : je payerai 42 piastres au lieu de 60, pour le trajet d'aller et retour de Saigon au Grand Lac, en tout 1400 kilomètres.

Cette affaire réglée, M. Roque me retient à dîner; mais auparavant, vers cinq heures, alors que le soleil est sur le point de disparaître, nous faisons en voiture, par une température délicieuse, une charmante promenade au Jardin public, dans les beaux quartiers qui avoisinent le palais du Gouvernement et la cathédrale, puis au Jardin botanique, fort intéressant et très bien tenu. J'y admire deux superbes tigres, mais ce qui me frappe le plus, c'est de voir que ces allées et ces jardins, d'une création relativement récente, sont déjà peuplés d'arbres magnifiques, au tronc énorme, au développement exubérant; sous l'influence d'un climat humide et chaud en toute saison comme celui de la Cochinchine, la végétation ne subit aucun temps d'arrêt, et les arbres croissent avec une rapidité vraiment extraordinaire.

La campagne, partout bien cultivée, est ravissante. Après la chaleur énervante de la journée qui oblige les Européens à faire la sieste, ou du moins à se renfermer dans leurs appartements de dix heures du matin à quatre heures du soir, je ne connais pas de plus vif plaisir que celui de respirer un air frais, et de se sentir rapidement entraîné sur de belles routes bien ferrées et parfaitement unies; le sable rouge dont on se sert pour les entretenir, la teinte fauve du sol, l'éclatante verdure qui vous environne, cette vivacité, ce contraste des couleurs, tout concourt à charmer vos regards et à augmenter votre bien-être à cette heure bénie du jour, — qui, pour bien des gens, n'est, hélas! que l'heure de l'absinthe.

Après le dîner, nous allons au Cercle, où je fais connaissance avec le capitaine du *Battambang*, M. Hamelin, ancien collègue de M. Dutreuil de Rhins au service de l'Annam, et ayant comme lui commandé un des cinq bâtiments de guerre dont j'ai parlé plus haut. Il me présente à mes deux futurs compagnons de voyage, un Anglais et un Allemand, qui vont entreprendre comme moi une excursion de touriste aux ruines d'Angkor. Le premier est M. Coop, directeur à Saigon de la *Hong-kong and Shang-hai bank;* quant au second, je le reconnais immédiatement pour avoir fait avec lui, en octobre 1878, une traversée sur l'*Anadyr*, de Marseille à Pointe-de-Galle : c'est M. Delmaring, négociant fixé depuis de longues années à Saigon, et associé du consul anglais M. Hales. Tous deux parlent très bien le français; nous ferons, je l'espère, bon ménage. Il n'y a pas d'autres passagers Européens.

9 décembre. — Favorisés par le reflux et le courant, nous avons descendu la rivière en moins de quatre heures.

A son embouchure, on stoppe, car il fait encore nuit, et il existe des bas-fonds dangereux entre le delta secondaire du Donnaï et celui beaucoup plus important du Mékong, dans lequel il s'agit de pénétrer. Dès que le jour paraît, on se remet en route. La mer est houleuse; notre petit vapeur à roues, peu chargé, est rudement secoué, mais bientôt nous retrouvons le calme dans le Cua-tieu, la plus orientale des bouches du grand fleuve.

Le Mékong, communément désigné autrefois sous le nom de Cambodge, est le plus puissant cours d'eau de l'Indo-Chine; c'est aussi l'un des fleuves les moins connus du monde. De 1866 à 1868, une expédition française, commandée par M. de Lagrée, explora son cours inférieur et moyen, mais ne put parvenir à le remonter jusqu'à la frontière de Chine. On suppose que le « Capitaine des eaux [1] » est le même fleuve que le Lantzan-kiang qui coule dans une des longues vallées parallèles du Tibet oriental, et dont la source est voisine de celle du Yang-tsé-kiang.

Le volume de ses eaux est considérable; en de certaines parties de son cours, son niveau s'élève de 10 mètres, à l'époque des crues. Malheureusement, le Mékong ne peut être utilisé comme voie commerciale que sur une faible étendue; au delà du royaume du Cambodge, des cataractes, des rapides infranchissables, s'opposent à la navigation. Son delta, en y comprenant la péninsule de Camao, terre évidemment déposée par le courant fluvial, mesure plus de 300 kilomètres du S.-O. au N.-E. Il tend sans cesse à s'accroître; la ligne des bas-fonds se prolonge au delà des côtes jusqu'à une cinquantaine de kilomètres

---

1. *Capitao das aguas*, comme l'appelle Camoëns.
Dans la traversée de Macao à Goa, le vaisseau qui portait le grand poète portugais, assailli par une tempête, fit naufrage devant les bouches du Mékong. Camoëns parvint à se sauver, tenant d'une main hors de l'eau son manuscrit des *Lusiades*, tandis que, de l'autre, il nageait vers le rivage.

en mer. Les navires peuvent entrer dans le Mékong au moyen de neuf bouches ou *cua*, mais à marée haute seulement.

Nous remontons entre deux rives plates, bordées de palétuviers et de palmiers nains. Les berges sont plus relevées que celles du Donnaï; le sol paraît moins marécageux. D'énormes arbres, bizarrement contournés, laissent retomber dans l'eau leurs racines aériennes; d'autres, morts de vieillesse, étendent au-dessus du fleuve leurs rameaux desséchés.

Plus haut, apparaissent les cocotiers, plus vigoureux qu'à Saigon, et mêlés aux sveltes aréquiers. De grands échassiers se prélassent sur la vase du rivage; on entend souvent le cri des perroquets, mais les caïmans et les singes continuent à rester invisibles.

A midi, on passe devant Mytho, sans s'y arrêter. Cette petite ville, chef-lieu de l'une de nos trois anciennes provinces, sera prochainement reliée par un chemin de fer à la capitale de la Cochinchine, avec laquelle elle communique déjà au moyen de l'arroyo de la Poste, canal naturel, navigable seulement pour les jonques et les bâtiments d'un faible tirant d'eau. La situation de Mytho, au point de contact entre les deux deltas du Mékong et du Donnaï, est très avantageuse pour le commerce. Au bord de l'eau, s'élèvent sur pilotis les cases des indigènes; çà et là, sous les grands arbres, on aperçoit de jolies maisons européennes.

Au-dessus de Mytho le paysage devient superbe. De vertes rizières s'étendent à perte de vue. Le fleuve, au courant rapide, charrie des îlots flottants, formés par des troncs d'arbres, des branchages et des détritus de plantes qui, pendant leur voyage aquatique, continuent à végéter et même à fleurir. Il s'élargit de plus en plus, car nous avons quitté le Cua-tieu et nous sommes maintenant dans le Song-Mytho, au-dessus du point d'où se détache un des principaux bras du Mékong. On rencontre une multitude de barques et de pirogues conduites par un ou deux hommes. La soirée est délicieuse; la lune, cette compagne aimée du voyageur, vient un peu tard au rendez-vous, mais, vers dix heures, elle illumine magnifiquement le paysage.

10 décembre. — Nous avons dépassé cette nuit la frontière du Cambodge. Le pays est différent d'aspect : plus de cocotiers ni d'aréquiers. Sous les manguiers et les bambous, on voit de nombreuses habitations, toutes construites sur pilotis. Du côté du nord, la berge est plus élevée que les plaines de l'intérieur. A quelque distance du rivage, le sol devient marécageux, parsemé de lacs et d'étangs; c'est là que se trouve la vaste « plaine des Joncs », occupant une étendue considérable de terrain, dont le pourtour seul est cultivable. Sur les rives, je remarque de belles plantations de bananiers, des champs de coton, de mûriers, de tabac et d'indigo; puis de grands roseaux et des joncs au panache blanc, peuplés d'une infinité d'oiseaux. Le fleuve, large de plus d'un kilomètre, roule à perte de vue ses eaux calmes et majestueuses; il s'appelle ici Tien-giang, « fleuve Antérieur », par opposition à son autre bras, le Han-giang, « fleuve Postérieur ».

La nouvelle capitale du Cambodge, Pnom-penh, où nous arrivons dans la matinée, occupe une de ces situations privilégiées qui semblent désignées par la nature pour l'emplacement d'une ville. Elle se trouve au point d'intersection de quatre grands cours d'eau, ce qui lui a fait donner par les Français le nom de « Quatre Bras ». Que l'on s'imagine un X dont la branche supérieure à droite serait le haut Mékong. Au point même où se forment les deux bras inférieurs dont j'ai parlé plus haut, une autre branche remonte à gauche; elle a cela de particulier que, pendant la saison des crues, de juin à octobre, elle va se perdre dans un immense réservoir lacustre, modérateur naturel des inondations du delta; pendant la période de sécheresse, au contraire, le niveau du Mékong s'abaissant, le courant change de direction et reflue vers la mer.

Le Cambodge était autrefois un royaume prépondérant dans l'Indo-Chine, et jouissait d'une civilisation très développée, ainsi que l'attestent les magnifiques ruines éparses dans la vallée du Mékong. L'histoire de sa décadence est assez confuse. Ce qu'il y a de certain, c'est que, dès le commencement de ce siècle, les Siamois d'un côté, les Annamites de l'autre, avaient enlevé au Cambodge une grande partie de son territoire. Le reste était fatalement condamné à disparaître de la même manière, si la France, qui venait de prendre pied dans la péninsule transgangétique, n'était intervenue à temps pour couvrir de sa protection le roi du Cambodge; nous avions tout intérêt à nous ménager un petit État ami sur nos frontières.

Aujourd'hui le Cambodge, un peu plus étendu, mais un peu moins peuplé que nos possessions de la basse Cochinchine, forme, en réalité, une annexe de notre colonie. Le roi Norodom, qui nous doit sa couronne, est absolument dévoué à la France, et, par l'importante position stratégique des Quatre Bras, tout le cours navigable du Mékong est ouvert à nos canonnières.

Nous n'avons que trois heures à passer à terre : c'est peu, mais on nous promet, quand nous reviendrons, une journée entière à Pnom-penh.

Je vais voir le représentant du protectorat français, M. Fourès, qui occupe, en face du débarcadère, une jolie maison au milieu d'un beau jardin. Je lui exprime le désir que j'aurais de rendre visite à S. M. Norodom Ier. Il paraît que, pour le moment, la chose est impossible : c'est l'heure de la sieste; d'ailleurs, le temps manque, mais, à mon retour d'Angkor, on s'arrangera pour me ménager une audience royale.

Comme je n'ai rien de mieux à faire, je vais simplement visiter la ville. Un cocher malabare m'offre sa voiture, mais je ne suis pas pressé; malgré la chaleur et le soleil de midi, je préfère aller à pied pour mieux voir.

Pnom-penh, nouvelle capitale du royaume, s'étend en longueur sur la rive droite du Mékong. On estime sa population à 35 000 habitants. Elle s'annonce de loin par un grand mausolée pyramidal, construit sur un monticule et flanqué de quatre autres pyramides plus petites. C'est du reste le seul monument intéressant de la ville qui, sauf le palais du roi et les résidences de quelques grands personnages, n'est qu'une agglomération de cases en planches et en bambou, la plupart élevées au-dessus du sol sur des poteaux autour desquels vivent pêle-mêle des porcs, des chiens et des poules. Une grande rue sinueuse, assez bien entretenue, traverse la cité d'un bout à l'autre; je l'ai parcourue dans toute sa longueur. Il y a aussi un quartier chinois, très animé, où se trouvent quelques belles boutiques. Enfin, le long du fleuve, sont amarrées une grande quantité de barques, véritable faubourg flottant, habité par une nombreuse population de femmes et d'enfants, dont la principale occupation est de pêcher à la ligne. Les poissons, très abondants dans les eaux cambodgiennes, sont séchés au soleil et donnent lieu à un important commerce avec la Chine.

A trois heures, je suis rentré à bord, fatigué, mais ayant vu beaucoup de choses nouvelles pour moi, et, en somme, très satisfait de ma promenade; car le Cambodge, bien que limitrophe de la Cochinchine française et de l'Annam, et offrant physiquement à peu près le même aspect, en diffère absolument sous le rapport des mœurs, du langage, du costume et du type de ses habitants.

Les Cambodgiens ou *Kmers* ressemblent assez à leurs voisins, les Siamois, mais on les distingue facilement des

Annamites. Ces derniers sont grêles, rachitiques, étiolés : le Cambodgien est grand, robuste, bien fait ; il a le teint plus foncé. Les deux sexes ont l'habitude de porter les cheveux ras et taillés en brosse sur le sommet de la tête. Ils vont pieds nus et tête nue, et sont moins vêtus que les Annamites. L'habillement des hommes se compose d'une courte veste, étroite, à boutons de métal ou de verre, et d'un *langouti* (sorte de caleçon réduit à sa plus simple expression). Les gens riches y ajoutent une ceinture de soie fabriquée dans le pays et souvent d'une grande valeur. Les femmes portent également le langouti et aussi une robe longue, ouverte sur la poitrine ; souvent elles laissent leurs bras nus, et se contentent de se draper dans les plis d'une légère écharpe flottante ; on les rencontre fréquemment nues jusqu'à la ceinture. Les enfants courent entièrement nus par les rues ; ils portent au cou des amulettes, et ont la tête rasée, à l'exception d'une petite mèche de cheveux sur le haut du crâne. J'ai vu des petites filles n'ayant pour tout vêtement qu'un ornement d'argent suspendu au-dessous du nombril. Par l'expression de leur physionomie, leur démarche et leurs allures, les Cambodgiens, hommes et femmes, me rappelaient plutôt les populations hindoues ; les Annamites, au contraire, se rapprochent davantage du type de la race chinoise.

Au delà de Pnom-penh, la rivière offre à chaque instant de charmants points de vue. La végétation est splendide. On dépasse un village habité par des Malais ; il est bien construit sur de hauts pilotis ; on y remarque une belle pagode.

Deux heures plus tard, nous longeons de près la rive droite, devant l'interminable village de Compong-luong, port de l'ancienne capitale Oudong, située à une dizaine de kilomètres dans l'intérieur. Les cases des indigènes s'élèvent à l'ombre de massifs de bambous gigantesques et d'arbres

Vue de Pnom-penh, capitale du Cambodge.

magnifiques, manguiers, palmiers à sucre et cotonniers sauvages. Une grande partie de la population vit sur l'eau, dans d'innombrables bateaux rangés le long du rivage.

A la chute du jour, nous franchissons plusieurs passes resserrées, entre des îles boisées. Ce point est voisin de l'embouchure du lac. Non loin de là se trouve, dans une expansion de la rivière, le village flottant de Compong-chuang.

11 *décembre*. — A deux heures du matin, on est entré dans le Grand Lac ou Tonlé-sap « Fleuve d'eau douce », long de 110 kilomètres avec une largeur moyenne de 25. Cet immense réservoir des eaux du Mékong est partout d'une profondeur à peu près uniforme, qui atteint, en septembre et octobre, de 12 à 14 mètres, puis s'abaisse graduellement jusqu'à 1 mètre et même au-dessous. A cette époque, qui se présente en février et mars, l'issue du lac devient un véritable vivier, où l'on prend aisément des quantités prodigieuses de poisson d'excellente qualité. Maintenant, en décembre, les eaux descendent avec rapidité, mais le lac est encore assez profond pour que les plus gros steamers puissent y naviguer.

A neuf heures, nous jetons l'ancre à l'angle nord-ouest du lac, près de la canonnière le *Mousqueton*, en station devant l'embouchure de la petite rivière de Siem-réap. Une mission française, commandée par M. Delaporte, étudie en ce moment les ruines d'Angkor, et ce petit bâtiment a été mis à la disposition du chef de l'expédition. En face, une ligne uniforme d'arbres indique une côte basse; derrière nous, rien que le lac semblable à la pleine mer. Nous sommes dans les eaux siamoises; car, lors de l'établissement de son protectorat sur le Cambodge, la France a commis la faute d'abandonner définitivement au roi de Siam, les deux belles provinces d'Angkor et de Battambang, dont la possession était également revendiquée par les deux États.

Mes compagnons de voyage et moi passons sur le *Mousqueton*. Le *Battambang* continue sa route vers l'extrémité du lac; il remontera son affluent, le Samké, et ira jusqu'à la ville de Battambang, à 200 kilomètres plus loin, puis il reviendra nous chercher dans trois jours, à la place où nous l'avons quitté.

La chaleur est excessive; le temps nous paraît long à bord de cette petite canonnière, où l'on est fort mal; je plains vraiment de tout mon cœur les infortunés marins, qui, pendant des mois entiers, n'ont pas d'autre domicile, exposés toute la journée à un soleil de plomb, la nuit aux piqûres des moustiques. Enfin, vers deux heures, paraît un sampan, monté par M. Thil, géomètre de l'expédition, deux matelots français détachés à Angkor, et un mandarin siamois de classe inférieure, répondant au nom de Louk. Nous nous installons tous tant bien que mal, au milieu des nombreux colis destinés au ravitaillement de la mission, et nous voguons vers la rive.

Le spectacle qui nous y attendait était assurément des plus extraordinaires : nous avions devant nous une forêt inondée, qu'il s'agissait de traverser. Partout où la vue peut s'étendre, ce ne sont que grands arbres dont le tronc disparaît sous plusieurs mètres d'eau; souvent l'extrémité des branches émerge seule à la surface; dans les clairières, notre bateau glisse au-dessus d'un fourré de broussailles et d'arbustes submergés, que nous apercevons distinctement sous nos pieds. On conçoit combien il est difficile, dans de pareilles conditions, de ne pas s'égarer, car rien n'indique la route.

Après une heure et demie de cette étrange navigation, nous traversons un marécage peuplé d'une infinité d'oiseaux. Çà et là, de grands buffles noirs, plongés dans l'eau jusqu'au cou, fixent sur nous leurs gros yeux étonnés, et reniflent bruyamment.

Cambodgiennes.

A cinq heures, nous atteignons enfin la terre ferme. Quelques-uns d'entre nous en profitent pour suivre à pied le sentier longeant le petit cours d'eau que nous remontons. Je reste dans le bateau, absorbé par la contemplation du paysage qui est devenu fort beau, et des scènes de la vie primitive qui se déroulent sous mes yeux. On traverse plusieurs villages. Il fait nuit ; chaque maison est éclairée par un feu de copeaux, allumé devant la porte ; l'intérieur n'a de secrets pour personne : les cloisons, largement ouvertes, permettent de voir tout ce qui s'y passe.

L'eau est si peu profonde maintenant, que nos bateliers sautent à chaque instant dans la rivière pour pousser la barque. Bientôt ils arrivent à un endroit qu'il est impossible de dépasser. C'est là que notre mandarin Louk nous attendait ; il nous avait devancés pour nous fournir les moyens de continuer notre route, et nous avons la satisfaction d'apercevoir, à la lueur des torches, sept charrettes attelées de bœufs et de buffles, qu'il vient de réquisitionner et qui nous attendent avec leurs conducteurs.

A peine sommes-nous installés dans nos véhicules, qu'un orage éclate et que la pluie se met à tomber par torrents ; aussi, comme les voitures siamoises sont découvertes, nous arrivons absolument trempés, vers neuf heures du soir, à la petite ville de Siem-réap, où nous devons passer la nuit. Le précieux Louk nous conduit à la maison des étrangers, qui, de même que toutes les autres habitations du pays, est construite sur de hauts pilotis. On y accède par une échelle d'un aspect peu rassurant. Heureusement cette case, entièrement construite en bambou, sans un clou ni une planche, est assez propre, ce qui tient probablement à l'absence de tout mobilier.

La première fois qu'on met le pied dans une maison cambodgienne ou siamoise, on éprouve une singulière sensation : on se figure que le plancher qui, comme les parois, n'est composé que de légers bambous entrelacés, va céder sous votre poids. Il n'en est rien ; le bambou a le privilège d'être solide autant qu'élastique ; il n'en faut pas moins un certain temps pour s'habituer à marcher avec confiance sur cette surface instable. Un autre inconvénient, ce sont les interstices qui existent à chaque croisement des lattes : les objets peu volumineux qui vous échappent par mégarde, disparaissent aussitôt par l'un des innombrables trous qui criblent le plancher, et il est fort difficile de les retrouver sur un sol généralement boueux, où vaguent les animaux domestiques.

Le gouverneur de Siem-réap, ayant appris notre arrivée, nous envoie quatre chaises, autant de nattes et une table sur laquelle nous déballons nos provisions de bouche. Comme les vivres et surtout les liquides ne nous manquent pas, nous passons une soirée fort gaie et des plus pittoresques ; après quoi, nous dressons nos moustiquaires pour consacrer au sommeil le reste de cette première nuit passée en pays siamois.

12 *décembre*. — Nous continuons notre voyage à travers la forêt. Les roues de nos chars font entendre une musique stridente ; on dit que c'est avec intention qu'on ne les graisse pas, afin qu'elles produisent ce bruit, destiné à éloigner les tigres. Après trois heures d'une route fatigante, à cause des profondes ornières qui font faire à nos voitures des soubresauts fantastiques, nous débouchons dans une clairière. Là, deux lions en granit se dressent à l'entrée d'une chaussée dallée qui conduit, par-dessus de larges fossés, à une galerie ornée de colonnes et surmontée de tours. Quand on a franchi la porte triomphale qui en occupe le centre, on voit se dérouler une seconde chaussée aboutissant à un incomparable monument que n'oublieront jamais ceux auxquels il a été donné de le contempler.

Je savais que j'allais me trouver en présence de l'une

des merveilles du monde, et cependant j'éprouvai une secousse d'étonnement qui, à mesure que j'avançais, se changeait en une admiration et un plaisir plus profonds.

Il faudrait des volumes pour faire une description détaillée du temple d'Angkor-wat, et ces volumes existent déjà [1]. Je me bornerai à en rappeler le plan général, qui est d'une remarquable simplicité. L'édifice se compose de deux galeries rectangulaires, concentriques et étagées; la première est décorée de pavillons aux angles; la seconde est surmontée de quatre tours pyramidales, ayant la forme de tiares gigantesques. Sur une plate-forme, à l'intérieur de la seconde galerie, se dresse un massif également orné de quatre tours sur les côtés, et portant au centre une tour plus haute que les autres, mais de même style et dominant le monument tout entier. On jugera de l'ensemble des proportions par ce fait, que la tour centrale s'élève à 56 mètres au-dessus de la chaussée et que les galeries du premier étage ne mesurent pas moins d'un kilomètre de pourtour.

M. Thil nous conduit à la mission, campée plutôt que logée dans une case de bambou, louée aux bonzes qui occupent, à quelques pas de là, d'autres cases toutes pareilles. Elle est ouverte à tous les vents, ce qui, sous ce climat, ne constitue pas un grave inconvénient. On ne peut désirer une plus belle situation; elle est dans la cour de la façade principale, à vingt pas de l'un des grands escaliers.

M. Delaporte est à Angkor-tom, à 6 kilomètres dans la forêt; les autres membres actifs sont dispersés dans les environs, où ils déblayent, photographient, dessinent et moulent les ruines dont la contrée est couverte. Le docteur Ernault seul est présent; il veut bien, ainsi que M. Thil, nous piloter à travers les galeries du célèbre édifice, que nous avons hâte de parcourir.

---

[1]. Mouhot, De Lagrée, Garnier, Delaporte, Aymonier, etc.

Comment résumer mes impressions, comment parler, même d'une manière succincte, de tout ce que j'ai vu dans cette première visite? Bas-reliefs intacts, dont un seul, composé de millions de figures d'hommes et d'animaux, se développe, haut de trois ou quatre mètres, sur une longueur totale de mille mètres; larges colonnes carrées, portiques, chapiteaux, toits arrondis en coupoles, pyramides délicatement fouillées de la base au sommet; le tout construit en gros blocs ajustés sans ciment, admirablement polis, taillés et sculptés. Partout, des motifs d'ornementation d'un goût exquis, d'une finesse incroyable jusque dans les moindres détails, et dont la profusion n'enlève rien à l'harmonie de l'ensemble. Et quel encadrement magique que ces herbes folles, ces guirlandes de lianes, ces banians aux blanches racines aériennes, toute cette puissante végétation tropicale en un mot, qui envahit les cours intérieures, grimpe le long des escaliers et monte à l'assaut des tours les plus élevées! Il faut lire les pages enthousiastes consacrées par le voyageur français, Henri Mouhot, à cette merveille architecturale oubliée des hommes et qu'il retrouva le premier, en 1861.

Devant le silence de l'histoire, il est difficile d'assigner une date certaine à ce chef-d'œuvre d'un Michel-Ange asiatique, resté inconnu. D'après les scènes allégoriques et mythologiques représentées par les bas-reliefs, on voit que c'est le bouddhisme qui en a été le principal inspirateur, mais on reconnaît aussi beaucoup d'attributs du brahmanisme. Ces traditions mélangées des religions et de l'architecture hindoues, feraient remonter la construction d'Angkor-wat au dixième siècle de notre ère : c'est l'opinion généralement admise aujourd'hui.

Dans l'après-midi, nous partons pour Angkor-tom. L'ancienne capitale du royaume kmer a si complètement disparu, que la majestueuse forêt recouvre entièrement le sol,

Temple d'Angkor-wat.

aussi bien au delà qu'en deçà de son immense enceinte carrée, dont le développement n'est pas moindre de 40 kilomètres. L'emplacement de ses principaux monuments est indiqué par des groupes de ruines, épars au milieu de fourrés impénétrables, repaires des bêtes féroces.

La plus saisissante de ces ruines est le Baïon, qui remonte à une époque plus ancienne et est moins bien conservé qu'Angkor-wat. Ses quarante-deux tours pyramidales représentent des têtes colossales de Bouddha. Impossible de rêver rien de plus étrange que ces monstrueuses faces humaines, qui se dressent de toutes parts au milieu d'un chaos de blocs écroulés, envahis par une végétation désordonnée d'arbres, d'arbustes et de lianes, de grandes fougères et de délicates orchidées aux fleurs étincelantes. La porte triomphale du Baïon, à elle seule, est une merveille. Chacune de ses quatre faces représente une figure de Bouddha; un énorme figuier banian a poussé au sommet et la couvre de son ombre : ses racines lisses et grisâtres, semblables à de gigantesques serpents, enserrent les pierres moussues d'un inextricable réseau qui les disjoint et les soutient à la fois, et donnent naissance à une infinité de radicelles flottantes, qui retombent jusqu'à terre en filaments blancs et ténus.

Nous avons vu aussi de superbes terrasses, décorées de têtes d'éléphants, des ruines que l'on croit appartenir au palais des rois, et une infinité de statues, dont la plus remarquable est celle d'un certain roi lépreux.

M. Ghilardi, mouleur de la mission, nous a reçus au campement d'Angkor-tom, en l'absence de M. Delaporte qui est allé reconnaître d'autres ruines plus éloignées. Ce dernier tarde à rentrer; d'un autre côté, le jour baisse, et, comme il n'est pas prudent, à cause des tigres, de se mettre en route la nuit dans ces lieux déserts, nous retournons à Angkor-wat.

13 *décembre*. — Avant le jour je suis allé, en compagnie du docteur, me plonger dans un étang sacré; mais son eau stagnante est tiède, et ce bain matinal ne m'a pas procuré tout le bien que j'en attendais.

Hier soir, nos voisins les bonzes et leurs élèves ont continué leurs exercices religieux jusqu'à une heure avancée de la nuit. Je me suis endormi au bruit monotone de leurs bourdonnantes psalmodies. Ce matin, ils ont lancé un prodigieux cerf-volant qui se maintient à une grande hauteur au moyen d'une corde dont les vibrations produisent des sons harmonieux.

M. Delaporte est arrivé, amenant avec lui M. Ghilardi. Le déjeuner, dont les boîtes de conserve ont fait à peu près tous les frais, nous a réunis autour de la grande caisse qui remplace la table; d'autres caisses plus petites nous servent de chaises. M. Delaporte paraît très fatigué; il se tue au travail et ne se soigne pas assez. Le climat d'Angkor est extrêmement malsain; la fièvre des bois y est à l'état endémique; de plus, l'installation de la mission est tout à fait insuffisante. M. Ernault me fait part de ses craintes [1].

Après avoir admiré une dernière fois les magnificences d'Angkor-wat, nous retournons à Siem-réap. Là, nous faisons visite au gouverneur de la province, puissant personnage, possesseur de vingt éléphants. Nous le trouvons trônant sur un fauteuil, au milieu d'une vingtaine de courtisans prosternés devant lui la face contre terre. C'est un petit homme encore jeune, replet et très peu vêtu; sa parole est embarrassée, probablement à cause de la chique de bétel

---

1. Le docteur ne se trompait pas dans ses pronostics : quinze jours après mon passage, M. Delaporte était à l'hôpital de Saigon, très gravement malade; trois de ses compagnons ne tardèrent pas à l'y rejoindre, également atteints de la terrible fièvre. Tous ont heureusement guéri, mais la mission s'est trouvée forcément interrompue avant d'avoir terminé ses travaux.

qui lui emplit la bouche. Il nous désigne des sièges sur lesquels nous prenons place, et la conversation s'engage d'une façon assez originale. M. Detmaring, qui est *Allemand*, parle *malais* à son boy chinois; celui-ci traduit les paroles de son maître, en *chinois*, à notre petit mandarin Louk, lequel, à genoux devant son supérieur, les lui répète en dialecte vulgaire *siamo-cambodgien*. Les réponses du gouverneur suivent la même filière pour parvenir à M. Detmaring, qui les rapporte en *anglais* à M. Coop, et à moi en *français*.

On me croira sans peine si j'ajoute que, dans ces conditions, un entretien ne peut guère que se traîner sur des banalités. En voici, du reste, un échantillon :

M. Detmaring. — Nous sommes heureux d'avoir visité un pays si beau et si bien gouverné par vous.

Le gouverneur. — Je suis content que de nobles étrangers viennent me voir; mais qu'ils m'excusent si je n'ai pas de chemise : il fait bien chaud, etc.

En somme, ce haut fonctionnaire nous a paru assez bonhomme. Il ne faudrait pourtant pas trop s'y fier : huit jours auparavant il avait fait trancher la tête à son propre frère, coupable de lui avoir enlevé une de ses femmes.

En sortant du palais, nous rencontrons, dans les rues de Siem-réap, un mandarin d'un ordre inférieur. C'est un simple chef de canton; il est à peu près nu, mais coiffé d'un casque de forme européenne. Trois hommes lui servent d'escorte, portant les attributs de sa dignité, de plus un matelas et une boîte à bétel. Toute la population s'agenouille sur son passage.

Rentrés à la maison des étrangers, nous envoyons au gouverneur, à titre de cadeau, trois bouteilles de champagne que nous avions réservées à son intention. Demain nous donnerons à maître Louk une douzaine de piastres. Quant à la gent corvéable, voituriers et bateliers, qui, pendant trois jours, ont été mis à notre disposition, il n'en sera nullement question. J'aime à croire que notre guide leur distribuera quelques ligatures de sapèques, mais rien n'est moins certain; à coup sûr il gardera pour lui les espèces sonnantes : des cadeaux aux grands, de l'argent aux petits, et rien du tout à la vile populace qui, en somme, a eu tout le mal; rien, que des coups de rotin, si elle réclame. C'est ainsi que les choses se passent dans le royaume de Siam; sans l'appui des mandarins, un voyageur européen ne pourra rien obtenir : le peuple, façonné à l'esclavage, ne lui fournira les moyens de continuer sa route, que sur l'ordre de ses chefs.

14 décembre. — A deux heures du matin, branle-bas général sous la conduite de l'indispensable Louk. De belles habitations, de vastes cours bien tenues, des jardins plantés de superbes cocotiers, un enclos renfermant une grande pagode, défilent devant nous à la clarté de la lune, tandis que nos petits bœufs nous entraînent d'un pas relevé sur le chemin qui borde la rivière. Des feux de bois vert, entretenus par des enfants à moitié endormis, sont allumés sous la plupart des cases : ils sont destinés à chasser les moustiques.

Nous quittons nos charrettes pour monter en sampan. Au lever du soleil, on arrive dans la forêt inondée. Nous la traversons et, à sept heures, nous débouchons sur le Grand Lac : point de *Mousqueton* ni de *Battambang*. Heureusement, notre inquiétude dure peu; les bateliers, s'apercevant qu'ils ont fait fausse route, obliquent à l'est, le long des arbres : une heure après, nous sommes à bord du *Battambang* qui, exact au rendez-vous, nous attendait depuis la veille au soir. Nous renvoyons le bonhomme Louk fort satisfait des piastres qu'il a reçues, et aussi d'une bouteille de vermouth dont nous lui faisons cadeau.

Nous avons à bord des Birmans, sujets anglais, qui se disent marchands de pierres précieuses. C'est la première fois que je rencontre des individus de cette nation. Petits, ayant les cheveux longs, noirs et épais, ils me semblent appartenir à une race intermédiaire entre les Hindous et les Chinois. Ils sont élégamment drapés dans des étoffes de couleurs éclatantes et, comme coiffure, portent, roulé autour de la tête, un simple foulard de soie.

Vers quatre heures, nous sommes à l'issue du lac. Notre léger steamer s'engage dans un dédale d'îles et d'îlots de verdure qui, sauf la différence de végétation, me rappellent le confluent du Volga et de la Kama, où je me trouvais, sept mois auparavant. Le soleil a perdu une grande partie de sa force; quelle délicieuse navigation nous faisons ainsi à travers la forêt inondée, rapidement entraînés par le courant, le long d'arbres gigantesques couverts de lianes et de plantes parasites, semblables de loin à de hautes murailles ruinées, tapissées de mousse et de lierre!

15 *décembre*. — Vers minuit, le *Battambang* a jeté l'ancre à l'embouchure de l'arroyo de Compong-leng. Le capitaine Hamelin, pris d'une subite ardeur pour la chasse, a formé le projet d'aller explorer une montagne que l'on aperçoit sur la rive gauche. Ce matin, il nous emmène dans son canot et nous remontons la rivière jusqu'à un pauvre village, où je remarque de singulières maisons flottantes, construites sur des radeaux de bambous entrelacés. Nous mettons le pied sur un sol marécageux, où la marche est rendue encore plus difficile par les broussailles couvertes de rosée qui tapissent le pied de la colline. En somme, le pays présente peu d'intérêt; aussi, n'ayant pas de fusils, laissons-nous l'intrépide chasseur s'enfoncer avec son guide dans la montagne. En regagnant le bord, nous trouvons l'équipage et les passagers chinois fort occupés à pêcher à la ligne; ils amorcent simplement avec un grain de riz cuit,

fixé à l'extrémité d'un clou recourbé : je ne tarde pas à les imiter, et, comme eux, je prends en peu de temps plusieurs gros poissons.

A neuf heures, le capitaine rentre exténué et n'ayant pas brûlé une amorce. Nous continuons notre route aussitôt et, grâce à la rapidité du courant, nous sommes à deux heures devant Pnom-penh.

La capitale du Cambodge est en révolution. L'aviso la *Fanfare*, que nous avions vu à Mytho, est mouillé dans le fleuve ; il y aura ce soir grand dîner à bord, en l'honneur du roi Norodom. Je rappelle à M. Fourès la promesse qu'il m'a faite : il me répond que le salon de l'aviso est bien exigu et qu'il n'y a plus une seule place disponible ; toutefois, il ajoute que, demain, je pourrai être reçu par le roi. Demain, je serai loin ! Décidément, passer deux fois à Pnom-penh et ne pas voir le souverain légendaire du Cambodge, c'est jouer de malheur.

La charmante promenade que je fais dans le faubourg qui longe le Mékong, au nord de la ville, me console bien vite de ce contre-temps. A une certaine distance, la route se change en un délicieux sentier, serpentant à l'ombre des grands arbres à ouate, des palmiers et des bananiers ; à droite et à gauche, on entrevoit de jolies cases enfouies dans un nid de verdure. Je suis dans un village habité par des chrétiens ; voici une petite église neuve, construite en briques.

Un peu plus loin, se trouve l'habitation du P. Sylvestre, des Missions étrangères. Je frappe à sa porte : il me reçoit cordialement, et s'empresse de me faire voir un grand jardin qu'il soigne avec amour. Il me montre ses arbres fruitiers, ses caféiers qui réussissent ici fort bien. Jamais il ne consomme d'autre café que celui qu'il récolte lui-même ; il veut absolument m'en faire goûter : la vérité est que je le trouve excellent. « Avec 25 000 francs de capital, me dit-il, on pourrait monter une plantation qui enrichirait vite son propriétaire ; mais il ne vient ici, en fait de Français, que des marchands d'absinthe ou de vermouth, qui n'ont pas le premier sou et feraient beaucoup mieux de rester chez eux. »

Le P. Sylvestre est fixé depuis une trentaine d'années à Pnom-penh et compte bien y finir ses jours, au milieu des chrétiens indigènes dont il n'a qu'à se louer ; ceux-ci sont au nombre de 2000 dans la capitale du Cambodge. Après une heure d'intéressantes causeries, je jugeai qu'il était temps de me retirer, car le digne missionnaire était au nombre des rares élus au banquet de la *Fanfare*.

Il y a fête aussi à bord du *Battambang*. Le capitaine Hamelin n'a pas voulu rester en retard sur son collègue de l'aviso. Si nous n'avons pas à dîner d'invité royal, nous avons du moins l'honneur de recevoir à notre table le commandant en chef des forces françaises au Cambodge, M. X., simple lieutenant d'infanterie de marine, ayant sous ses ordres les trente hommes qui constituent l'armée d'occupation destinée à protéger le royaume de Norodom.

Il nous restait une couple de bouteilles de champagne, retour d'Angkor ; nous en fîmes joyeusement sauter les bouchons, pendant que s'allumaient, à bord de l'aviso, les fusées destinées à éclairer la chaloupe royale qui s'éloignait du rivage. Au moment où elle accoste, les marins français poussent le cri de : *Vive le roi!* tandis que ceux de Norodom crient à tue-tête : *Vive la République!* et que les cuivres de la musique *tagale* [1] font résonner les échos du fleuve en estropiant plus ou moins la *Marseillaise*. La façade du protectorat, toute resplendissante de lampions, des flammes de Bengale allumées sur divers points, un feu d'artifice tiré

---

1. On nomme *Tagals* les indigènes des Philippines. Les gardes du palais et particulièrement les musiciens de la cour de Norodom, sont recrutés en grande partie parmi eux.

au milieu du fleuve, complètent la fête, en éclairant de rouges lueurs les faces bronzées de la foule cambodgienne qui se presse sur le rivage.

A minuit, tout est retombé dans le silence; la lumière des étoiles, presque aussi brillante sous cette latitude que celle des fusées, illumine seule la voûte céleste. Malheureusement, les moustiques se sont mis en fête à leur tour, et il m'a été impossible de fermer l'œil pendant le reste de la nuit.

Le surlendemain, 17 décembre, un peu avant midi, nous étions de retour à Saigon. — Notre voyage avait duré huit jours et demi.

CHAPITRE XX

DE SAIGON A MARSEILLE

18 décembre 1881 — 23 janvier 1882.

Derniers jours à Saigon. — Le *Djemnah*. — Singapour. — Pointe-de-Galle et Colombo. — Aden. — Le canal de Suez. — Naples. — Une quarantaine au Frioul. — Arrivée à Marseille.

Cette belle excursion aux ruines d'Angkor devait être le couronnement de mon voyage. Le moment était arrivé de songer au retour.

Le 23 décembre, le *Djemnah* de la Compagnie des Messageries maritimes relâchera à Saigon, se rendant à Marseille. Je ferai route avec lui au moins jusqu'à Singapour, et là, selon les circonstances, je prendrai une résolution définitive. Une pointe à Java me sourirait assez, mais les journaux donnent de mauvaises nouvelles de Batavia et de Sourabaya, où règne en ce moment le choléra.

En attendant, il me reste quelques jours à passer à Saigon. J'en profite pour me reposer de mon voyage dans l'intérieur, qui, s'il a été très intéressant, n'en a pas moins été aussi très fatigant. Selon l'habitude du pays, je fais la sieste dans la chambre, de midi à quatre heures, mais je consacre mes matinées et mes soirées à diverses promenades.

La plus recommandable est celle que j'ai faite à Cholon, à 5 kilomètres au sud de Saigon. On peut s'y rendre, soit en bateau par l'arroyo chinois, soit en voiture, le long d'une jolie route ; un tramway est en construction.

Cholon ou « Grand Marché » est une ville commerçante de 50 à 60 000 âmes. La majorité de la population est chinoise, surtout si l'on considère comme Chinois les enfants que les fils du Céleste Empire ont eus avec les femmes annamites. Ces métis sont généralement dans l'aisance ; car, avant de regagner leur patrie, les négociants chinois assurent le sort de la femme et des enfants qu'ils laissent dans le pays.

Lors de l'arrivée des Français en Cochinchine, Cholon était une ville sale, aux rues étroites et tortueuses comme celles d'un faubourg de Canton ou de Tien-tsin. Depuis elle a été assainie, pavée, pourvue de quais et de ponts : c'est maintenant une belle cité, propre et bien tenue. Ce résultat, obtenu en peu d'années par l'administration française, montre ce que deviendrait la Chine sous un gouvernement équitable et intelligent.

J'y ai visité plusieurs belles pagodes dont le luxe d'ornementation atteste la richesse des habitants, et je suis revenu à Saigon à pied par un petit chemin bordé de vergers, de jardins maraîchers soigneusement entretenus et de florissantes rizières.

Un autre jour, j'allai voir le tombeau de l'évêque d'Adran. Il se trouve à 6 kilomètres de Saigon, dans une plaine où l'on remarque une foule de petites pyramides, de pagodes en miniature et de tumulus quadrangulaires, qui sont autant de sépultures annamites. Mgr de Béhaine, vicaire apostolique de Cochinchine et évêque d'Adran, était né aux environs de Laon ; il mourut à Saigon en 1799. C'était l'ami du roi Gialong, qui lui fit faire de magnifiques funérailles et lui éleva, avec le concours d'un architecte français, un monument funéraire qui a été construit dans le style des pagodes cochinchinoises. Une pierre, couverte d'inscriptions en caractères chinois, énumère les titres et les mérites de cet homme remarquable, par les soins duquel un traité avantageux pour la France fut conclu, en 1787, entre Louis XVI et Gialong.

Les Annamites, hommes, femmes et enfants, mâchent tous le bétel et fument la cigarette; ils ont aussi la passion de l'opium, bien qu'à un degré moindre que les Chinois. A Saigon, comme dans tous les centres importants, il existe des fumeries d'opium. L'entrée en est interdite aux Européens; précaution qui n'est pas inutile, car, il faut le dire, certains de nos compatriotes ne sont que trop enclins à imiter sur ce point les Asiatiques.

La vente de l'opium constitue, pour notre colonie, une ressource des plus importantes. Le monopole en est affermé à une compagnie chinoise qui verse, chaque année, une redevance de 6 730 000 francs et qui, malgré cette somme élevée, trouve encore le moyen de distribuer à ses actionnaires un dividende de 30 pour cent. L'administration coloniale, jugeant qu'il valait mieux profiter elle-même des bénéfices de l'affaire, n'a pas renouvelé son traité avec les Chinois. A partir du 1er janvier prochain, elle livrera elle-même, moyennant 25 francs, au débitant qui les revendra 30 francs en détail, des petits pots contenant 112 grammes 8 décigrammes d'opium, ce qui met le prix du kilogramme, pour le consommateur, à 266 francs.

J'ai visité la bouillerie nouvellement installée par la régie, et j'ai assisté aux manipulations compliquées qui ont pour but de rendre propre à être fumé, l'opium brut que l'on reçoit de Bénarès, sous la forme de grosses boules.

Une autre source de revenu assez singulière, c'est le fermage des paris sur les examens des lettrés en Chine [1].

---

1. Ces examens ont lieu à des époques déterminées. Les listes des candidats sont envoyées de Chine, et des paris s'engagent sur tel ou tel nom, ainsi que sur le rang d'admission. Cette ressource n'est pas

Les Chinois, on le sait, sont très joueurs, mais les Annamites ne leur cèdent en rien sur ce point.

Pendant les derniers jours que j'ai passés à Saigon, la température était très supportable, grâce à un écart d'une dizaine de degrés qui se produisait journellement avec une grande régularité. Au point du jour il faisait presque froid, 22 ou 23 degrés seulement; puis le thermomètre, s'élevant progressivement, atteignait son maximum de 33° à deux heures de l'après-midi, pour retomber à 28° ou 27° dans la soirée. La fraîcheur relative des matinées aidait à supporter la chaleur humide et accablante de la journée. De deux à quatre heures, bien que le soleil ne pénétrât point dans la chambre que j'occupais à l'hôtel, j'étais forcé de me couvrir la tête de mon épais casque indien, à cause de la réverbération de ses rayons : agir autrement eût été une imprudence.

Le mois le plus chaud, à Saigon, est avril, avec une moyenne voisine de 30°; le plus froid est février, avec 27°.

Le climat de la Cochinchine est moins mauvais que sa réputation; il est assurément plus salubre que dans les premiers temps de notre occupation. Les maladies n'ont souvent d'autre cause que les miasmes produits par une végétation désordonnée, naturellement abandonnée à tous les degrés de la décomposition; aussi deviennent-elles plus rares et moins redoutables, à mesure que s'étendent les défrichements et les cultures. Grâce aux importants travaux d'assainissement exécutés à Saigon, la mortalité a beaucoup diminué dans ces dernières années.

Le 23 décembre, à une heure du soir, le *Djemnah* s'ébranle lentement et commence à descendre la rivière. Du pont élevé du majestueux navire, je domine au loin la

---

à dédaigner : l'adjudicataire, un Chinois de Saigon nommé A-Cham, verse au gouvernement colonial une somme de 60,000 piastres (300,000 francs) par an.

Saigon. — Femmes annamites.

campagne, que j'aperçois bien mieux que du *Washi* ou du *Battambang*.

Nous nous croisons en route avec une de mes anciennes connaissances, le *Meinam*, sur lequel j'ai fait naguère une traversée assez accidentée [1], de Ceylan à Calcutta. Maintenant, il va desservir la ligne annexe nouvellement créée de Saigon au Tonkin.

Dans la nuit, nous dépassons le petit archipel du Poulo-Condor, à 75 milles nautiques du cap Saint-Jacques. Ces îles avaient été cédées à la France, à la fin du dix-huitième siècle, mais nous ne les avons occupées qu'en 1861. On y entretient actuellement un pénitencier.

Le surlendemain, 25 décembre, par une mer absolument calme et une température de 29°, une côte boisée se profile à tribord avec quelques collines; c'est l'extrémité de la péninsule de Malacca. On fait route à l'ouest, entre l'île Bintang et le cap Romana. Les côtes sont d'un vert intense, couvertes d'arbres que domine l'élégant panache d'innombrables palmiers; dans l'intérieur surgissent quelques montagnes tronquées, en forme de volcans.

A une heure, nous entrons dans la magnifique rade de Singapour. Le *Djemnah* accoste le quai de New-harbour, à 2 kilomètres de la ville; c'est là que les steamers font leur approvisionnement de charbon. La distance qui nous sépare de Saigon est de 646 milles, à peu près 1200 kilomètres : nous l'avons franchie en quarante-huit heures.

Singapour est particulièrement intéressante pour le touriste qui arrive d'Europe : c'est là que, pour la première fois, la vie chinoise se montre à lui dans toute son originalité. On a ici un pied aux Indes, l'autre en Chine. Ce Gibraltar de l'extrême Orient est essentiellement cosmopolite : plus de 100 000 Asiatiques, Chinois, Hindous, Malais, Arabes, etc.,

---

1. *Promenade dans l'Inde et à Ceylan.*

y vivent côte à côte, libres, sous l'œil vigilant du policeman anglais.

Pour moi, sept mois de courses à travers l'Asie avaient sensiblement émoussé ma curiosité. En me rendant au bureau de poste pour y chercher mes lettres, je ne prêtais qu'une médiocre attention à la foule bariolée qui se pressait dans les rues, sur les places et le long des quais. Je venais d'apprendre que l'*Emyrne* s'était échoué au sortir de Batavia, et qu'un petit vapeur hollandais avait été frété par la Compagnie des Messageries pour le remplacer. Ce dernier ne partira que dans trois jours. Irai-je, ou n'irai-je pas à Java? telle était la question que je me posais mentalement, sans pouvoir la résoudre. Heureusement, je trouvai à la poste une douzaine de lettres qui vinrent changer le cours de mes idées. Remettant au lendemain les affaires sérieuses, je pris une voiture pour me faire conduire au Jardin botanique, merveilleux parc, que les étrangers de passage à Singapour ne manquent jamais de visiter.

De belles routes, comme les Anglais savent en établir dans leurs colonies, traversent l'île dans tous les sens, serpentant sur les flancs de collines peu élevées et donnant accès aux jolies villas des Européens. Ceux-ci ont leurs bureaux en ville, où ils se rendent chaque matin, mais ils vivent généralement à la campagne.

Le Jardin botanique de Singapour est bien digne de sa réputation. J'en conserve un souvenir d'autant plus agréable, que j'ai eu le plaisir d'y faire la connaissance de M. et de Mme Jacques Siegfried, et cela dans une circonstance assez singulière [1].

[1]. Je cède la parole à M. Siegfried qui a raconté l'incident auquel je fais allusion, dans le résumé si exact de ses impressions de voyage autour du monde. Ce récit plein de charme, mais malheureusement trop court, a été publié sous le titre de « *En voyage* » dans la *Nouvelle Revue*, n° du 15 août 1882.

« A Singapore nous visitons le jardin botanique. Au moment où

Du reste, Singapour est le pays des rencontres ; on s'y retrouve tout aussi bien que sur le boulevard des Italiens. Tout à l'heure, je serrais la main à deux officiers de l'*Anadyr*, qui vient d'arriver et partira demain pour Saigon ; je me rappelais avoir fait, avec ces messieurs, d'interminables parties de whist, en 1878, pendant une traversée de Marseille à Ceylan. Ce soir, à l'hôtel de l'Europe, je me trouve à la même table que trois autres personnes que j'avais connues, l'une à Paris, l'autre au Japon, la troisième à Aden ; enfin, une heure après, je me croise dans l'escalier avec l'explorateur de l'Ogowé, mon ami Alfred Marche, qui vient de passer trois années aux Philippines, et dont la mine florissante indique la parfaite santé.

Le *Diemnah* est mouillé si loin de la ville, que j'ai pris une chambre à l'hôtel. Il a plu toute la soirée et toute la nuit ; je suis rentré chez moi mouillé : n'ayant ni couverture ni vêtements de rechange, j'ai eu froid et n'ai pu dormir.

Une vive contrariété que j'ai éprouvée hier soir, a contribué à me faire passer une mauvaise nuit. J'ai eu la maladresse d'oublier, dans la voiture qui m'a ramené du jardin botanique, un carnet ne renfermant aucun billet de banque, il est vrai, mais contenant des notes précieuses pour moi, mon passeport, des lettres et plusieurs pièces officielles. Dès que je m'en suis aperçu, je suis allé faire une déclararation à la police ; mais, n'ayant pu indiquer le numéro de la voiture, j'ai peu d'espoir de retrouver mes papiers.

Ce matin, le mauvais temps continue ; l'atmosphère est

---

nous approchons d'un pavillon couvert de plantes grimpantes, un homme d'une cinquantaine d'années en sort précipitamment, s'écriant en langue française : « N'approchez pas, il y a un serpent ! — Tiens, un Français ! D'où venez-vous donc ? — Du Japon, par la Sibérie. — Alors vous ne pouvez être que M. Cotteau. » Nous passons avec ce nouvel ami une soirée charmante. »

M. Siegfried n'en était pas à son premier voyage autour du monde ; en 1869, il a publié un remarquable volume intitulé : *Seize mois autour du monde*.

chargée de brouillards qui se changent bientôt en une pluie fine et persistante. Sous mes légers vêtements pénétrés d'humidité, je me sens glacé, quoique trempé de sueur. Serait-ce la fièvre des bois, « l'empoisonnement sylvestre » dont j'aurais puisé le germe à Angkor ?

Le docteur du *Djemnah*, que je rencontre à l'agence des Messageries et auquel j'expose ma situation, me conseille de rentrer directement en France. Il ne me croit pas sérieusement malade, mais, selon son expression pittoresque et très parisienne, je suis *vanné* : il me faut du repos et, par-dessus tout, l'air natal.

En sortant de l'agence, je me rends au bureau de police central où j'ai la satisfaction de retrouver mon portefeuille intact, ce qui me donne une haute idée de la manière dont les Anglais font la police, chose qui ne doit pas être toujours facile avec une population aussi hétéroclite que celle de Singapour.

Dans l'après-midi, je reprends le chemin de New-harbour. Je monte à bord du bateau hollandais, fort sale, car on y charge en ce moment du charbon. Le capitaine m'apprend que son départ pour Batavia sera encore retardé d'un jour ; il me dit, en outre, que la saison des pluies règne en ce moment à Java et rend fort difficiles les voyages dans l'intérieur ; enfin le choléra est moins fort, assurément, mais il n'a pas encore complètement disparu. Ces renseignements peu favorables finissent par mettre un terme à mon indécision. Je remonte à bord du *Djemnah* que je ne quitterai plus qu'à Marseille ; d'ailleurs il est temps de prendre une résolution définitive, car, dans une heure, on va lever l'ancre.

Nous partons à l'heure dite. La pluie a cessé et le temps, redevenu superbe, me permet de jouir du beau panorama que présentent les terres boisées de l'archipel malais et de la péninsule de Malacca.

27 *décembre*. — Navigation dans le détroit de Malacca. A tribord, les côtes élevées de la presqu'île malaise; Sumatra n'est pas en vue.

28 *décembre*. — Par une mer calme et une température uniforme de 30°, le *Djemnah* file régulièrement ses treize nœuds; nous avançons donc à raison de 578 kilomètres par jour.

Le détroit de Malacca est dépassé. A midi, on aperçoit la côte nord de Sumatra; la haute montagne de Pédir est devant nous. Nous rangeons à bâbord l'île Poulo-way, puis la grande terre, dont parfois on se rapproche assez pour distinguer à l'œil nu le tronc des arbres et les pirogues abritées sous un dôme de verdure, au fond des criques qui découpent le rivage. Çà et là, la forêt est interrompue par des clairières, avec des champs en culture et des plantations de cocotiers. L'aspect de cette splendide nature équatoriale me fait rêver à Java, où, de Singapour, j'aurais pu me rendre en deux jours, et qui déjà est bien loin de moi; mais j'ai le ferme espoir que mes projets ne sont qu'ajournés et qu'avant peu d'années, il me sera donné de visiter ces belles colonies des Indes néerlandaises, dont je ne m'éloigne qu'à regret.

Plus au sud, derrière un groupe d'îles que nous apercevons dans le lointain, se trouve le Craton, capitale du royaume encore indépendant d'Atchin, qui, depuis longtemps, tient en échec les forces hollandaises.

29 *décembre*. — Aujourd'hui, plus rien en vue. Nous sommes dans l'océan Indien, au sud des îles Nicobar. La brise fraîchit; la mer, qui n'est plus abritée par la côte de Sumatra, se creuse et, pour la première fois, le *Djemnah* se livre à un roulis assez accentué, auquel vient s'ajouter le tangage.

30 *décembre*. — Même temps qu'hier. Notre marche n'en souffre pas. A midi, le point affiché au salon indique

318 milles parcourus dans les vingt-quatre heures. Il n'en reste plus que 312 pour atteindre Pointe-de-Galle.

Rien à noter si ce n'est le coucher du soleil qui, ce soir, a été tellement beau que tous les passagers sont restés saisis d'admiration devant cette débauche de couleurs, cette fantasmagorie incroyable qui a duré plus d'une heure, en passant par toutes sortes de transformations. On a vu, à un certain moment, comme un lac céleste roulant des vagues de feu, des collines lointaines s'étageant à l'infini dans l'azur du ciel, des forêts et des oasis de palmiers flottant dans les airs. Toutes les nuances imaginables étaient représentées dans ce magique tableau, variant sans cesse de formes et de couleurs.

31 décembre. — La côte méridionale de Ceylan est en vue. Voici la baie de Matura et ses paysages bien connus : dans l'intérieur, de hautes montagnes dont les sommités se perdent dans les nuages ; et sur le premier plan, une côte basse bordée de cocotiers, de noirs écueils, la mer bleue, la blanche écume des vagues déferlant sur le sable du rivage.

A onze heures du matin, le *Djemnah* est au mouillage. Il a mis quatre jours et dix-huit heures pour franchir la distance de 1503 milles (2784 kilomètres) qui existe entre Singapour et Pointe-de-Galle.

Pour moi, l'intérêt réel du voyage prend fin en même temps que l'année 1881 ; car nous sommes au 31 décembre et, à partir de Ceylan, il ne me reste plus qu'à recommencer une route que j'ai déjà faite deux fois, à d'autres époques.

Les *outriggers*, étroites pirogues à balancier, s'approchent du navire avec des provisions fraîches. Elles sont montées par des indigènes barbus, à la peau presque noire, aux longs cheveux noués en chignon et maintenus par un peigne d'écaille. Le pont est envahi par la tourbe des marchands de pierres fausses, de cannes en bois dur, d'objets en écaille, en ébène et en ivoire. Ici, plus de Chinois; avec eux, les faces jaunes et les vêtements bleus ont disparu. Les pays du bleu, la Chine et le Japon, sont déjà bien loin. Ceylan, comme l'Inde, est le pays du rouge et du blanc, et des visages bronzés.

Je descends à terre avec quelques passagers; nous prenons une voiture et nous faisons l'excursion classique du *bungalow* de Wakwalla, de la pagode bouddhique et des *Cinnamon gardens*. Au retour, nous dînons à *Sea-wiew hotel*; le propriétaire indigène de l'établissement me reconnaît : c'est l'ancien garçon qui m'a servi, en 1878, à mon passage à Galle. A huit heures, nous regagnons le *Djemnah* qui ne tarde pas à se remettre en route.

1er *janvier* 1882. — C'est la seconde fois que je commence une année nouvelle aux Indes. Le premier janvier 1879, je me trouvais à Outacamund, dans les montagnes des Nilgherries : aujourd'hui, aux premières clartés de l'aurore, le pic d'Adam m'apparaît vers l'orient, sous la forme d'un petit triangle bleu foncé, se détachant nettement sur l'horizon lointain. Peu après, on jette l'ancre dans la rade de Colombo, et je me hâte de descendre à terre.

Les grands travaux que j'avais vu commencer, trois années auparavant, se poursuivent activement. La jetée a pris une grande extension; l'hôtel Oriental est terminé; de belles maisons ont été construites dans la ville européenne. Je revois avec plaisir les délicieux paysages des bords du lac, la gare du chemin de fer de Kandy, les faubourgs de Calpitty et de Slave-Island. Je reviens à la ville Noire, Pettah, par une chaussée dominant les rizières et bordée de grands arbres au feuillage touffu, véritable tunnel de verdure.

C'est aujourd'hui dimanche. Les chrétiens indigènes, vêtus d'habits de fête, les hommes coiffés d'un chapeau haut de forme (réminiscence portugaise) [1], les femmes portant des jupons bariolés et des robes aux couleurs voyantes, se pressent dans l'église catholique, trop étroite pour la foule des fidèles ; beaucoup se tiennent pieusement agenouillés au dehors, en face de l'entrée principale et des portes latérales largement ouvertes.

Mais il est temps de regagner le bord. On a affiché le départ pour dix heures et demie. Tant pis pour ceux qui ne seront pas rentrés à l'heure dite : on partira sans eux.

Je n'ai point encore parlé des passagers du *Djemnah*. A la première et à la seconde classe, nous ne sommes que trois Français, M. Vauvray, médecin principal de la marine, venu de Nouméa à Singapour par le détroit de Torrès, le P. Muller, missionnaire jésuite, ayant vécu de longues années en Chine, et moi ; il y a aussi une dame française de Saigon et ses jeunes enfants.

Les cabines sont loin d'être au complet, car ce n'est pas en plein hiver que les résidants de l'extrême Orient ont l'habitude de retourner en Europe.

L'élément étranger est représenté par une soixantaine de passagers et de passagères qui, par ordre numérique de nationalités, peuvent se classer ainsi : Anglais, Hollandais, Allemands, Américains. Nous avons aussi deux Espagnols de Manille, et un officier de la marine russe qui vient de faire une croisière de sept ans dans le Pacifique. C'est à Singapour que nous avons embarqué les Hollandais. Pour nous autres Français, à vrai dire, ce ne sont pas des étrangers : tous parlent notre langue ; ils ont les mêmes goûts, les mêmes habitudes que nous, la même tournure d'esprit. S'il règne quelque gaieté à bord du *Djemnah*; si parfois on

---

1. La plupart sont des métis descendant des Portugais, auxquels Ceylan a appartenu de 1505 à 1658.

peut faire son whist ou sa partie de tric-trac au carré fumoir, c'est à eux qu'on le doit.

Je dois mentionner aussi un grand diable d'Américain, passager de troisième, mais, à coup sûr, original de première classe. De temps à autre, il fait de courtes apparitions sur le pont, revêtu d'un costume chinois complet, en soie verte, jaune et bleue : sa barbiche rouge, son long nez recourbé en bec d'oiseau, contribuent à lui donner un faux air de perroquet.

Les passagers de pont (quatrième classe) sont presque tous des musulmans qui se rendent en pèlerinage à la Mecque. Parqués à l'avant, sur le roufle, ils ne s'éloignent jamais de l'emplacement où ils ont étendu leur natte. Immobiles, impassibles, ils restent enfouis sous leurs couvertures, quelque temps qu'il fasse.

6 *janvier*. — Pour la première fois, depuis cinq jours, on aperçoit la terre : c'est Abd-el-kary. La grande île voisine, Socotora, reste invisible. A dix heures du soir, on signale le cap Gardafui. L'eau est d'une phosphorescence extraordinaire, à tel point que les robinets des baignoires semblent vomir des étincelles.

Depuis quelques jours, la température est relativement plus fraîche : 26 à 28 degrés, de jour comme de nuit.

Hier nous avons fait 340 milles, ce qui donne une moyenne de plus de quatorze nœuds, fort satisfaisante sur la ligne de Chine, où, par leur contrat, les Messageries ne sont tenues qu'à douze nœuds. Je suis monté sur le gaillard d'avant : à la clarté de la lune, le grand navire était superbe à voir, filant ses quinze nœuds, toutes voiles déployées, et légèrement incliné sur bâbord.

8 *janvier*. — Nous avons rencontré hier soir la malle française, l'*Iraouaddy* [1]. A trois heures du matin, on jette

---

[1]. Iraouaddy, *beurre et radis*, détestable calembour qui fait la joie des matelots facétieux.

l'ancre devant *Steamer-point*, port d'Aden. Le canot de l'agence accoste aussitôt, mais nous ne communiquons pas directement, dans la crainte de faire quarantaine à Marseille. On nous annonce que le choléra n'existe plus ici, mais que nous n'en serons pas moins mis en quarantaine dans le canal.

Le *Godavery*, qui fait le service de la ligne annexe de Mahé, La Réunion et Maurice, n'a pas communiqué non plus avec la terre. Il est mouillé près de nous et nous verse directement trente-huit passagers de toutes classes, la plupart créoles français.

De petits Somalis, pagayant dans une pirogue faite d'un tronc d'arbre creusé, plongent à l'envi, se disputant sous les eaux les sous qu'on leur jette du pont du navire. L'un d'eux a eu une jambe coupée par un requin, mais il n'a pas renoncé pour cela à ses exercices aquatiques; maintenant il porte au bras un *gris-gris* (amulette) destiné à le préserver d'un nouvel accident.

A trois heures du soir, le chargement de charbon étant complété, on repart dans la direction du détroit de Bab-el-Mandeb.

10 *janvier*. — Mer Rouge; 32° et pas un souffle d'air : c'est la journée la plus chaude du voyage. Ce soir, nous avons passé en vue du feu flottant de Djeddah.

J'ai beaucoup causé avec nos nouveaux compagnons qui m'ont donné des renseignements intéressants sur Maurice et la Réunion que, peut-être, je visiterai quelque jour. Il paraît que ces îles, autrefois très salubres, sont maintenant ravagées par la terrible fièvre des jungles, qui y a été amenée par les coolies hindous. On me cite des exemples de personnes mortes en quelques heures. Toutefois il n'y a rien à craindre pendant les trois mois d'hiver, juin, juillet et août.

11 *janvier*. — Brusque changement de température; le

vent souffle du nord et le thermomètre ne marque plus que 23°, ce qui nous paraît un temps froid. Tout le monde quitte ses vêtements blancs pour prendre des habits de drap.

12 *janvier*. — Plus que 20°. A midi, on est en vue des côtes égyptiennes et arabiques, à l'entrée du golfe de Suez. Vers neuf heures du soir nous sommes à Suez, ayant franchi en quatre jours et six heures les 1308 milles (2422 kilomètres) qui séparent Aden de l'entrée du canal.

16 *janvier*. — Arrivés le 12 janvier à Suez, nous n'avons pu entrer dans la Méditerranée qu'aujourd'hui, 16 janvier, à midi, ce qui fait un peu plus de trois jours et demi pour passer le canal, presque autant de temps que pour traverser la mer Rouge dans toute sa longueur! Ce retard tient au nombre toujours croissant des navires qui se présentent à l'entrée et à la sortie : on est obligé de se garer à chaque instant, on échoue quelquefois, et voilà toute une queue de steamers arrêtés pour plusieurs heures. Il est vrai que nous étions en quarantaine et que le pilote, au lieu d'être monté à bord, nous précédait dans une chaloupe, indiquant par gestes au timonier la route à suivre. On comprend que, dans ces conditions, il est bien difficile de ne pas faire de fausses manœuvres. C'est ce qui est arrivé plusieurs fois, non seulement au *Djemnah*, mais encore aux autres navires qui nous précédaient ou nous suivaient. La plus petite déviation, pour un bâtiment d'un tonnage aussi considérable que le nôtre, entraîne un échouage, sans gravité il est vrai, mais préjudiciable aux navires qui vous suivent ; car, pendant que vous travaillez à vous remettre dans le bon chemin, ils sont tous obligés de s'arrêter pour conserver leurs distances.

La quarantaine dans le canal a eu, pour certains d'entre nous, d'autres inconvénients. Les passagers pour Suez et Port-Saïd, ainsi que toutes les marchandises des Indes et de la Chine à destination de l'Égypte, ont dû continuer leur route et iront avec nous jusqu'à Naples ou Marseille, d'où on les réexpédiera à Alexandrie par le prochain paquebot. Non seulement les passagers payeront le voyage de retour, mais encore on leur réclamera, pour l'aller, le supplément réglementaire. La Compagnie est dans son droit : le cas est prévu sur les billets de passage qui nous sont délivrés.

Le fait suivant, dont je garantis l'exactitude, montre jusqu'à quel point la consigne est rigoureuse. Nous avons à bord une jeune dame anglaise qui s'est embarquée à Colombo pour aller faire ses couches au Caire, où habite sa famille. Son père, qui était venu la chercher à Suez, a pu la voir et lui parler, mais seulement à distance, de la barque où il était monté. Maintenant, sa fille vogue avec nous vers les côtes de France, où, selon toute probabilité, nous ferons quelques jours de quarantaine; après quoi, elle aura le droit de reprendre, toujours à ses frais, le chemin de l'Égypte. Et pourtant, je le répète, il n'y a pas eu, depuis plus d'un mois, un seul cas de choléra à Aden.

Depuis 1879, on a exécuté de grands travaux à Suez; on a construit des jetées nouvelles, des bâtiments d'administration, une station télégraphique, etc. Le revêtement en pierre des bords du canal n'est pas encore terminé, mais, presque partout, les pierres sont déposées sur les rives. Il m'a semblé aussi qu'on avait beaucoup bâti à Port-Saïd.

Nous nous sommes croisés, dans le lac Timsah, avec un navire anglais, le *Potosi*, sur lequel j'avais fait, en 1877, une traversée d'un mois, de Rio-de-Janeiro au Callao; maintenant il fait les voyages d'Australie. Si je parle de cette rencontre, c'est à cause de l'incident auquel elle a donné lieu. Les passagers du *Potosi*, rassemblés au nombre de plusieurs centaines sur le pont, acclamèrent à trois reprises le pavillon du *Djemnah*. Nous étions fort intrigués d'une pareille ovation, cette excessive politesse étant peu conforme

Vue de *Steamer-point*, port d'Aden.

aux habitudes anglaises. On nous expliqua que les manifestants étaient tous Australiens, et que, par leurs hurrahs, ils avaient voulu témoigner la satisfaction que leur causait la prochaine inauguration du nouveau service des Messageries, entre Marseille et l'Australie : voilà qui est d'un bon augure pour la Compagnie.

Ce que j'ai dit de Singapour, à propos des rencontres fortuites, peut également s'appliquer au canal de Suez. En quittant le bassin de Port-Saïd, nous avons passé lentement à quelques mètres du *Singapore* de la compagnie Rubattino, venant de Bombay et allant à Naples. Parmi les voyageurs accoudés sur le bordage et nous regardant défiler devant eux, j'ai reconnu M. Michel, mon compagnon de voyage à Pékin, et j'ai eu le temps de le saluer. Ainsi, nous nous étions quittés à Shang-haï et, trois mois après, nous nous retrouvions ici, sans nous être donné rendez-vous.

J'ai dit que, le 10 janvier, nous avions 32° dans la mer Rouge ; le 13, à Suez, il n'y en avait plus que 15 ; hier, dans le canal, 8 seulement. Nous voici rentrés dans le pays des rhumes.

17 *janvier*. — On dit que l'hélice du *Djemnah* est faussée, ainsi que semble l'indiquer son mouvement saccadé ; de là résultent d'assez fortes secousses à l'arrière et, par suite, un ralentissement sensible dans la marche du navire. Cet accident se produit assez fréquemment dans le canal.

19 *janvier*. — Nous avons essuyé hier un violent coup de vent à la hauteur de Candie. Le pont, incessamment balayé par les embruns et les paquets de mer, était intenable ; le salon-fumoir, portes et fenêtres closes, n'en était pas moins inondé. Il fallait voir l'immense *Djemnah* soulevé, comme une simple barque, par les vagues en furie.

Les colères de la Méditerranée durent peu. Ce soir le ciel

est tellement pur que, sans longue-vue, on distingue, à l'avant, un tout petit cône émergeant à la surface de la mer : c'est l'Etna qui se montre ainsi, à l'incroyable distance (vérifiée par le commandant) de 110 milles, soit 205 kilomètres.

20 janvier. — A deux heures du matin, on a passé le détroit de Messine. Il fait moins froid que ces jours derniers; à midi, le thermomètre marque 16°, à l'ombre sur le pont.

Voici la silhouette bien connue de Capri; puis le Vésuve, avec son nouveau chemin de fer funiculaire dont la dernière station est visible un peu au-dessous du sommet.

A Naples, on nous reçoit en libre pratique. Les neuf dixièmes des passagers inscrits pour Marseille en profitent pour débarquer immédiatement. Ils gagneront la France par terre et pourront se promener tranquillement sur la Cannebière, tandis que nous purgerons notre quarantaine au Frioul; ceux qui vont en Angleterre, en Hollande, ou en Allemagne, passeront par Milan et le Saint-Gothard, au détriment des chemins de fer français.

Autour du navire, des plongeurs cherchent à attraper des sous, absolument comme à Aden, avec cette différence que les petits négrillons tout nus sont remplacés ici par de vigoureux gaillards, porteurs de caleçons de bain.

Une barque chargée de musiciens nous régale d'un concert tapageur, accentué de gestes et de grimaces; des marchands de photographies, de coraux, d'objets en lave et autres produits à bon marché de l'industrie napolitaine, promènent sur le pont leur boutique ambulante, tandis que d'autres industriels, qui n'ont rien à vendre, exécutent à notre intention des danses de caractère.

Par ordre du commandant, tout ce monde interlope ne tarde pas à nous débarrasser de sa présence. Au voyage de retour, les officiers, toujours pressés d'arriver à Marseille, perdent le moins de temps possible aux escales.

21 janvier. — On double le cap Corse par un temps splendide et une mer unie comme un miroir.

22 janvier. — A cinq heures du matin, on signale le nouveau feu de Planier, scintillant à une élévation de 62 mètres. Le jour paraît : voici Notre-Dame de la Garde et le château d'If.

Nous entrons, à sept heures, dans le petit port du Frioul où nous sommes enfin fixés sur notre sort. On craignait trois jours de quarantaine : nous sommes relativement satisfaits d'apprendre que nous en serons quittes pour vingt-quatre eures d'observation.

La poste vient prendre nos lettres; elles ne partiront pas avant d'avoir été perforées et désinfectées, au moyen d'un appareil spécial.

Le vieux docteur du lazaret monte à bord pour prescrire les formalités d'usage. Demain matin, le commandant lui signera un papier constatant que les vingt mille colis que renferme la cale du *Djemnah* ont été déplacés, montés sur le pont, aérés, fumigés, etc., — ce qui, bien entendu, est matériellement impossible et ce qu'on se gardera bien de faire, même pour un seul colis; après quoi, nous serons libres d'aller où bon nous semblera.

On va se promener à terre. Les deux îles du Frioul sont réunies entre elles par une large digue; elles sont absolument stériles, formées de rochers blancs et dénudés.

Les bâtiments de la quarantaine sont convenablement installés. Il existe des corps de logis distincts pour les passagers de première, de seconde et de troisième classe; les prix sont modérés. Nous n'en avons pas profité : tout le monde est resté à bord, où cependant la Compagnie — ce cas est également prévu — nous fait payer, pour une journée, un supplément de 15, 12, 8 ou 4 francs, selon les classes.

23 janvier. — A sept heures précises, on appareille

joyeusement et, vingt minutes après, le *Djemnah* entre dans le port de la Joliette.

Ce qui me frappe le plus en débarquant à Marseille, c'est de voir de grands chevaux et de grosses voitures, et de rencontrer par les rues tant d'hommes bien vêtus, habillés de drap noir et qui me paraissent des colosses, si je les compare à tous ces petits Asiatiques, Japonais, Chinois, Annamites et Malais, au milieu desquels je viens de passer la moitié d'une année.

Le lendemain, 24 janvier 1882, j'étais de retour à Paris, après deux cent soixante-cinq jours d'absence.

J'avais accompli un trajet total de 46 400 kilomètres, dont 24 400 par mer, et 22 000 à travers les continents d'Europe et d'Asie.

FIN

TABLE DES MATIÈRES

I. — DE VLADIVOSTOK A NAGASAKI.

(4–10 août 1881). — Traversée de Vladivostok à Nagasaki. — Premières impressions japonaises. — Nagasaki. — La fête des lanternes.. 1

II. — DE NAGASAKI A YOKOHAMA.

(11–14 août). — A bord du *Malacca*. — La Compagnie Péninsulaire et Orientale. — Hirado. — La mer Intérieure. — Le golfe de Yédo. — Arrivée à Yokohama................ 33

III. — YOKOHAMA ET TOKIO.

(15–17 août). — Yokohama. — Un chemin de fer au Japon. — Tokio. — Asaksa. — Ouéno. — Les temples de Shiba... 45

IV. — ENVIRONS DE YOKOHAMA.

(18–23 août). — Kamakoura et le Daïboutz. — Kanasawa. — L'arsenal de Yokoska. — Un déjeuner à Kawasaki..... 62

V. — NIKKO.

(24–31 août). — De Tokio à Outsounomiya et Nikko. — Les temples de Nikko. — Excursion à Tsousendji et Yumoto. — Retour à Tokio................................. 82

VI. — TOKIO.

(1er–10 septembre). — Promenades à travers la ville. — Jardins et cimetières. — La *Marseillaise* à Tokio. — Le papier et la laque. — Un bazar japonais. — Le Yoshiwara. — Une soirée au théâtre... 113

VII. — DE TOKIO AU FOUZI-GAVA.

(11–14 septembre). — Le Tokaïdo. — MM. Takayama père et fils. — Enoshima. — Odovara. — Miyanoshita et Kiga. — Un typhon à Hakoné. — Descente à Mishima. — Hara et Yoshiwara. — Le Fouzi-yama.. 135

VIII. — DU FOUZI-GAVA A KIOTO.

(15–24 septembre). — Passage du Fouzi-gava. — Le Kuno-san. — Shidzuoka. — Mon aventure à Nissaka. — Hamamatsou. — Le lac d'Hamana. — Arimatsou. — Miya. — Séjour à Nagoya. — Le golfe d'Ovari. — Yokka-itchi. — Séki. — Ishibé. — Le lac Biva. — Otsu. — Arrivée à Kioto............................ 157

IX. — DE KIOTO A KOBÉ.

(25–28 septembre). — Kioto. — Temples, théâtres et restaurants. — Oudji. — Nara. — Le grand Daïboutz. — Dernière étape en djinriksha. — Arrivée à Ozaka et Kobé....... 187

X. — DE KOBÉ A SHANG-HAÏ.

(29 septembre – 6 octobre). — Kobé et Hiogo. — Ozaka. — Un billet d'aller et retour pour Kioto. — Le *Tokio-Maru*. — Encore la mer Intérieure. — Adieux à Nagasaki et au Japon. — Wousong. — Arrivée à Shang-haï.................. 206

XI. — DE SHANG-HAÏ A PÉKIN.

(7–16 octobre). — Les concessions européennes à Shang-haï. — Départ pour Pékin. — Le *Chin-tung*. — La mer Jaune. — Tchéfou. — Le golfe du Petchili. — Takou. — Navigation sur le Peï-ho. — Tien-tsin. — Deux jours en charrette chinoise. — Arrivée à Pékin................................. 225

XII. — PÉKIN.

(16–22 octobre). — Une semaine à Pékin. — La famille impériale. — Le Pé-tang. — La ville jaune, la ville tartare et la ville chinoise. — Les environs. — Excursion au Wan-shou-shang.. 250

TABLE DES MATIÈRES

XIII. — DE PÉKIN A SHANG-HAÏ.

(23-31 octobre). — Départ de Pékin. — Tong-tcheou. — Descente du Peï-ho. — Tien-tsin. — Le *Haï-ting*. — Retour à Shang-haï.. 280

XIV. — DE SHANG-HAÏ A HAN-KEOU.

(3-6 novembre). — Navigation sur le Yang-tsé-kiang. — Le *Kiang-yung*. — Chin-kiang. — Nankin. — Wou-hou. — Nganking. — Le lac Poyang. — Kiu-kiang. — Arrivée à Han-keou.. 295

XV. — DE HAN-KEOU A SHANG-HAÏ.

(7-12 novembre). — Han-keou, Han-yang et Ou-tchang-fou. — Les Russes à Han-keou. — La douane chinoise......... 313

XVI. — DE SHANG-HAÏ A HONG-KONG.

(13-19 novembre). — La ville chinoise de Shang-haï. — Les théâtres. — La concession française. — Les établissements des Jésuites à Zikavei. — Départ de Shang-haï. — Le *Yang-tsé*. — Ning-po, Fou-tcheou et Amoy. — Le canal de Formose. — Arrivée à Hong-kong. — Victoria. — Départ pour le Tonkin.. 327

XVII. — DE HONG-KONG AU TONKIN.

(20-29 novembre). — Le steamer *Haï-nan*. — Le port de Hoï-how et l'île de Haï-nan. — Les îles Norway. — Arrivée à Haï-phong. — Le fleuve Rouge. — Hanoï. — La citadelle. — Les *Pavillons noirs*. — Un théâtre chinois à Hanoï. — Retour à Haï-phong.. 352

XVIII. — DE HAÏ-PHONG A SAIGON.

(30 novembre-7 décembre). — Départ de Haï-phong. — Le *Washi*. — La baie de Tourane. — Quinhone. — Le cap Saint-Jacques. — Arrivée à Saigon.................. 384

XIX. — DE SAIGON A ANGKOR.

(8-17 décembre). — Le *Battambang*. — Le Mékong. — Mytho. — Le royaume de Cambodge. — Pnom-penh. — Le Grand Lac. — Une province siamoise. — Siem-réap. — Angkor-wat et Angkor-tom. — Retour au Cambodge. — Une fête de nuit dans la capitale du roi Norodom. — Retour à Saigon.... 393

XX. — DE SAIGON A MARSEILLE.

(18 décembre 1881 – 23 janvier 1882). — Derniers jours à Saigon. — Le *Djemnah*. — Singapour. — Pointe-de-Galle et Colombo. — Aden. — Le canal de Suez. — Naples. — Une quarantaine au Frioul. — Arrivée à Marseille..... 421

FIN DE LA TABLE DES MATIÈRES

COULOMMIERS. — Typ. PAUL BRODARD et Cie.

LIBRAIRIE HACHETTE ET Cie
Boulevard Saint-Germain, 79, à Paris

L'ANNÉE SCIENTIFIQUE ET INDUSTRIELLE

OU

EXPOSÉ ANNUEL DES TRAVAUX SCIENTIFIQUES, DES INVENTIONS
ET DES PRINCIPALES APPLICATIONS DE LA SCIENCE
A L'INDUSTRIE ET AUX ARTS, QUI ONT ATTIRÉ L'ATTENTION PUBLIQUE
EN FRANCE ET A L'ÉTRANGER

PAR LOUIS FIGUIER

27 volumes (1857-1884), à 3 francs 50 le volume

ACCOMPAGNÉS D'UN VOLUME DE

TABLES DES MATIÈRES ET NOMS D'AUTEURS

CONTENUS DANS LES VINGT PREMIERS VOLUMES

Prix du volume des Tables, 3 fr. 50

La demi-reliure en chagrin, plats en toile, se paye en sus, par volume,
avec tranches jaspées, 1 fr. 50 c.; — avec tranches dorées, 2 fr.

Depuis que M. Louis Figuier a commencé la publication de l'*Année scientifique et industrielle*, la popularité de ce recueil n'a fait que s'accroître, et il faut ajouter que ce succès est parfaitement mérité. M. Louis Figuier est le plus ancien et le plus autorisé de nos écrivains scientifiques. Son talent d'exposition et sa longue habitude de ce genre de travaux expliquent la valeur de cette publication.

D'une lecture attrayante et facile, l'*Année scientifique et industrielle* s'adresse à toutes les classes de la société; elle a aussi bien sa place sur la table des salons que dans l'atelier ou dans la bibliothèque du savant. Personne aujourd'hui n'a assez de loisirs pour suivre pas à pas le développement des différentes branches des sciences physiques et naturelles, développement qui devient plus rapide de jour en jour. Le recueil périodique fondé par M. Louis Figuier répond donc à un besoin universel de notre temps. Il fournit au public un moyen commode et facile de se tenir au courant du progrès scientifique. Il lui évite la peine de lire les publications écrites pour les savants spéciaux et hérissées de termes techniques. M. Louis Figuier se charge d'accomplir cette tâche laborieuse. Il fait le triage des nouvelles scientifiques contenues dans les différents journaux français et étrangers, ne conserve que ce qui peut convenir aux besoins de ses lecteurs, et range ensuite tous ces faits, disparates en apparence, dans un ordre méthodique, qui en augmente la valeur, en facilitant au lecteur la recherche de ce qui l'intéresse.

La science, qui formait depuis longtemps la base de l'industrie et des arts, est entrée, de nos jours, dans toutes les habitudes de la vie; témoin les chemins de fer, le télégraphe électrique, la photographie, l'éclairage au gaz, la lumière électrique, la galvanoplastie, les sonnettes électriques, le téléphone, etc. Il faut donc, bon gré mal gré, s'intéresser à la science, ou du moins prendre de temps en temps de ses nouvelles. Si l'attrait seul du savoir ne nous portait à nous enquérir des découvertes de nos savants, notre intérêt bien entendu nous le conseillerait. Le manufacturier, l'agriculteur, le commerçant, l'ar-

plis chaque année dans le domaine de la science pure ou appliquée. Pourraient-ils trouver un moyen plus commode de s'initier à ces progrès que la lecture de l'*Année scientifique?*

La collection des volumes annuels de M. Louis Figuier, véritable répertoire des progrès scientifiques accomplis en France et à l'étranger, formera les archives historiques de la science et de l'industrie de notre temps.

Dans cet utile ouvrage tout vient se ranger à sa place, de manière à satisfaire l'esprit du lecteur et à lui faciliter la recherche des faits qui l'intéressent. Chacun, en le consultant, peut s'y retrouver sans peine, grâce à la distribution méthodique des sujets.

L'*Année scientifique* est divisée en quinze chapitres. Astronomie — Météorologie — Physique — Mécanique — Chimie — Art des constructions — Voyages scientifiques — Histoire naturelle — Physiologie et médecine — Hygiène publique — Agriculture — Arts industriels — Expositions — telles sont les treize premières divisions sous lesquelles viennent se ranger les différents sujets exposés par l'auteur.

Un quatorzième chapitre, ayant pour titre *Académies et Sociétés savantes,* est consacré à l'énumération des récompenses et prix décernés dans les séances solennelles et annuelles par l'Académie des sciences de Paris, l'Académie de médecine, ainsi qu'aux travaux des Congrès et associations scientifiques.

Dans le quinzième et dernier chapitre, intitulé *Nécrologie scientifique,* l'auteur fait connaître les noms et les travaux des savants les plus distingués que la science a perdus dans le courant de l'année. Il donne, à cette occasion, une courte biographie de chacun de ces savants.

Le nom d'*Année scientifique et industrielle* est donc bien justifié par cet ouvrage, qui présente, en effet, le reflet fidèle et raisonné de tout ce qui s'est passé d'important, chaque année, en matière de science et d'industrie.

Il a paru nécessaire de composer une TABLE GÉNÉRALE des vingt premiers volumes de l'ouvrage. Les TABLES DE L'ANNÉE SCIENTIFIQUE, publiées en 1877, et qui forment un volume de 300 pages, du format de l'*Année scientifique*, sont le complément indispensable de cette collection.

La vingt-septième *Année scientifique*, qui a paru en 1884, renferme le tableau des découvertes et des travaux scientifiques accomplis pendant l'année 1882.

Pour donner une idée des sujets traités dans ce volume, nous mettrons sous les yeux du lecteur un extrait de sa *Table des matières.*

EXTRAIT DE LA TABLE DES MATIÈRES
DE LA VINGT-SEPTIÈME ANNÉE SCIENTIFIQUE ET INDUSTRIELLE

Astronomie. — Petites planètes, Comètes, Étoiles filantes, Nébuleuses, Bolides et météorites en 1883. — L'éclipse totale de Soleil du 6 mai 1883. — Éclipse annulaire de Soleil observée dans l'océan Pacifique. — Méthode pour photographier la couronne solaire dans une éclipse de Soleil. — Choix d'un premier méridien. — Études astrophotographiques. — Photographies cométaires. — La périodicité des comètes. — Nouvelles perturbations solaires. — Disparition de la tache rouge de Jupiter. — Nouveau système d'équatoriaux. — Objectifs de grandes dimensions.

Météorologie. — Cyclones aux États-Unis. — Un orage magnétique au cap Horn. — Un brouillard sulfureux. — Incendies allumés par la foudre. — Nouveaux phénomènes météoriques lumineux observés à la Forêt-Noire. — Un pont qui chante. — Expériences faites en Laponie sur les aurores boréales. — Effets des agents atmosphériques sur l'altération des roches qui composent les montagnes. — La nitrification atmosphérique. — L'École d'agriculture de Montpelr· toire météorolo i ue de l'Ai oual (Cévennes).

Physique. — Liquéfaction de l'oxygène, de l'azote et de l'oxyde de carbone. — Nouvelle pile à oxyde de cuivre. — La pile au bichromate de potasse rendue apte à l'éclairage. — Galvanomètre universel. — Un compteur d'électricité. — Photographie des vibrations du son. — Système de télégraphie optique. — Impression automatique des dépêches *téléphotiques*, ou transmises par la lumière. — Photophore électrique frontal. — Lignes télégraphiques souterraines. — Effets des courants sur les chronomètres. — Le réseau téléphonique de Paris.

Mécanique. — Le transport de la force à distance par l'électricité. — Expérience de M. Marcel Deprez aux ateliers du chemin de fer du Nord à Paris. — L'expérience de Grenoble. — L'utilisation générale des forces naturelles aujourd'hui perdues. — Le *tramcar* électrique. — Tramway électrique à Brighton. — Nouveau bateau électrique. — Procédé pour éviter les explosions des chaudières à vapeur. — Le chemin de fer métropolitain de Paris. — Le souflage du verre par l'air comprimé. — Lancement des torpilles par la vapeur. — Le paquebot transatlantique *la Normandie*. — L'*Indomptable*. — Le cuirassé *l'Amiral-Baudin*. — L'aérostat électrique dirigeable de MM. Gaston et Albert Tissandier. — Les voyages aériens de M. Lhoste au-dessus de la Manche et de la mer du Nord. — Les enfants en caoutchouc.

Chimie. — Le thorium. — Étamages plombifères des boîtes de conserves. — Existence du cuivre dans le cacao et le chocolat. — Procédé de durcissement des pierres calcaires tendres. — Rapport de M. Wurtz sur les matières colorantes de la garance. — Nouvelles recherches sur la fermentation panaire. — Traitement des eaux provenant du lavage des laines. — Principes toxiques des champignons comestibles. — Présence des bases organiques dans l'alcool amylique du commerce. — Poison de l'*Andromeda japonica*. — Les principes actifs du *Buxus sempervirens*. — Un nouvel alcaloïde du *Cannabis indica*. — Recherches sur le *quebracho*. — Synthèse de l'acide urique. — Transformation de la xanthine en théobromine et en caféine. — Emploi de l'électrolyse dans la teinture et dans l'impression. — Fabrication du parchemin artificiel. — Gutta-percha artificielle.

Art des constructions. — Le canal de Panama. — Le tunnel sous la Manche. — Le tunnel de l'Arlberg, de l'Autriche en Suisse. — Le tunnel de Vizzanova (Corse). — Le projet de mer intérieure en Afrique. — Le port de Mostaganem (Algérie). — Le viaduc de Kinzua. — Le pont de Brooklyn à New-York. — Pont métallique sur la Dordogne. — Usine élévatoire d'Ivry et réservoir de Villejuif. — Les nouveaux phares flottants. — Un chemin de fer sur la glace. — Le chemin de fer à crémaillère du Drachenfels. — Le pavage en bois. — Le pavage en briques. — Fondation d'une ville en un jour.

Voyages scientifiques. — L'expédition du *Talisman*. — Voyage du colonel Préjévalsky au Thibet. — Explorations dans le détroit de Magellan et à la Terre-de-Feu. — Expédition de M. Nordenskiold au Groenland. — Expédition suédoise au Spitzberg. — L'expédition circumpolaire hollandaise. — Découverte des restes de la Pérouse. — Tableau des découvertes géographiques récentes, par M. de Lesseps.

Histoire naturelle. — Les tremblements de terre et les éruptions volcaniques en 1883. — La catastrophe d'Ischia. — L'éruption de l'Etna. — L'immense désastre de Java. — Tremblement de terre dans les Pays-Bas et dans la Mayenne. — Descente d'une ville dans une mine. — La prétendue prévision des tremblements de terre. — Théorie de la formation de la houille. — Boules argileuses de Macaluba. — Les eaux minérales de France. — La femme-singe. — Les Cinghalais et les Kalmouks au Jardin d'Acclimatation. — Pigeons voyageurs. — Un nouvel animal domestique. — La lamproie marine. — La respiration des plantes aquatiques. — Effet de la Lune sur les plantes. — La ficoïde glaciale.

Hygiène publique. — L'assainissement de Paris. — Recherches sur la destruction et l'utilisation des cadavres des animaux morts de maladies contagieuses. — Maladies contagieuses occasionnées par les vases en faïence tressaillée. — Le *caput mortuum* des usines. — Le *lait bleu*. — Présence de l'arsenic dans certains vins. — Action conservatrice des vapeurs d'éther et de chloroforme sur les substances organisées. — Conservation des vins par le chauffage. — L'eau chaude en boisson. — Effets physiologiques du café. — Les effets du tabac. — Vêtements imperméables.

Médecine et Physiologie. — Le choléra en Égypte. — La fièvre typhoïde à Paris. — La maladie et la mort du comte de Chambord. — Le vibrion de la rougeole. — Les mangeurs de sable. — Nouveaux faits pour servir à la connaissance de la rage. — Le service municipal de vaccine de Bordeaux et le *cow-pox* spontané d'Eysines. — Le lavage de l'estomac. — Application de l'entomologie à la médecine légale. — Expériences nouvelles sur la quinine, la cinchonine, la picoline, la lutidine et la vératrine. — Propriétés des alcaloïdes du quebracho et du doundaké. — La névrose des cuisinières. — Un fœtus âgé de cinquante-six ans.

Agriculture. — Observations de M. Barral sur les terrains d'Aigues-Mortes consacrés à la culture de la vigne. — Traitement des vignes par le sulfocarbonate de potassium. — Remarques sur le soufrage de la vigne. — L'airelle et le phylloxéra. — La maladie des safrans. — Le *Dilophospora graminis*. — Nouvelle maladie de la pomme de terre. — Causes de l'altération des farines. — Culture des quinquinas en Bolivie. — Le *pe-tsaï*, nouveau fourrage. — L'horticulture en Italie.

Arts industriels. — Le papier comprimé. — Le sable employé au sciage de l'acier. — Un nouvel alliage. — Préservation du fer contre la rouille. — Un ballon en aluminium. — Un nouveau verre. — Couleurs brillantes pour le verre et la porcelaine. — Briques en liège. — Transformation de l'acide oléique en acide gras solide. — La magnésocalcite. — Fabrication de l'eau oxygénée. — Les câbles sous-marins. — La soie employée pour accroître la puissance des bouches à feu. — Nouveau fusil électrique. — L'alcool de châtaignes. — Procédé pour la fabrication de la peinture lumineuse.

Expositions. — L'exposition d'Amsterdam. — L'Exposition d'électricité de Vienne. — L'Exposition nationale de Zurich. — L'Exposition de pêcheries à Londres. — L'Exposition de Chicago. — Une Exposition aux Indes anglaises. — L'Exposition internationale à Marseille. — L'Exposition aéronautique du Trocadéro. — L'Exposition d'horticulture à Paris. — L'Exposition des insectes.

Académies et Sociétés savantes. — Séance publique de l'Académie des sciences de Paris. — Séance publique de l'Académie nationale de médecine. — Société d'encouragement, distribution des récompenses. — Séance solennelle de la Société d'agriculture. — Réunion des Société savantes à la Sorbonne. — Association française pour l'avancement des sciences. Douzième congrès, tenu à Rouen. — Concours agricole de Paris. — Le centenaire de Montgolfier.

Nécrologie scientifique. — Victor Puiseux. — De la Gournerie. — Bresse. — Louis Bréguet. — Sédillot. — Jules Cloquet. — Le Dr Depaul. — Edouard Roche. — Alphonse Poitevin. — Lasègue. — Sévène. — Amédée Burat. — Cloëz. — Niaudet. — Thuillier. — Le Dr Bertillon. — Henri Bocquillon. — Le professeur Filhol, de Toulouse. — Le Dr Gaillardot. — Le Dr Houzé de l'Aulnoit. — Le Dr Arthaud. — Le Dr Corvisart. — Le Dr Carrière. — Duval-Jouve. — Albert Dunand. — Privat Deschanel. — Pierre Carbonnier. — E. Plantamour. — Plateau. — Oswald Heer. — William Siemens. — Cromwell Warley. — Le général Sabine. — Lawrence Smith. — Joachim Barrande. — William Spottiswoode. — Werdermann. — Montes de Oca. — Giuseppe Rossó. — Bischoff. — Isidore Ruys. — Valentin Tedeschi di Ercole. — Vittorio Colonicatti. — Philippe Pacini.

7476. — Imprimerie A. Lahure, rue de Fleurus, 9, à Paris.

www.ingramcontent.com/pod-product-compliance
Lightning Source LLC
Chambersburg PA
CBHW070527230426
43665CB00014B/1600